梁山微木 著

SUI
DYNASTY

有趣有料忘不掉的隋朝史

台海出版社

图书在版编目（CIP）数据

有趣有料忘不掉的隋朝史 / 梁山微木著 . -- 北京：
台海出版社，2021.1
ISBN 978-7-5168-2437-5

Ⅰ.①有… Ⅱ.①梁… Ⅲ.①中国历史—隋代—通俗
读物 Ⅳ.① K241.09

中国版本图书馆 CIP 数据核字（2020）第 227912 号

有趣有料忘不掉的隋朝史

著　　者：梁山微木

出版人：蔡　旭　　　　　　　　　封面设计：仙境设计
责任编辑：俞滟荣

出版发行：台海出版社
地　　址：北京市东城区景山东街 20 号　邮政编码：100009
电　　话：010-64041652（发行，邮购）
传　　真：010-84045799（总编室）
网　　址：www.taimeng.org.cn/thcbs/default.htm
E－m a i l：thcbs@126.com

经　　销：全国各地新华书店
印　　刷：天津旭非印刷有限公司
本书如有破损、缺页、装订错误，请与本社联系调换

开　　本：710 毫米 × 1000 毫米　　　1/16
字　　数：265 千字　　　　　　　　印　张：19.5
版　　次：2021 年 1 月第 1 版　　　印　次：2021 年 1 月第 1 次印刷
书　　号：ISBN 978-7-5168-2437-5

定　　价：58.00 元

推荐序

有一种历史让你爱不释手

泱泱中国大历史，从远古走来，到如今已历经数千年。其中有两大高峰：一为秦汉；二为隋唐。这两个时期镌刻着中国人在历史最巅峰的智慧与荣辱。

《有趣有料忘不掉的隋朝史》临摹了中国历史第二个高峰的开端，从大隋兴起到隋朝灭亡，短短的三十八年，却开启了浓缩华夏精髓的大唐近三百年的历史画卷。

这部作品以非常有趣的方式编制了一个严谨而恢宏的世界，这里有雄才大略的帝王，有机关算尽的谋士，有运筹帷幄的将帅，还有冠盖千古的美人与诗人。

观其荣耀，太多奇迹；观其风霜，太多叹息；大到气势恢宏，小到细微人性，皆很有趣。

大隋风云因杨坚篡位而起，又因杨广被篡位而熄；时间虽短，但张力十足，堪称规模宏大的历史史诗；斗争虽多，虽残酷，但人性也展现得淋漓尽致。

杨坚篡位，是因他有一个重整天下的梦想。为此他北拒突厥，消灭了南平割据势力；成功后，又对内推行三省六部制和科举制。

杨坚很成功，因为他让汉朝崩溃之后的中华大地再度统一；同时也很失败，因为他没有处理好老婆与儿子之间的关系。

每一个开国帝王都有一帮能臣猛将，书生高颖与名将杨素堪称杨坚的文武臂膀。杨坚原本可以把他们的关系处理好，但因为独孤皇后的嫉妒心，让事情脱离轨道。

独孤皇后原本是一代贤后，但因渴望坚贞如一的爱情而嫉妒之心陡增，在男权社会痛恨天下"渣男"。因嫉妒心作祟，她在高颖和杨素的斗争中挺杨素，又在杨勇与杨广太子之争中挺杨广。她以为自己在打击天下"渣男"，没想到却帮"渣男"夺了江山。

杨广也有一个梦想，要当秦始皇第二。他曾在大隋统一天下的过程中立下大功，但这些武功远不足以让他和秦始皇相提并论。所以他痴迷于远征高句丽，最终却搞砸了。

秦始皇修长城；杨广挖运河。都是千秋工程，但当时都是民怨沸腾。

秦始皇施行"车同轨、书同文"；杨广则大力推广科举制，但却因此得罪世家门阀。天下大乱之际，那些世家门阀便趁机要了杨广的命。

后世历史都说杨广是暴君、昏君、庸君。杨广是很残暴，但绝对不昏不庸，他只是把那些摊子铺得太大了，如果能顺利完成，后来世人称颂的"唐宗宋祖"也许就变成了"隋宗宋祖"……

如今写历史的书汗牛充栋，但让人看了就爱不释手的不多，能在轻松愉快的阅读中掌握历史知识的更是寥寥无几，《有趣有料忘不掉的隋朝史》就是其一。

虚声

（公众号"虚声"创始人）

自序

我们为什么读史?

在这里,我先对您的支持由衷地说一声感谢。

2019年冬天,我开始在公众号上写隋唐史连载的时候,我的愿望其实很简单,就是向前辈们致敬,把历史写得好玩一些,有趣一些,让更多的人爱上这三百多年的历史。

因为这三百多年实在是太辉煌、太伟大了,前数一千年,中国未有如此之大;后数一千年,中国未有如此之盛;再数一千年,中国亦会以此为傲。

我们的文化在这三百年里,曾经西达欧洲、东传日本。

万里之外有无数有志青年,以到中国留学为荣。

千里之外有无数文人墨客,以不会写中国字为耻。

我们的势力范围在这三百年里,达到了史无前例的高峰,东至朝鲜半岛,南到中南半岛,北至西伯利亚,西及中亚咸海,一千二百多万平方公里尽属于中国。

我们的先祖在这三百年里，创造了一个又一个至今看来都令人引以为傲、瞠目结舌的奇迹：

一个从来没有拿过刀枪的文弱书生，可以一举荡平契丹；

一个从来没有上过战场的使者，可以轻松踏平天竺；

一个六十多岁的老将，可以在青藏高原上骑马狂飙三千多里；

一个被埋没了六十年的书生，可以一举平定南朝鲜，胖揍敌寇。

放眼天下，竟然找不到了敌手。

我相信，接下来当您看到这些故事的时候，会像很多读者那样，如同亲临战场，看遍金戈铁马，携手英雄不死，从此爱上这三百年里的一切，爱上中华五千年的厚重。

因为历史就是有这种魔力，无论你是谁，也无论时隔多久，只要你在某个瞬间对她心生爱恋，就再也难舍对她千年的羁绊。

但是随着读者数量的日益增长，我开始觉得肩上的责任越来越重，仅仅把历史故事讲得有趣是远远不够的。

我还需要把每一件事情背后更深层次的原因解释清楚，唯有如此，才能让大家在回顾这段历史的时候，知其然也知其所以然。

所以，在讲述这段故事的时候，我还花费了大量的时间和精力，试图把以下问题一一解释清楚：

为什么杨坚称帝那么容易？

为什么隋朝才有了科举制？

为什么独孤皇后会从一代贤后变成无理泼妇？

为什么隋炀帝一定要灭了高句丽？

为什么李密是隋末唐初最可惜的枭雄？

为什么唐朝短短七年就能一统天下？

为什么会有玄武门之变？

为什么会爆发安史之乱?

……

这些问题从表面上看起来都非常简单,但背后的原因都盘根错节。

例如科举制并不是只有考试那么简单,它需要强大的中央集权、统一的思想文化、便宜快捷的传播媒介,三者缺一不可。

例如打高句丽并不是隋炀帝好大喜功、不顾苍生那么简单,它是一个国家战略的需要,它是中华民族能够屹立这个星球上五千年绵延不绝的必然选择。

……

历史就是这么的深邃、无奈与残酷,我们看到的一切很多都只是她的表象。她明明华丽似锦,却又常常身穿素衣,纱幔遮面,如烟如雾,让人难以把握其脉络。

除此之外,我还想让大家看一下人性的善与恶。

我们常常感叹历史为什么惊人地相似?其实就是因为人性总是惊人地相似。

以史为鉴,鉴的是什么?鉴的不是故事,归根结底,鉴的还是人性。

人性有恶的一面。

为了权力,兄弟可以自相残杀,父子可以不再相认。隋文帝的四个儿子因夺嫡而死,唐高祖的十二个子孙因夺权而亡,唐太宗的两个儿子为皇位而反。

为了利益,名将可以突破做人的底线。杨素攻城,竟然先杀数百战友。高颎破敌,居然箭射无辜百姓。

人性也有善的一面。

为了忠诚,尧君素明知大厦将倾,还要把血肉之躯化为擎天之柱,在大唐的腹地坚守着大隋的孤城。

为了正义,王义方明知无用,还要搭上大好前程弹劾奸相,为死去的同僚讨回公道,为天下的百姓除去奸邪。

为了国家,郭昕明知孤城无援,还要坚守西域五十载,满城尽是白发兵,虽死不敢忘大唐。

虽然有时候恶人会逍遥一生，善人会身首异处，但是只要把时间拉长，我们就会发现善恶必有所报。

杨素生前杀人如麻，位极人臣，但死后被挫骨扬灰，儿孙被杀戮殆尽。

尧君素生前洒尽热血，以徇忠贞，但死后却赢得敌人的尊敬，追赠官爵，恩荫子孙。

历史的关头，每个人都可以做出自己的选择，但无论何时，人性的善才是时代的灯塔，民族的脊梁。

在大家做出人生选择的时候，我希望这些人物的故事、因果，能够给大家提供一些参考，一些帮助，如此，我便心满意足了。

功名盖世，无非大梦一场；富贵惊人，难免无常二字。历史中的一幕幕人性善恶，英雄演义，都已化身石桥，承载着我们每一个人从桥上走过。

我希望当你走过石桥，能够更从容、坦然地面对人生的风雨。

这本《有趣有料忘不掉的隋朝史》是我的第一部著作，讲述了580年杨坚篡权到618年杨广被杀，共三十九年的故事。虽然短暂，却不乏惊心动魄。

下面，就让我们开始这段故事吧！

梁山微木

（公众号"梁山微木说历史"）

目　录

柒 | 三征高句丽

捌 | 帝国余晖

壹

王朝开启

一、篡权，一个伟大王朝的开始

所有的故事，都从这天晚上开始。

北周大象二年（580年），农历五月二十三日晚，天气炎热沉闷，偶尔有一丝凉风吹过。

按照惯例，夜幕降临后，北周帝国的首都大兴城（以下统称长安）便要全城宵禁，街道上除了巡逻的士兵和打更人之外，不允许有其他人。

但是，今天又多了两个急匆匆的身影，一个是御正下大夫刘昉，一个是内史上大夫（皇帝贴身秘书，权力极重）郑译。

他们是从皇宫中偷偷溜出来的，片刻之后，这两位便来到了隋国公普六茹坚的宅邸。普六茹坚，即杨坚，"普六茹"是北周皇帝赐的鲜卑姓，杨坚登基之后，才改回汉姓。

刘昉还没来得及喘口大气，便对杨坚说出了此行的目的："太上皇已经奄奄一息了，现在皇帝只有八岁，主少国疑，还希望隋国公能够主持大局！"

他们说的太上皇，名字叫宇文赟（yūn）。虽然叫太上皇，但他其实只有二十二岁，是一个标准的"坑爹货"。

他爹是历史上赫赫有名的北周武帝宇文邕，宇文邕十七岁登基做傀儡皇帝，二十九岁拿玉笏（hù）亲手拍死权臣宇文护，正式掌握大权。三十岁主持灭佛，摧毁北周境内四万多座寺庙，让三百多万和尚、尼姑还俗。三十二岁率兵攻打北齐，三十四岁灭北齐，统一中国北方。三十五岁御驾亲征打突厥，结果运气不好，病死在半道上了。

北周武帝死后，十九岁的宇文赟即位，被后世称为周宣帝。此时的国际形势对他极为有利，他爷爷宇文泰帮他拿下了四川，他爹宇文邕又帮他统一了北方，南方只剩下了苟延残喘的南陈。

如果和三国对比的话，他现在控制的地盘就是魏加蜀，距离统一全国，就剩下了偏安东南的吴国。只要他再稍微加把劲，成为统一中国的一代帝王绝对不在话下。

但是这位仁兄却沉迷女色，疏于理政。为他爹服丧期间，他便开始淫乱后宫。后来他又同时立了五位皇后，杨坚的女儿杨丽华便是其中之一。当了一年皇帝后，宇文赟便觉得处理政务太麻烦，耽误了自己在后宫的办事效率，于是，他便让六岁的太子做了皇帝，自己荣升为太上皇，只专注于男女之事。

哪知道，这哥们的身体素质有点差，一年之后，便不行了，于是就有了文章开头的那一幕。

虽然半个月前，杨坚便从女儿杨丽华口中得知了宇文赟的病情，但没想到他这么快就要驾崩了。作为政坛老手，杨坚仍然保持了以往的镇定和谨慎。于是，他半信半疑，以腿疼为借口，拒绝了刘昉。

在被拒绝了多次之后，刘昉终于急了，对着杨坚大吼："你要干就干，你不干我就自己干了。"

杨坚沉默了，他回想起二十多年来的为官生涯，自己几次险些被皇家所杀，不由对朝廷极为失望。

杨坚的父亲杨忠，跟随宇文泰南征北战，为北周的建立立下了赫赫战功，被封了公爵，但在周武帝做傀儡皇帝的十二年里，他们不愿与权臣宇文护为伍，多次险些被杀。父亲死后，他誓死效忠周武帝，在灭北齐、征突厥的过程中，他也是劳苦功高。

但是宇文赟自即位以来，丝毫不念旧情，而是害怕自己位高权重，多次想除掉自己。就在前不久，宇文赟还下令要将自己的女儿杨丽华赐死，若不是夫人独孤伽罗把头都磕破了拼死相救，女儿恐怕早已命丧黄泉了。

想到这里，这个三十九岁的男人不自觉地咬紧了牙关，握紧了拳头，既然你无情，那就休怪我无义了。但是他仍然没出声，而是转过头，看着一直没有说话的老同学郑译。

四目相望，郑译不愧为皇帝秘书出身，一眼便看穿了杨坚的忧虑，他是在等女儿的消息。他知道杨坚为人外柔内刚，疑心很重，不会轻易相信任何人。但是情况危急，此刻已经不能再等了。

于是郑译说出了那句最重要的话："御正中大夫颜之仪和大将军宇文仲已经知道了太上皇的病情！"

此话一出，一击毙命。

杨坚终于意识到了事态的严重性，如果被颜之仪等人抢了先，自己肯定没有好果子吃。于是，他急忙带上五大三粗，但武艺超群的保镖元胄，跟随刘昉、郑译进了宫。为防止意外，他又命令长子杨勇、次子杨广等人各领精兵数千，赶到皇宫外以备不测。

杨坚刚一入宫，恰好遇到颜之仪和大将军宇文仲，便立刻将他们软禁了起来。过了不到两个时辰，农历五月二十四日，宇文赟就驾崩了。

杨坚立刻施展出了高超的政治水平和应变能力，走了四步妙棋。

1.将重要岗位换成自己的人

杨坚此前的官位是大前疑，位居四个辅政大臣之首。宇文赟每次外出，都让他留守京城主持大局。在这个过程中，杨坚慢慢地笼络了一大批大臣。

宇文赟死后，他立刻以太上皇的名义下诏，任命自己为丞相，都督内外诸军事。保镖元胄为宫中禁卫军首领。高颎（jiǒng）（大牛人，文武全才）、刘昉、郑译为丞相府核心成员。

但在任命职务的时候，出现了一些不愉快，也变相决定了刘昉、郑译的命运。

刘昉和郑译原本的安排是，让杨坚为丞相，刘昉为第二宰相，管理政务，郑译为大司马掌管全国军事。这无疑架空了杨坚的权力，让他只有丞相之名，却没有政权和军权之实。

杨坚对俩人提出的意见有点拿不定主意，于是，他就询问了另外一个心腹李德林（后来的名相）。李德林一眼就看穿了刘昉和郑译的小心思，立刻劝杨坚当大丞相，掌握全国军政大权。

由此可见，刘昉和郑译都是什么样的人品。作为太上皇的心腹，太上皇还没有去世，他们便鼓动杨坚夺权。杨坚刚刚夺权，他们又想来个"螳螂捕蝉，黄雀在后"，真是没有一点为人臣子的职业操守。

因为这件事，后来杨坚就一直提防着他俩，虽然给了他们高官厚禄，但就是不让他们参与核心机密。刘昉很生气，便和另外两位北周名将梁士彦、宇文忻密谋造反，结果事情泄露，被杨坚"三下五除二"给灭了。

权力斗争向来残酷，残酷到没有一个值得信赖的人。昨日的同盟，当天就可能变成敌人，浓眉大眼的小伙伴随时可能叛变。这也难怪杨坚称帝之后，就跟得了疑心病一样，杀了不少功臣。

2.快刀斩乱麻，打击潜在的威胁

宇文赟死后，杨坚秘不发丧，他以公主远嫁突厥为由，命令手握重兵的皇室"五王"①火速进京，防止他们叛乱。

另外，他又在任何有可能反叛的封疆大吏身边迅速安插了耳目，或者想方

---

① 赵王宇文招、陈王宇文纯、越王宇文盛、代王宇文达和滕王宇文逌（yōu）。

设法地策反他们身边的人。

3.拉拢所有可以拉拢的人

中间派李德林、杨素（不是杨坚亲戚）、并州（今山西）总管上柱国李穆等人被纳入了核心成员，在不久后的那场政变中，他们起到了中流砥柱的作用。

4.善待可以利用的人，收服人心

反对派颜之仪被软禁起来之后，杨坚向他索要皇帝的符节玉玺，但遭到了他的拒绝：这是天子的东西，自有主人，做宰相的人要它干吗？

杨坚一听就火了，就把他关进了大牢，本来准备结束了他的小命。但转念一想，这老头在朝臣中很有威望，杀了他可能会引起各位大臣的离心，所以，杨坚就以颜之仪为人刚烈忠诚的名义，把他给放了。

颜之仪坐了几天牢，被磨得脾气也没了，很配合地没有以死谢国，而是在杨坚手下当起了"打工仔"，一直到隋朝建立十一年后，才病死在任上。

这四个大招一放出，朝堂上的文武百官们基本就消停了。毕竟大家又不是第一次遇到权臣，八年前宇文护飞扬跋扈的时候，大家不是一样马照跑、舞照跳。皇帝是谁无所谓，只要保住自己的一亩三分地就行了。

只有宇文家的人对此很有意见。杨坚夺权以前，人家是皇亲国戚，杨坚掌权以后，人家成了"过气"皇亲，这事搁谁谁也不干。

于是，被骗到京城的那几个王爷以及各地的宇文家势力，很快就掀起了一波反对杨坚的浪潮。而杨坚在处理这些事情的时候，竟然接连犯下了两个致命的错误，让他险些命丧黄泉。

二、天下第一谋士

　　五位王爷进京以后，马上就发现他们被杨坚耍了。这哪里是公主出嫁，分明是皇上出殡。

　　于是，赵王宇文招和滕王宇文逌就设计了一个历史上阴人时用过无数次的"鸿门宴"，要把杨坚请过来大卸八块。在邀请杨坚之前，他们还一直惴惴不安：杨坚会不会来？会不会带保镖？消息会不会泄露？

　　但邀请完之后才发现，此时的杨坚就是一头大金猪，自认为大权在握，啥也没准备，就屁颠屁颠地来了。

　　幸运的是，杨坚前脚刚走，李德林恰好去找他汇报工作。听到下人说他去了赵王府，李德林吓得一口老血差点喷出来，他急忙命令元胄带兵向赵王府狂奔而去。

　　杨坚进入赵王府后，赵王侃侃而谈，不一会儿，就把杨坚忽悠到了内室，并且命令杨坚的随从不能跟随。杨坚就像吃了迷魂药一样，竟然又一次听从了。

　　赵王高兴极了，他设想过无数次刺杀杨坚的场景，他本以为会血流成河，会两败俱伤。但没想到杨坚会如此愚蠢，鸿门宴竟然如此顺利。

杨坚，既然你要夺我宇文家的江山，那就休怪我要夺你的命。

但就在千钧一发之际，突然闯进来了一个人，那人身穿厚铠甲、手持长矛、怒目圆睁直勾勾地盯着赵王。这人就是刚刚赶过来的保镖——元胄。

元胄大喊：“丞相，府中有急事，您不能在这里多待。”

赵王心头一惊，吓出一身冷汗，随口骂道：“我和丞相议事，你算什么东西！”

元胄自报身份之后，赵王为缓和气氛，要赐酒给元胄表示刚才的歉意，但是元胄不仅身板壮，脑子也很机灵，他害怕酒中有毒，所以直接给拒绝了。

此刻，杨坚仍然没有意识到危险已经来临。看到赵王和元胄闹得有点尴尬，杨坚便命令元胄退出内室，在门口等候。

元胄退出后，仍然在门口紧紧地盯着赵王的一举一动。但赵王也不是吃素的，立刻又心生一计。他以上厕所为借口，跑到外面，让一个儿子去通知滕王宇文逌过来帮忙，又让另一个儿子过一会儿到内室献瓜，他好拿着刀把杨坚给办了。

滕王宇文逌很快就过来了，杨坚笑呵呵地赶紧迎了上去，又是握手又是嘘寒问暖。元胄急得直想骂人，赶紧凑到杨坚的耳朵边提醒危险，但杨坚仍然不以为意，酒照喝、肉照吃。

过了一会儿，瓜也来了，赵王拿起所戴的配刀，将瓜切开，一手拿瓜，一手拿刀，将瓜递给了杨坚。

杨坚正要接瓜，赵王终于露出了狰狞的笑容，心想：来吧，让我杀了你。本来我在外地好好地当着王爷，你却把我骗过来奔丧，那我就连你的丧一起奔了吧。

但是意外又一次发生了，元胄又一次夺门而入，挡在杨坚面前，大喊：“相府有急事，您怎么还在这里喝酒？”一手将杨坚往外推，一手拦着赵王。

杨坚本来迷迷糊糊的脑袋被这么一惊，突然开始智商上线了。他终于意识到了问题的严重性，赶紧拔腿就往外跑。跑回去之后，杨坚越想越觉得后怕，赵王原来是想演另一出"鸿门宴"。

于是，杨坚以谋逆的罪名将赵王、滕王给杀了。杀完后，他又害怕剩下的三个王爷心中不服，便给了他们一人一颗糖吃：赏钱，给女人，给特权（可以带剑上殿）。但是，不久之后，他又找了个借口，把三位王爷也杀了。

如果不是史书上如此记载，真的很难想象，一代英名神武的雄主隋文帝杨坚，竟然会犯下如此低级的错误。连鸿门宴都看不出来，元胄进来提醒还看不出来，敌人都拿起刀了还看不出来，一直到最后才恍然大悟。

看来"智者千虑，必有一失"适合每一个人，哪怕你是再高明的君王，脑子也有不好使的时候。所以，任何想要干出一番伟业的人，都必须拥有一个强大的团队，这个团队里的人不一定都是全面手，但一定可以能力互补。正所谓一个人可以走得快，但一群人才能走得远。

但这还不是杨坚犯的最后一次错误，一个多月之后，他便又犯了一次致命的错误，再一次差点功亏一篑。

杨坚刚刚搞定五位王爷，就收到一封密报，六十四岁的相州（今河南安阳）总管尉迟迥要造反。

尉迟迥，鲜卑人，北周文帝宇文泰的亲外甥兼开国功臣，曾经率军平定四川，军事能力极强，在朝中的威望也极高。

杨坚篡权之后，害怕他"武装上访"，就命令尉迟迥的儿子尉迟惇携带诏书，让尉迟迥来京奔丧。但是，尉迟迥很聪明，他知道杨坚不老实，就把儿子留了下来，然后紧锣密鼓地准备造反。

派谁去处理这件事，杨坚很犹豫。如果派自己人去，尉迟迥不想反也会被逼反。如果不派自己人去，万一这人不靠谱和尉迟迥联合起来，将会是大麻烦。

思来想去，他决定找一个人——七十一岁的北周名将韦孝宽。

韦孝宽和杨坚他爹杨忠一样，都是北周文帝宇文泰的心腹爱将，北周的开国功臣，在一系列的对外战争中，立下了赫赫战功。另外，他和杨坚的老丈人独孤信还是至交，两人在一起工作时，还发明了一个成语"联璧"，也就是珠联璧合的意思，可见这关系得有多亲。

派韦孝宽去有三个好处：

1.韦孝宽战功赫赫，在军中有很高的名望，去接替尉迟迥，尉迟迥可能出于畏惧不会反抗。

2.韦孝宽虽然不属于杨坚阵营，但和他的老丈人是"联璧"，又对北周忠心耿耿，杨坚用天子之令下诏，他必然会听从调遣。

3.如果尉迟迥反叛，杀了韦孝宽，也可以为自己日后登基除掉一个障碍。

韦孝宽接到命令后，果然如杨坚所料，拍拍屁股就出发了。

但是作为北周名将，韦孝宽一点也不傻，杨坚刚刚把几位王爷给杀了，现在又要夺尉迟迥的权力，他不反才怪。

所以，韦孝宽从长安出发之后，便开始慢慢溜达，结果尉迟迥真能忍耐，一直憋着不反。一个多月后，韦孝宽溜达到了朝歌（今河南鹤壁），一看距离相州就差一百里了，便不敢再往前跑了。

于是，他撒了一个谎，这是他人生中无数个谎言中的一个，但却救了他一命。他谎称自己病了，偏瘫那种，床都下不去，更别提跑了，然后还派人去相州买药，实际上则是打探消息。

尉迟迥上当了，掂量了下自己的身体，觉得七十一岁的老头被马车颠了一个多月，瘫了也挺正常，便派韦孝宽的侄子韦艺去接他。韦艺是尉迟迥的同党，也是个"坑叔货"，见了韦孝宽说："叔啊，你咋啦，怎么瘫了？"

刚刚还气都喘不匀的韦孝宽，猛地坐起，立马正色道："尉迟迥是不是要反？"

韦艺不知道他叔多厉害，还在那儿装糊涂，一个劲地摇头。韦孝宽见侄子那副德行，瞬间露出了名将的严厉，杀气四起，挥了挥手对手下说："拉下去,砍了!"

韦艺这才知道他叔是玩真的,哆哆嗦嗦说了实话。于是,七十多岁的老叔带着五十多岁的侄子,骑着马一路往回狂飙。

这件事告诉我们,经常锻炼身体有多重要,不光能延年益寿,关键时刻还能保命。

还别说,韦孝宽不光身体好,脑子也很灵光,跑的路上还心生一计。每到一个驿站,就把驿站里的马全都赶走,还对驿官说:"尉迟迥一会儿就到了,你们赶紧准备酒宴招待。不招待好喽,我要了你们的狗命!"

尉迟迥听说韦孝宽跑了,赶紧派人追。结果这伙人到驿站一看,马厩里没有换乘的马,但饭桌上却有好吃的饭菜,哪里还有心思再去追?老韦和侄子就这样跑回了长安。

尉迟迥一看,密谋造反变成了阳谋,于是,他便自封大总管,率相、卫、黎、毛、洺、贝、赵、冀、瀛、沧,和其兄弟尉迟勤的青、齐、胶、光、莒共十五州,起兵二十万,反了。

杨坚见韦孝宽脑袋如此灵光,就给了他十五万大军,让他到前线和尉迟迥互砍。按道理讲,韦孝宽这种名将出马,应该迅速旗开得胜才对,但出人意料的是,没过多久,前线就传回一条差点把杨坚吓出心脏病的消息:

韦孝宽手下三员大将收受尉迟迥贿赂,故意延误战机,前方军心不稳,随时有倒戈的危险。

杨坚还没有反应过来,紧接着全国各地又传来了三条让他直想喷血的八百里加急:

1.七月十日,荥州(今河南郑州)刺史宇文胄、申州(今河南信阳)刺史李惠、东楚州(今江苏宿迁)刺史费也利进、东潼州(今四川绵阳)刺史曹孝达,起兵反了。

2.七月十三日,郧州(今湖北安陆)总管司马消难率领管辖的七州也反了,并投降了陈国。

3.益州（今四川成都）总管王谦率其管辖十八州正在密谋反叛。

一时间，全国各地狼烟四起，举目四望，又将是一片生灵涂炭。

此时丞相府里一片肃杀，总指挥室里的大臣们吵成了一团。

几天没有合眼的杨坚，睁着通红的双眼环视了一圈，始终不发一语。

过了许久，杨坚终于开口说话了："事情紧急，谁有良策？"

郑译急切地答道："立马派三员虎将，换掉韦孝宽部，以免有变。"

杨坚立刻同意了。

但是，杨坚又犯了一个致命的错误，尉迟迥的儿子尉迟惇等的就是这一刻。

尉迟迥起兵反叛之后，便派了他的儿子尉迟惇率军向长安杀了过去。当他们到达沁水（今河南焦作）边时，与前来平叛的韦孝宽相遇了。两军对垒，久久相持不下。

一周前，尉迟惇见韦孝宽善于用兵，布阵严密，一时难以攻克，便布下了这个离间计，想骗他上当，不承想，这个计策没有骗到韦孝宽，却骗到了远在后方的杨坚。

"万万不可！"就在杨坚又要犯错的时候，角落里传出了坚定的反对声，此人正是不久前被杨坚纳入核心成员的李德林，此后，他将逐渐成长为隋朝第一谋士。

李德林对当下的时局做出了深刻的分析：

1.他们三人收受贿赂的事情，事发突然，真假不明，不能轻信。

2.没有调查清楚，就贸然地派人替代他们，他们没有叛变怎么办？以后，谁还敢替你打仗？

3.临战易将，必将大败。长平之战赵国咋没的，你忘了？

4.只要派遣一位既是你的心腹，又通晓谋略，又被众将所信服的人去监视他们即可。纵使他们怀有异心，也不敢轻举妄动；万一真的有变，也必能将其制服。

李德林的分析实在是妙，既指出了问题，又给出了解决方案，得李德林此人，何愁不得天下！一百七十五年后的那场剧变里，唐玄宗如果能谨记这段话，大唐又怎么可能在最鼎盛的时候跌入谷底。

战场是人类智慧巅峰的较量，总是瞬息万变，各种消息虚虚实实，最考验一个人的能力。作为主帅，最重要的就是在蛛丝马迹之间，辨别这些信息的真伪，而作为君主，最重要的就是要相信你任命的将领，相信他们的判断，相信他们的能力。

坐镇大后方的杨坚，可以得知三名猛将收受贿赂的消息，那么，作为前线的主帅，又是久经沙场的名将韦孝宽怎么会不知道此事？

他为什么没有处理，又为什么没有上报？肯定是他知道哪些信息是假的，哪些信息是真的。

杨坚听完后，这才恍然大悟。本着谁出主意谁干活的原则，本来应该派李德林去做监军，但杨坚考虑到李德林机谋过人，留在身边还有大用，于是他便面朝众位大臣问道："谁愿意担此大任？"

满朝的文武大臣又是一阵沉默，许久没有一个人愿意站出来。杨坚将目光依次扫向了刘昉、郑译，但两位不约而同地低下了头。

不过也不能怪他们胆小，现在全国乱成了一锅粥，身经百战的韦孝宽都不能战胜敌军，其他人又怎么敢到前线去，这哪里是平叛？搞不好，就是给自己挖坟哪。

就在大家全都低下头不敢作声的时候，有一个声音从人群中传了出来："让我去吧！"

说这话的是一个三十九岁的中年男子，此人名叫高颎，他的父亲高宾是杨坚的老丈人独孤信的幕僚，他自己则是北周的一个小官。杨坚当上丞相之后，知道他很有才能，就把他招到了丞相府。但是他的主要工作是写写工作报告的文职，几乎没有带兵打仗的经验。

从后来的事情上看，高颎说这话时，既没有御敌之策，也没有必胜的信心。他是抱着必死的决心去的，因为从长安出发之后，他流着泪，托人给母亲带了一句话："自古忠孝不能两全。"

面对眼前这位中年男人的毛遂自荐，杨坚是既感动又犹豫。感动的是高颎的勇气，犹豫的是用这个人跟赌博无异。但是眼下已经无人可用，杨坚只好把这一重任交到了高颎的身上，是非成败，就在此一举吧。

最难啃的骨头已经有人啃了，其他的叛乱，杨坚干脆就直接任命平叛的将领了：

命杨素为行军总管，领军十万，征讨荥州（今河南郑州）刺史宇文胄。

命王谊为行军总管，领军十万，征讨郧州（今湖北安陆）总管司马消难。

命梁睿为益州（今四川成都）总管，接替现在益州总管王谦的职务（梁睿刚上路，王谦就反了）。

上百万兵力就这样在神州大地上铺就开来，几场血战也即将拉开序幕。

三、史上最残忍的名将

书生高颍到达前线后，立刻去见了韦孝宽，询问他们的退敌之策。

韦孝宽说："如今正是雨季，沁水河宽水急，大军渡河，必须搭建浮桥。但是前几日，我军刚架完浮桥，贼军便将成千上万的竹筏点着，从上游顺流而下，浮桥瞬间化为灰烬。现今贼军士气正盛，我军可以闭寨不出，等他们军粮耗尽，再进攻肯定大胜。"

高颍深以为然。于是，两军在接下来的几天一直相安无事，只不过，这个书生在私下默默准备了一样东西。

几天后，尉迟惇便急了，他知道，作为叛军，追求的是速战速决，一旦进军不利，士兵们便会感到前途无望，极有可能生变。

于是，他又心生一计，命令部队后退，诱导朝廷的军队过河。另外又派了五千人，埋伏在上游，等朝廷的军队过河过到一半时，便点燃竹筏，烧掉浮桥，然后再率大军杀个回马枪。

此计不可谓不高明，不可谓不歹毒，老实说，尉迟惇在短短几天之内，连续使用了两条计策，而且招招要命，他绝对可以称得上是一个顶级的将领。但可惜的是，他眼前这个文弱的书生高颎，当时还有另外一个身份——"天下第一文武全才"。

这个世界上总会有这么一种人，他们貌不惊人，但背后却隐藏着巨大的能量。他们为人低调，但一出手就能达到别人几辈子都难以企及的高度。这种人我们称之为"天才"，而高颎刚好就是这样的人。

尉迟惇的计策刚刚实施，高颎就看出了他的阴谋，但他并没有畏缩不前，而是选择了将计就计。

看见敌军后撤之后，高颎立刻命令士兵架起了浮桥，但是浮桥的两边却多了一样东西——高颎前几日让私下准备的土狗（水中障碍，前锐后广，前高后低，状如坐狗的土墩），以抵御火船。

一切都在按照高颎预想的进行，朝廷军队刚刚过去一半，上游便漂来了无数条火船，但有"土狗"的阻挡，浮桥稳如泰山。

但是，当朝廷军队全部渡过河的时候，诡异的事情却发生了，高颎下令，将浮桥全部烧毁。

诸将立刻跳出来反对道："敌军士气正盛，我军自断后路，岂不是要全军覆没？"

高颎不容置疑地说道："军令如山，不从者斩！"

众将无奈，只得执行，一时间火光冲天，把江水照得通红。尉迟惇看见大火越烧越烈，大喜过望，以为计谋得逞，立马调转马头，杀了回来。直到短兵相接时，尉迟惇才发现上了当，顿时军心大乱。而朝廷军队破釜沉舟之后，绝地求生，战斗力飙升。

军心一降一升，不到一个时辰，尉迟惇大败，随后狂奔三百余里，一直跑到尉迟迥的老窝邺城。

高颎用事实告诉了诸位将军，什么是真理只掌握在少数人手中。

尉迟迥看见儿子狼狈不堪地逃了回来，大怒不已，但问清楚兵败的原因之后，他又面露喜色。他认为朝廷军队的战斗力不过如此，如果不是儿子误中了奸计，势必不会大败。

于是，当高颎率军抵达邺城的时候，尉迟迥并没有按照套路出牌，他没有缩进城池坚守不出，而是让儿子尉迟惇率军十三万，自己率军一万，在城南与高颎展开了大决战。与此同时，他的兄弟尉迟勤也率领五万大军，前来助战。

面对近二十万大军，高颎没有丝毫害怕，而是命令韦孝宽率军立即发动了进攻，双方从白天一直打到了晚上，朝廷军队却没有取得丝毫进展。第二天继续进攻，第三天继续进攻，但是依然没什么作用。

一直到第四天，终于有了转机，不过是对尉迟迥而言。朝廷军队损失惨重，不得不后撤三十里，坚守不出……

万万没想到，六十多岁的尉迟迥战斗力如此强悍，高颎陷入了深深的沉思。经过几天的思索，最后他做出了一个非常残酷的决定。

他命令韦孝宽再次进攻，双方又一次从白天打到了傍晚，韦孝宽逐渐不支。就在此时，一个狠人冒了出来——**隋初第五名将史万岁**，不过此时，他还只是一名副官。

此人极其生猛，每一次冲锋必然冲在最前面，这次也不例外。眼看韦孝宽就要兵败，他二话不说，抢起大刀就往前冲，一连杀了十几个人，于是士气大振，朝廷军队继续向前冲锋。

然而，大厦将倾，独木难支啊。没过一会儿，朝廷军队又要抵挡不住了。

就在此刻，高颎终于亮出了撒手锏。他命令左右率领五千人，对周围的人群展开了血腥的追杀。手无寸铁的老百姓哪里见过这种阵势，他们只是吃饱了撑的，来看个热闹而已，没想到，却要因此丢了性命。于是，纷纷哭着喊着就往城内疯狂逃窜。

高颎见状，马上又令左右齐声高喊："敌兵败了！"

于是，朝廷军队再次士气大振，一直杀入了城内。尉迟迥万万没有想到，会败得如此之快，无路可退之后，最后只好自杀。尉迟惇和尉迟勤则率领残军败将向东逃窜而去，但是很快就被逮了回来，砍了脑袋。

朝廷大军进入城中之后，韦孝宽做了一件非常惨无人道的事情，他坑杀了所有的降卒。具体人数我们不得而知，只有史书上轻描淡写的一句："兵士在小城中者，尽坑于游豫园。"根据战前近二十万大军的估计，被坑杀者肯定不在少数。

杀降不祥的魔咒很快降临到韦孝宽的身上。十月，高颎、韦孝宽领军回京，十一月，韦孝宽病死于京城。

自此，这场历时仅仅六十八天的叛变终于平息了。但是，其他几个战场上的血战还没有结束。

现在，终于轮到天下第二的文武全才杨素上场了。

杨素，中国第一大传奇家族弘农杨氏之后，从小受到了良好的教育，才高八斗，其著名的《出塞二首》对后世的豪放派诗歌影响很大。比如这句：

> 汉虏未和亲，忧国不忧身。
> 握手河梁上，穷涯北海滨。

看完这首诗，估计大多数人会认为他是一个忧国忧民的文人，但此人的作风与作品完全相反，极其心狠手辣，完全没有一个文人应有的品质。

杨素这次要平定的目标是荥州（今河南郑州）刺史宇文胄，但要想打败宇文胄，就必须率先攻破虎牢关。而虎牢关地势险要，易守难攻，《三国演义》中三英战吕布就发生在这里。

杨素知道，这必是一场恶战，所以面对地势险峻的虎牢关，他并没有立即进攻，而是随便找些借口，斩杀了十几个将士。

顿时，军队内令行禁止，人人自危，没有一个人敢有丝毫懈怠。

第二天，天刚微微亮，杨素领军在虎牢关前一字排开，下达了攻城的命令，但是，他只派了二百人。没错，二百人，没有少写一个"零"。

这二百人满脸疑惑，但又不敢违抗军令，只好颤颤巍巍地向虎牢关城下走去，他们以为会有援军，他们以为会出现奇迹，但一切都没有。

宇文胄站在城楼上哈哈大笑，二百人攻城，杨素怕不是疯了。城上一通乱箭，死伤一百多人，其余的士兵只好退了回去。

接下来，非常残酷血腥的一幕发生了。杨素命令将逃回来的战士全部斩杀于阵前。哀号声、惨叫声一瞬间回响在战场上的每一个角落，令在场的每一个人不寒而栗。

但悲剧还没有结束，接着，他又派了四百人前去攻城。

不知道这四百人在这一刻会想起什么，是父母年迈的身影，还是妻儿渴望平安回家的眼神，还是对这位无情的将军抱有最后的一丝幻想。

只知道他们高喊着口号向虎牢关勇猛冲了过去，站在城墙上的叛军也被这一幕惊呆了，叛军见过疯子，但没见过一直要送死的疯子。

这四百人一直冲到了城下，但是，也就到此为止了。四百人怎么可能攻下虎牢关，又有一百多人逃了回来。

杨素竟然再次下令，将这一百多人全部斩杀于阵前。

一股阴森的气氛弥漫在八月的虎牢关前，翻遍中国历史，绝对找不到第二个像杨素这么疯狂和血腥的将领。

宋代曾评过中国历代名将七十二位，有杀妻夺帅的吴起，有坑杀无数降卒的白起，但再也没有第二个像杨素一样对自己的士兵如此凶狠的将领。

杨素的士兵们精神崩溃了，他们知道，眼前这个人不是人，而是一个恶魔，与其被当作逃兵处决，不如死在冲锋的路上，至少死得壮烈，至少家人还能拿到点抚恤金。

城墙上宇文胄的士兵们也畏惧了，城墙下的不是士兵，而是一群杀红了眼的魔鬼。

一阵令人毛骨悚然的冷风吹过之后，杨素终于下达了最后的命令："全军总攻，后退一步者，立斩！"

胜败毫无悬念，杨素大胜，斩杀宇文胄！

杨素胜利了，以视士兵生命如草芥的方式胜利了，以肆意践踏人间最后一点良知的方式胜利了。也许他可以用"一将功成万骨枯"来安慰自己，但那些冤死的亡灵又有谁来安慰？他们是谁的丈夫，谁的儿子，又是谁的父亲？

几十年后，当杨素被刨坟挖尸、挫骨扬灰的时候，如果地下有知，不知道他会不会后悔当初的杀人如麻，会不会相信因果报应的谒语。

现在终于只剩下了两路叛军，郧州（今湖北安陆）总管司马消难和益州（今四川成都）总管王谦，但这两位老哥，很快就被消灭了。不是平叛的王谊和梁睿太牛气，而是这两位老哥实在太不靠谱。

司马消难是杨坚他爹的结拜兄弟，按道理讲，真不应该造反，但他当时估计脑子有点问题，是真的有点问题。

造反前他犹豫了很久，不造反吧，万一尉迟迥成功了，自己得不到什么好处，不太甘心。造反吧，万一失败了，要被杀头，又害怕。于是，他就找来了谋士一起商量，他俩的对话大概如下：

司马消难："反不反？"

谋士："反！"

司马消难："为啥？"

谋士："打不过还可以跑嘛，反正南边还有个陈国！"

司马消难："好，那就反了！"

然后司马消难就真反了，但是他的运气比较背，七月中旬造的反，八月二十四日王谊就率领大军到了湖北安陆郊区。

开打前，王谊按照程序给他写了一封劝降信，大概意思是：哥们，十天前尉迟迥已经去找太上皇报道了，你觉得你比他强吗？还不赶紧投降，也许能饶你一命。

没想到，一接到信司马消难就尿了，不过没出城受降，而是带了几个亲信，窜到了陈国。

不过这老哥命挺大，后来隋灭了陈，他又被俘了，杨坚念旧竟然没有杀他，只是贬为了贱民，结果这老哥心理素质严重不行，天天害怕杨坚杀他，没过多久，竟然被自己吓死了。

益州（今四川成都）总管王谦的命就没司马消难这么好了，八月七日才起兵反叛，而此时，距离尉迟迥被灭还有七天的时间。

反叛时，谋士给他指明了三条道路：上策，亲自率领精锐部队，直指散关（又叫陈仓，现在的陕西宝鸡）；中策，出兵汉中，进可攻，退可守；下策，坐守剑南关，朝廷发兵了，自卫反击。

王谦想了半天，选了中下之策。

不过，老实说，即便是选了上策，依照他那德行也赢不了。因为他领军去抵抗梁睿时，走到半道，手下就全部叛变了。于是，他逃窜到了一个小县城，准备投靠自己曾经帮助过的县令。

县令见王谦来投奔，倒也客气，开了城门就往里请，给王谦递上两杯酒，表示一定要送他最后一程，然后就把王谦给宰了。

如果要给他俩刻墓志铭的话，八个字就可以概括：反得诡异，死得憋屈。

至此，杨坚夺权之后最大的危机终于化解了。他仰望天空，回想起这两个多月来发生的种种，感觉自己老了许多。

太上皇病危，有人提前透露风声；到达皇宫正好赶在了反对派的前面；五位愚蠢的王爷，凭借一句话竟然真的来了京城；鸿门宴上几经生死，正好有元胄护卫；天下群雄并起，眼看就要生灵涂炭，天下第一、第二名将刚好全都站在自己这边。

　　如果以上任何一件事上，出现任何一个差错，自己都可能死无葬身之地。这两个多月来他披星戴月，每天如坐针毡，现在终于迈出了第一步，不容易，实在是太不容易了。

　　经历了生死，才能明白活着的价值。所以他必须趁着战争的权威，更进一步，将这个来之不易的胜利果实，牢牢地掌握在自己手中，一代又一代地传下去。

　　一场轰轰烈烈的改革即将开启，一个决定中国未来几千年历史走向的王朝也即将来临。

四、周静帝禅位，隋朝建立

平定内乱之后，杨坚很兴奋，但也非常心虚。

此刻摆在他面前的有两条路：一条是做个权臣，学习曹操，等自己死后让儿子接班，当然，也有可能自己死后像霍光一样被清算。

另外一条路就是代替北周，自己称帝。这一条看起来风险重重，但细想之下，难度也并非登天。

1.北周生于不义

我们现代人感觉皇帝是一个很神圣的职业，想吃红糖吃红糖，想吃白糖吃白糖；堂下站着文武百官，后宫拥着佳丽三千；很多人甚至觉得在非洲当个酋长都很牛气。

但放在杨坚之前的那个年代，皇帝在大臣的眼里，就跟猪圈里的猪差不多，不是拿来供的，而是权臣们拿来杀的。

从东汉末年到北周灭亡将近四百年的时间里，中国大一统的时间，只有西晋灭吴后的三十多年，其他时间全是分崩离析的状态。

这段时间里，中华大地上大概出现了二十多个国家。

南方还好一点，东吴、东晋、宋、齐、梁、陈，只有六个国家。

北方和四川则乱成了一团麻，曹魏、晋、十六国、北魏、西魏、东魏、北齐、北周，一共诞生了二十三个国家。

这么多国家的出现，意味着每个国家的统治时间都特别短，皇帝的位置极其不稳。只有北魏、东晋稍微好一点，国祚达到了一百多年，但其他国家的国祚都是几十年。

这就导致大部分人一辈子至少要经历一两次灭国，一两次皇帝被杀。所以，当时的人们对皇帝被杀、国家被灭，基本都没啥反应。

而杨坚即将篡的这个北周，更是一个奇葩的存在。寿命只有二十四年，开国之后的前两个皇帝还都是傀儡，都被权臣给杀了。

要想厘清这件事，我们得从北周的奠基人宇文泰说起。

事先说明，以下人名太多，大家不用记，权当故事看看就行了。

宇文泰是汉化的鲜卑人。北魏末年，六镇起义，他就跟着起义军武装上访去了。

结果在上访的路上，被北魏名将尔朱荣打了个大败亏输，他就投降了尔朱荣，最后被分配到了尔朱荣手下大将贺拔岳的帐下。

尔朱荣在镇压起义军的过程中，他的势力越来越大，野心也越来越膨胀，到最后就想当曹操了。

刚好529年，北魏皇室又乱成了一锅粥。

胡太后专权，她的儿子孝明帝想夺权，俩人闹得不可开交。

于是，孝明帝就学习起了当年的何进、袁绍，要把手握重兵的尔朱荣叫到洛阳，为自己撑腰。

尔朱荣和当年的董太师一样，高兴得差点晕过去，带着自己的大军，就赶紧从晋阳（今山西太原）往洛阳跑。

胡太后知道这事之后，一怒之下，就把亲生儿子孝明帝给毒死了。

随后，她让后宫里的一个小姑娘（元姑娘）冒充男孩当了皇帝。

连玄幻小说都不敢写的狗血剧情，就这么真实地上演了。

过了几天，可能胡太后也觉得自己太脑残了，于是，她就主动揭穿了这个小姑娘的身份，又立了三岁的小男孩元钊为皇帝。

满朝文武大臣，惊得下巴都快掉了。

尔朱荣听说之后，不禁大骂出口。当年四月就率大军杀进了洛阳，把胡太后和她立的三岁小皇帝给扔到黄河里淹死了。

接着，尔朱荣又搞起了大屠杀，史称"河阴之变"，他把朝中的两千多位大臣、权贵全部杀了，立了二十一岁的元子攸为皇帝，自己则学习起董卓当了权臣。

第二年（530年），关中突发大乱，尔朱荣就让贺拔岳带着宇文泰、李虎（李渊他亲爷）等人去平叛了。

贺拔岳等人刚刚平定关中，尔朱荣就被自己立的皇帝元子攸给杀了（这结局和董太师也挺像）。

尔朱荣被杀之后，他的侄子尔朱兆起兵反叛，又把皇帝元子攸给杀了。

尔朱兆又相继立了两个皇帝元晔和元恭（起兵反叛时立一个皇帝，反叛成功后再立一个），自己又当起了权臣。

531年，尔朱兆的手下大将高欢，打着为皇帝报仇的旗号，又攻进了洛阳灭了尔朱兆。

高欢也有样学样，先后立了两个皇帝，分别是元朗和元修，自己也当起了权臣。

尔朱荣手下大将贺拔岳看到高欢灭了尔朱兆之后，也在长安举兵响应了，当起了大军阀。

高欢觉得贺拔岳的势力太过庞大，534年就设计把贺拔岳给杀了。

贺拔岳被杀之后，群龙无首，宇文泰就趁机做了老大，坐镇关中。

同样是534年，被高欢立为皇帝的元修不愿意做傀儡皇帝，就想率军袭击高欢，但是事情败露，被高欢打得大败。

于是，534年七月，元修就从洛阳跑到了长安，投奔了宇文泰。

哪知道宇文泰也是一个狼子野心的家伙，十二月，宇文泰就给元修下了毒，年仅二十五岁的元修一命呜呼，谥号孝武帝。

随后，宇文泰又立了元宝炬为皇帝，自己也当起了权臣。而东边的高欢又立了元善见为皇帝。

北魏从此分裂为了西魏和东魏。

是不是很乱很乱，我们数一下，从529年到534年，北魏一共换了几个皇帝。

第一个是孝明帝，被他妈胡太后给毒死了。

第二个是元姑娘，阴差阳错被立为帝，没过几天又被免了。

第三个是三岁的小男孩元钊，刚当了俩月，被尔朱荣扔黄河里淹死了。

第四个是孝庄皇帝元子攸，杀了权臣尔朱荣，又被尔朱荣的侄子尔朱兆给杀了。

第五个和第六个是尔朱兆立的皇帝，分别叫元晔和元恭，高欢杀到洛阳后，把这俩皇帝都杀了。

第七个和第八个是高欢立的元朗和孝武帝元修。

第九个是高欢立的元善见。

第十个是宇文泰立的元宝炬。

五年时间，十个皇帝，平均一年得换俩，跟现在的春秋装一样，还赶上时髦了。

宇文泰立了元宝炬当皇帝之后，元宝炬也比较听话，一直当了十七年皇帝，直到551年去世，享年四十五岁。

元宝炬死后，宇文泰又立了他的儿子元钦当皇帝。

元钦头比他爹要铁，当了三年皇帝之后，就准备夺权，结果阴谋败露，被宇文泰给毒死了。

554年，宇文泰又立了元钦的四弟元廓为帝，这是西魏的最后一个皇帝。

556年，宇文泰当了二十二年权臣之后也死了，享年四十九岁。

他死之后，他的嫡长子宇文觉年仅十五岁，于是他的侄子宇文护就掌握了大权。

这一下，宇文泰的报应就来了。

557年三月，宇文护逼迫西魏恭帝把皇位禅让给了宇文觉，改国号为周，也就是北周，于是宇文觉就成了北周的开国之君。

但是，这个开国之君就是一个傀儡，军政大权全部由宇文护把持。

宇文觉头也比较铁，对此非常不满意，就联系了太保独孤信（杨坚的老丈人）等人，想发动政变夺权。

但是，事情却败露了。十二月，宇文觉就被宇文护给毒死了，从开国到驾崩还不到一年的时间，独孤信也被逼自杀了。

随后宇文护又立了宇文泰的庶长子宇文毓为皇帝。

三年后，也就是560年，宇文毓开始不满宇文护的专权了，他也想发动政变夺权，结果又被宇文护给毒死了。

宇文毓死后，宇文护又立了宇文泰的第四个儿子宇文邕当皇帝，宇文邕就是赫赫有名的北周武帝。

572年，宇文邕用玉笏拍死了宇文护，他一直忍辱负重了十二年，终于第一次掌握了大权，而此时距北周建国已经过去了十五年。

随后宇文邕就跟开挂了一样，又是灭佛，又是分地，又是整府兵制，短短三年时间，就把北周搞得有声有色，实力大增。

576至577年，宇文邕又御驾亲征，率七路大军灭了北齐，统一了中国北方。

但是，天不佑北周，这么猛的皇帝，仅仅掌权了六年，578年就驾崩了，年仅三十五岁。

他的儿子就是前面讲到的大奇葩宇文赟，宇文赟登基的时候十九岁，年富力强的，但就是不干人事，立了五位皇后，其中一位就是杨坚的女儿杨丽华。

刚当一年皇帝，宇文赟就把自己升为了太上皇，让六岁的儿子宇文阐当了皇帝，第二年他就被色字头上的那把刀给整驾崩了。

北周从557年建国，到580年杨坚准备夺权，一共是二十三年，在此期间换了五个皇帝，其中两个是被毒死的，而皇帝掌权的时间满打满算只有八年。

所以，你说北周的大臣们对宇文家能有啥感情吗？

恐怕很难有，如果宇文泰的两个儿子不是傀偏，宇文家估计还能培养出一大批忠臣，就跟当年的曹魏一样。

但是，开国前两任皇帝都是傀偏，两次准备夺权都被杀了，忠臣们恐怕早就被权臣宇文护给砍完了。

再加上南北朝那种把皇帝当猪头看的政治环境，只要手中有刀枪，就能随便废立皇帝，大家估计早都见怪不怪了。

所以，杨坚篡位，在道德上恐怕是一点压力也没有。百姓们也根本不存在人心思周的可能性。

2.杨坚的实力很恐怖

杨坚他爹杨忠出生于507年，弘农杨氏，今天的陕西华阴人，是标准的汉人。

杨忠从小就长得好，武艺高强。十八岁的时候（525年），他到泰山游历，结果南梁的军队刚好打了过来，就把他逮到了江南当俘虏。

杨忠二十二岁（529年）时，尔朱荣杀进了洛阳，把胡太后扔进了河里。北魏的一个宗室元颢，就投奔了南梁。随后他又从南梁借兵，杀到了洛阳，这些兵里面就包括了杨忠。

元颢兵败之后，杨忠就跟了尔朱家的人，被分配到了独孤信的帐下。

后来，孝武帝元修到长安投奔宇文泰的时候，杨忠、独孤信也跟着跑到了长安，因为立了功，被封为侯爵，安西将军。

宇文泰虽然把元修给杀了，但是他觉得杨忠勇猛无比，就把他留在了身边。

之后杨忠的人生就开了挂，又是打南梁，又是打北齐，屡战屡胜，所向披靡。先后升任了柱国大将军、大司空，被封了一大堆官职，封爵隋国公。

568年，杨忠病逝，享年六十一岁。

因为杨忠活着的时候，不肯依附权臣宇文护，所以当时的北周武帝宇文邕就认为他是自己人。

572年，宇文邕拍死宇文护之后，就开始重用杨忠的儿子杨坚。让自己的儿子宇文赟娶了杨坚的女儿杨丽华，杨坚摇身一变成了皇亲国戚。

宇文邕率领七路大军灭北齐的时候，杨坚也跟着立了战功。

宇文邕驾崩了之后，宇文赟登基就将他老丈人杨坚升为柱国大将军、大司马，后来又让杨坚当了大前疑，位居四个辅政大臣之首。

而且宇文赟每次外出公款吃喝旅游，都让杨坚留守京城主持大局。在这个过程中，杨坚慢慢地笼络了一大批大臣。

注意，这一点很重要。

为什么杨坚自任丞相之后，很多朝中大臣都没什么反应，甚至直接归附了他，就是这个原因。

后面的事，前面已经讲过了，尉迟迥、司马消难等人在四川、河南、河北、江淮等地武装上访，搞得北周差一点分崩离析，但杨坚只用了两个多月的时间，就把叛军给消灭了。

但是其中有一个地方之前没有讲，就是并州（今山西）。当时的并州总管叫李穆，原来是杨忠的手下，所以他直接宣布效忠杨坚了。

所以，杨坚一开局，其实就已经掌握了关中和并州，特别像后来李渊刚刚造反的时候。

现在我们可以总结一下，此时此地杨坚篡位有哪些有利条件了：

（1）北周自己并不干净，它是篡的西魏，曾经杀过两任西魏皇帝，这叫生于不义。

（2）北周从建立到杨坚代周，共计二十四年，历经五任皇帝。但这二十四年里，其中绝大部分时间都是权臣当道，皇帝掌握大权的时间，北周武帝和宣帝加起来也不过八年，所以没有培养出一大批忠臣，根基一点也不稳。

（3）当时的政治环境很差，大家对换皇帝早就见怪不怪了，谁当皇帝都无所谓，杨坚没有一点道德压力。

（4）杨坚本身有很高的政治威望，有老爹部下的支撑，又是外戚，同时还是大前疑（宰相），经常留守京城主持大局。在他夺权之前，满朝文武百官大部分都被收拾得服服帖帖了。

（5）这是最后一点，也是最重要的，杨坚的武德也很昌盛，灭了尉迟迥、司马消难等人的反叛，放眼天下，此时已经没有人敢再造反了。

但是，即便有这么多有利的条件，杨坚还是没有下定决心，这毕竟是篡位啊。韦孝宽这些人为什么愿意听从自己的调遣，那是因为自己的头上有个傀儡，如果没有这个傀儡，会不会引起更大的骚乱？杨坚思来想去，一直拿不定主意。

于是，有一天他去问李德林："要不你给我算一卦，看看我家祖坟冒烟没？"

李德林早就猜到了杨坚的心思，所以，他就没打算算卦，而是悠悠地回了句："天道精妙，难以猜测。我即使说不，您难道还能退出吗？"

杨坚一声长叹，觉得李德林说得很有道理，但他仍然不想篡位。虽然皇位是那么让人迷恋，但是风险仍然太大了。他仅仅是夺了权而已，就激起了全国上下的强烈反对，如果篡位，再引发更大的骚乱怎么办？

他出身高贵，有老婆，有孩子，又不必为生活奔波，完全可以像父辈们一样，享受荣华富贵，安度一生，为什么要冒九死一生的风险，还要留下千古骂名？如果现在收手，也许还有回头路，但如果真的篡位了，便再也不能回头了。

就在杨坚仍然犹豫不决的时候，杨坚的老婆，中国历史上最猛的皇后之一，独孤伽罗正好从此经过，听到他们的谈话后，也说了一句狠话：

"大局已定，你现在已经骑虎难下，与其犹豫不决，不如尽力去干！"

没过多久，杨坚的另一个亲信虞庆则，也敏锐地嗅到了他的意图。于是，581年二月，也就是平定叛乱的四个月后，中国历史上最经典的一幕又发生了。

虞庆则上报全国各地都发现了祥瑞，例如河里发现了只绿王八，陆地上发现了只长颈鹿（麒麟），天上的星星眨了眨眼，等等。

总之，海陆空齐上，人嘴两张皮，咋说咋有理。一切都预示着周静帝应该将皇位禅让给杨坚。

杨坚也很配合，嘴上义正词严地拒绝了，手上却不老实。

虞庆则很配合地联系其他大臣一起再上书，杨坚再次明确拒绝，只不过比第一次态度好了一些。最后大臣们集体哭着上书，搞得杨坚不当皇帝，其他人统统活不下去了似的。

终于，推让三次之后，杨坚很不好意思地接受了周静帝的禅让，建立隋朝，年号"开皇"。几个月后，他又很不好意思地派人把年仅九岁的周静帝给杀了。

手段有点残忍，但这并不影响杨坚成为一代明君，因为政治斗争本来就是人类历史上最残酷的游戏。我们不能以常人的标准来评判政治家，否则人类历史上，不会有一个明君。

貳

文治武功

五、为什么隋朝才出现科举？

杨坚当上皇帝之后，立即进行了一系列的改革，其中大部分功在当代，但有两条则影响了后世一千多年的中国。为方便理解以后的政治斗争，我们有必要了解一下。

先看几条功在当代的改革，有助于理解杨坚的为人：

为了缓和民族矛盾，杨坚下令全面汉化。北周是由鲜卑人建立的政权，虽然鲜卑已经汉化了很多，但是汉人也少数民族化了不少。最典型的就是姓氏，杨坚被赐姓为"普六茹"，高颎被赐姓"独孤"，李渊的爷爷李虎被赐姓"大野"。

全部汉化之后，终于从根本上解决了持续近三百年的民族矛盾，也从某种意义上解救了汉民族，对于汉族，对于民族大融合都有不可估量的影响。

为防止官员贪污腐败，杨坚经常"钓鱼执法"，他时不时地派人给官员行贿，有受贿的，就立刻处死，而且经常直接在朝堂之上用棍棒打死。

为了防止官官相护，杨坚又创立了上访制度，并且允许越级上访。

为了减少冤假错案，杨坚又将死刑权力交给了全国最高司法机关——大理寺。

为了杜绝盗窃，杨坚又规定偷盗任何东西，哪怕是一文钱，也一律处死。

为了减轻百姓负担，杨坚一朝，还经常减免百姓的租税、徭役。他还在各地都修建了许多粮仓，以供赈灾或者打仗使用。

这些粮仓规模有多大呢？1969年时，洛阳出土了一座隋朝粮仓遗址，里面一共有二百五十九个窖，其中一个窖里还残存了五十万斤碳化的谷子，也就是说，这个粮仓要装满，得装一亿二千九百五十万斤粮食。

即便国家如此富有，杨坚也非常勤政和节俭，每天通宵达旦地干活，也没个加班费。后宫妃子、仆人的衣服得用粗布不能用丝绸，佩戴的首饰也不能是金和玉，一般都是铁、铜或者牲畜的骨头。

大家是不是觉得有些政策非常解恨，有些政策又非常人性化？其实这只是一种错觉。我们再看一条：

为了加强等级制度以及统治阶级的权威，杨坚又规定，官员和贵族犯罪可以减刑，甚至可以用钱赎罪，或者免刑。

现在再理解历史课本上所说的，古代的法律是统治阶级剥削老百姓的工具，是不是就容易多了？

现在我们可以给杨坚画个速描了：

多疑，不相信任何官员。

残酷，喜欢把大臣在朝堂之上活活打死，并不惧怕后世的评价。

爱民，和大部分明君一样，注重民生。

恋权，以上种种行为，归根结底都是为了稳定权力。

但客观地说，中国历代皇帝，哪个能做到以上几条，或者只有爱民一条，我们就可以称他为明君了，更何况杨坚还有以下两条伟大的创新。

第一条伟大的创新是创立了三省六部制。

有的人可能会说"三省六部"制不是杨坚创立的，他只是完善了"三省六部"。但这里我们仍然坚持前面的说法，因为它代表了主流史学家的观点。

"三省六部"制作用有多大呢？

这么说吧，此后历代王朝沿用的都是这套政治制度（多少有点修改）。即便是现在，还有不少国家的政治制度和它类似。

三省指中书省（隋朝叫内史省）、门下省、尚书省。

六部指尚书省下面的吏部、户部、礼部、兵部、刑部、工部。

这些部门都是干啥的？

中书省相当于皇帝的智囊团，帮助皇帝做决策、写文件，部门老大叫中书令（隋为内史令）。

门下省负责审议中书省的决策。如果他们认为决策不合适，可以反驳回去。如果合适了，就把决策交给皇帝，皇帝再签字盖章。

门下省部门老大叫侍中（隋朝叫纳言），老二叫黄门侍郎（后改为门下侍郎），职工就是大名鼎鼎的给事中，到明朝时发展成了言官，天天有事没事，总喜欢找事的那群人。

尚书省相当于内阁，皇帝签过字、盖过章的命令由它执行。

尚书省部门老大叫尚书令，但为了防止老大权力过大，实际上很少任命。老二叫左仆射（yè），老三叫右仆射。

三个机构的老大，都可以叫宰相，谁的权力最大呢？

不一定，历史时期不同，权力大小也不同。**隋文帝时，尚书省二把手左仆射权力最大。**

这个制度厉害在哪？它解决了相当一部分的相权问题。

原来皇帝下面就是宰相，宰相的权力极大，像秦的赵高、西汉的霍光、东汉的王莽以及后来的曹操和诸葛亮。

现在等于是把宰相的权力分给了四个人（中书令、侍中、左右仆射），皇帝相信谁，谁的权力就大，这四个"宰相"不得不拼了命地巴结皇帝、打压对方，皇帝只需坐在龙椅上玩平衡术就行了。

下一步，只要再解决了军权问题，皇帝便可以绝对地独揽大权了，不过这得到宋朝。自宋之后，政权和军权都牢牢地抓在了皇帝手里，和平年代里几乎再也没有发生过权臣废立皇帝的事情。

第二条伟大的创新就是科举。

有人会说，科举是杨广创立的，但实际上在开皇七年，杨坚就开了科举考试。

受教科书的影响，现在人谈起科举，就会联想到"八股文"，认为这是封建制度的糟粕，禁锢了文人的思想，阻碍了时代的进步。

但是，这种看法显然太过片面。科举全名叫"分科取士"，翻译过来就是，用考试的方法来选取人才，就是古代的高考。

很明显，考试不可能阻碍时代的进步嘛。那为什么后来"科举"被人骂得那么惨呢，主要是考试的内容变得越来越离谱。

刚开始时，也就隋唐那会儿，文官的考试内容主要是国家政治论文、诗词歌赋等，武官的考试内容则主要是骑马、射箭、举重，都是非常实用的东西。后来朱元璋上台之后，认为要想世界和平，就得把人用各种东西"捆"起来。

每个行业的人，都必须祖祖辈辈捆在这个行业里。比如某人的爹是杀猪的，那他以后也得杀猪，子子孙孙都得杀猪。文人的思想太活络，不太容易控制，于是就弄出了"八股文"，观点必须与朱熹的一致。

满人入关之后，怕汉人反抗，更怕文人们瞎说话，他们不仅要考"八股文"，还有了"文字狱"，这才严重阻碍了时代的发展。但是，科举本身是没有问题的。

那为什么科举就是一个伟大的创新了呢？要理解这个，咱们得上溯到人类的祖先那里。

假如你是一个部落酋长，手下只有一百人，那你找几个能打的小伙子做助手就行了。

但假如你的部落越来越大，变成了一千人，是不是就得任命几个官员，帮你管理了？

任命谁呢，你说考试，这样可以选出人才，也可以防止下属结党营私。

想法很美好，但是功臣和亲戚们不乐意了。

于是，你只好让功臣、亲戚们当官。终于，在他们的帮助下，你的部落变成了国家，发展到了十万人。按照1∶100的官民比例，你至少需要一千名官员帮你管理。

任命谁呢？不用说，肯定还得是你的亲戚和功臣们的亲戚。

你可能会说，我不这样，我一开始就着手建立一个强大的属于自己的军队。等部落发展到十万人了，我的军队也是最强的，到时候就推行考试，谁要敢造反就镇压谁。

这想法也没错，也能实施。但是，内忧解决了，外患怎么解决？

你才十万人啊，周围还有无数个国家，别的国家都是论功行赏，你却按分数行赏，你的手下还会有战斗力吗？还会对你忠心耿耿吗？你不被灭了才怪。

所以，你还是必须让他们当官，并且还要给他们更大的权力。

后来你的国家越来越大，大到周围已经没有任何可以威胁你的国家了，这就到了周朝。

你摇身一变成了周天子，原来的功臣就成了齐楚燕韩赵魏秦的老大。现在别说考试了，随着他们实力的不断膨胀，再过几年，连你也不会放在眼里。

不过，你也不用担心了，几十年后，你便到极乐世界当神仙去了。

当了几百年神仙，你觉得天上挺无聊的，于是，你闭着眼从南天门跳了下来，不料，竟然成了秦始皇，统一了六国。

这时候中央权力极大，没有任何人敢反抗，于是，你又准备推行考试选拔人才了。

正准备考试呢，你一看，七种文字，这怎么考啊。

于是，你下令统一了文字。谁知道，文字刚统一，你又到极乐世界当神仙去了。

又过了一百多年，你又投胎下凡，这次竟然成了汉武帝。你英勇神武，兵强马壮，说一不二，想干啥干啥，于是，你又准备推行考试选人才了。

但是，考啥呢？

法家？好像不行，当初你是秦始皇的时候，用法家思想治国，统一了六国，但是十多年就亡国了。

黄老学说？好像也不行，虽说汉初这几十年施行的黄老学说、无为而治，国家也兴旺发达了，但中央权力太小，连匈奴都打不过。

这时候突然出来了一个人，名字叫董仲舒，把儒家思想改革了一番，非常符合你的心意。于是，你决定考儒学了。但是全天下大部分人都不知道儒学讲了啥，你怎么考试？

于是，你决定全力推行儒学，等儒学普及，就开始考试。

但是儒学才刚刚普及，你又当神仙去了。又过了二百多年，你又投胎做了汉明帝，普天之下，知识分子全是儒生。于是，你很高兴，又开始准备考试了。

结果你在看考生名单时，就发现了问题：**为啥考生都是高官的儿子和亲戚呢？**

你投胎了几次，历经千年，推行考试选拔人才为了什么？

不就是为了选出人才，不就是为了打破豪门贵族、缓解阶层固化，有利于你的统治吗？如果来考试的人，都是高官的儿子和亲戚，那考试又有什么意义。

于是，你非常愤怒，派人去查原因。

结果，他们辛辛苦苦、四处奔波，花了一百多万两银子，查了一年，回来跟你说："陛下，书是竹子做的，穷人家买不起啊！"

于是，你蒙了，当惯了皇帝，竟然把钱给忘了。不过，天无绝人之路，这时候上天给你送来了一个大牛人：蔡伦小太监。他改进了造纸术，但是刚开始，纸的成本仍然很高，穷人还是买不起书。

然后，没过多久，你又当神仙去了。

随后又过了几百年，一直到了南北朝（下一个就是隋朝），纸才慢慢普及，之后雕版印刷术也被发明了出来，穷人，终于能以稍低的成本读书了。直到这时科举制才有了推行的条件。

从上面我们可以看到，考试选拔人才（科举）没有我们想得那么简单，想顺利推行必须得具备三个条件。

1.强大的中央集权

科举肯定会触动既得利益集团的根本利益，没有强大的中央集权，很有可能会出现动乱，具体事例可以参考王莽改革。

2.统一的思想文化

这个思想必须可以让社会低成本运行，还必须能加强民族凝聚力，让学过的人大概率对你保持忠心。不然教出来的都是一群暴徒，那还不如不要科举。

3.便宜快捷的传播媒介

纸和印刷术都得出现，否则穷人读不起书，考试也就失去了意义。

三个条件缺一不可。这就是为什么西方在1702年才开始实行书面考试，1791年法国大革命时期才有了第一次公务员考试，比我国晚了近一千年的原因。

西方没有竹子，木板成本太高，还不容易制作，所以在造纸术传过去之前，一直是用羊皮书写。大家想一下，写一本《史记》，那得杀多少只羊啊。所以，西方的知识获取成本太高了，甚至高到了很多国王、贵族都没有读过多少书。

文化传播成本太高，就统一不了语言和思想，就难以发展出像我国这样的长时间的中央集权和长时间的大一统。

不能长时间大一统，就推行不了科举，就培养不出天子门生，只能不断分封，最后，国家只能越来越小。欧洲为什么碎得跟饺子馅似的，这就是其中一

个主要原因。

这样看来，隋朝发展出科举制度，是我国几十代人，几千年努力的结果，不应该算杨坚的功劳。

但其实不然，就跟秦始皇统一六国一样，虽然是"奋六世之余烈"，但仍然掩盖不了秦始皇的伟大。杨坚创立了科举制度，也是如此。

三省六部制和科举制，是我国古代政治制度最伟大的两个发明。前者奠定了后续一千多年的政治权力结构，后者创造了后续一千多年的官员选拔体系，它们的影响甚至一直延续到了现在。

所以，仅此两点，杨坚足以名垂千古，更何况他还推行了那么多利民的政策。西方人把杨坚说成是影响人类历史进程的一百位名人之一，站在制度的创新角度看，这个评价的确实事求是。

六、狼烟再起，长城内外，为何相杀千年？

杨坚在进行内部改革的同时，也在紧锣密鼓地推进统一全国的进程。

此时的中原大地已经分裂三百多年了，这三百多年来战乱不断，百姓流离失所，人命贱如草芥，符坚、刘裕等绝世英雄，曾经也占据了半壁江山，但最后都功亏一篑。

如今历史的方向盘又交到了杨坚的手中，他相信经过自己一系列的改革，这个国家已经国富民强，他一定能够打破分裂的魔咒，让这个满目疮痍的国家，在自己的手中重焕新生。

开战，就从今天开始吧。

此时，隋朝北边是突厥和高句丽，南边是陈国。"攘外必先安内"，谁都能看得出来，下一步就是灭陈。

于是，杨坚迅速组建了一个灭国"梦之队"：

李德林（四十九岁），担任内史令，也就是智囊团（内史省）老大。

高颎（四十岁），担任尚书左仆射兼纳言，也就是内阁（尚书省）的实际老大和国会（门下省）老大。

虞庆则，就是带头哭着让杨坚称帝的那位，担任尚书右仆射。

杨素（三十七岁），担任信州（今重庆奉节）总管，并督造战舰。

另外，高颍又给杨坚推荐了三个当世之人杰。

第一个大牛人是苏威（三十九岁），字无畏。这人和他的字很像，办事真的很无畏。出身名门，五岁丧父，但他勤奋好学，名声很大。

苏威在北周时做过大官，后来觉得权臣当道，便辞了官，躲了起来。杨坚称帝后，高颍再三举荐他，他也给拒了。直到后来，杨坚差点怒了，他才勉为其难地出山了。

不过这人和假名士不一样，确实有几把刷子，出山以后就代替高颍做了纳言，相当于宰相。苏威经常劝谏杨坚别办傻事，有点像唐朝的弱化版魏徵，在高颍和他的配合下，大隋王朝蒸蒸日上。

但是，苏威后期有个很大的毛病，估计是越老越怕死，他最后十几年办的事让人比较恶心。隋朝二世而亡，和他也有不小的关系，不过这是后话。

第二个大牛人是韩擒虎。

韩擒虎原名韩擒豹，估计是觉得豹子不威风，就改成擒虎了。从他后来的作为上看，擒虎还是小了，应该改为擒龙。

韩擒虎被任命为庐州（今安徽合肥）总管，他到任后多次击退陈国的进攻，大大灭了陈国的士气。

唐朝时，杜牧抨击陈后主，有句诗写的就是他：

门外韩擒虎，楼头张丽华。谁怜容足地，却羡井中蛙。

平陈之后他和高颍、杨素、贺若弼、史万岁被称为"隋初五大名将"，另外他还非常幸运，是五个人中唯一寿终正寝的幸存者。

他还有一个更牛的外甥——李靖，就是那个唐朝开国名将，《封神演义》中哪吒他爹的原型。

第三个大牛人是贺若弼。

贺若弼他爹也是北周猛将，但属于活多钱少死得快那种。因为工作很辛苦，他就抱怨了几句，结果激怒了当时的权臣宇文护，就被逼自杀了。

自杀前，他爹办了一件很虎的事，把当时只有十几岁的贺若弼叫到跟前，对他说："我的志向是平定江南，但是壮志未酬，你一定要继承我的志向。我口无遮拦闯了大祸，你应该引以为戒。"然后拿起铁锥，把贺若弼的舌头刺得鲜血直流。

贺若弼从此谨言慎行，每次说话都是三思再说。估计是说的少、看的多、想的多了，工作能力就上来了。他被任命为吴州（今江苏扬州）总管，准备讨陈事宜。

后来的事实证明，这个"梦之队"绝对是史上最强的战队之一，放在任何一个朝代都不输于任何一支创业队伍。

不得不佩服杨坚独到的眼光，刚刚登基便能组建出如此强悍的队伍。也不得不佩服高颎的眼光，推荐的人都是如此优秀。

但是，刚刚布局完灭陈的人事之后，北边的突厥却出其不意地打了过来。北方急报：

突厥沙钵略可汗，在老婆（北周公主）的撺掇下率四路大军共四十万攻破长城防线，大肆掠夺武威、天水、延安等六郡。

延安和大水距离隋朝首都长安仅二百多公里，等于是四十万大军在长安周围扫荡了一圈。

那么突厥为什么这么猛，我们也有必要介绍一下了。

中国历史上下五千年，听起来很复杂。但实际上就是两个矛盾来回变化，一会儿这个是主要矛盾，一会儿那个是主要矛盾。

这两个矛盾分别是：农耕文明与游牧文明两个文明之间的矛盾，以及两个文明内部土地和人口的矛盾。

农耕文明里，人多地少时，很多人就会活不下去，于是就发生了内乱，内斗一番将人口减少一部分，等到人少地多时，大家都能和和美美地活下去了，就没人愿意打仗了，于是就有了大一统。

大一统之后，农耕文明就开始膨胀了，大家都认为周围的人都是蛮夷，必须向自己进贡，遇见不服的，就开始打，将对方人口灭掉一部分，然后外部也就稳定了，于是就有了"盛世"。

游牧文明里，人多地少时，很多人也会活不下去，于是就去抢农耕文明的东西，有些人一不小心用力过猛，推翻了农耕文明，于是就有了元朝和清朝。

查阅地图便会发现，两个文明的分界线，基本和四百毫米等降水线重合。一年降水四百毫米以上，适合种地；四百毫米以下，适合放羊。

在适合种地的这片土地上建立的王朝，我们统称它们为中原王朝。

在适合放牧的土地上建立的国家，我们称它们为：匈奴、鲜卑、柔然、突厥、回鹘、契丹、女真、蒙古、瓦剌、鞑靼等等。

两个文明之间互相搏杀几千年，清代以前，一直不能一起快乐地在一起，这是为什么呢？

因为两个文明的统治方式不一样。打个比方，两个文明就像两台配置不同的电脑，统治方式就是两个不同的操作系统。

在农耕文明里，把中央集权、子承父业和儒家的那一套系统装上，成本低，运行得也很顺畅。但在草原文明里，却没有标准的操作系统，可能是兄终弟及，但更可能是谁强谁上。统治阶级的知识文化水平也低，他们还不重视教育，所以说，胡虏无百年之运。

由于系统不太兼容，农耕文明就不知道怎么去统治草原文明，同样，草原文明也不知道怎么统治农耕文明。

一直到清朝，康熙总结了前代的统治经验，才算把这问题比较彻底地解决了。这些经验在史书上记载得明明白白：

"南不封王，北不断亲""分封以制其力"。

什么意思呢？

就是不要在南方封王，参考吴三桂。但是，北边不要和蒙古断了和亲，皇后、王妃等人选，能娶蒙古人就娶蒙古人。还要在蒙古不断地实行分封，封得越多越好，这样，每个部落的实力就有限了，闹不出什么动静，有点像汉朝的推恩令。

以上政策一实行，效果太好了，清朝就成了中国历史上第一个能长时间稳定统治农耕文明和草原文明的王朝。

当然，有了机枪之后，游牧民族就变得能歌善舞、热情好客了，所以，也不用再像清朝那样统治了。

现在，咱们继续回到隋朝，讲一下突厥是怎么来的：

匈奴被大汉赶跑之后，一部分跑到了欧洲，结果把欧洲闹得天翻地覆，欧洲人的脑回路和咱们不一样，不是想办法和匈奴人干，而是开始反省自己，认为是自己犯了错，上帝便派匈奴人来收拾他们。

于是，他们给匈奴人起了个外号，叫"上帝之鞭"。有一种说法是，现在的匈牙利人，就是原来的匈奴人的后裔。

匈奴人被赶到欧洲后，草原上就出现了权力真空，原来一直被匈奴人压迫的鲜卑和乌桓两个民族就发展起来了。

到了东汉末年，三国时期，曹操统一北方后，就带人去揍乌桓了，结果自己差点死在半道上，不过好歹还是胜了。乌桓被打趴下之后，鲜卑就一家独大了。

司马懿不老实，篡了曹家的权力。结果自己曾孙是个白痴，是真白痴，当了皇帝后，中原就乱了。

草原上的少数民族就趁机占了中原。北方一通乱战后，鲜卑统一了北方，建立了北魏。

鲜卑人来中原后，草原上又出现了权力真空，原来被鲜卑压迫的柔然就崛起了。

柔然崛起后也开始膨胀了，就压迫当地少数民族突厥，突厥人气不过，就起来反抗，在北魏的联合绞杀下，轻轻松松就把柔然给灭了。

灭了柔然之后，突厥也开始膨胀了，不断南下侵犯中原，这时候正好，鲜卑人建立的北魏分裂成了北周和北齐，实力大不如以前，于是，两个国家就被突厥轮流修理了一番，不得不向突厥纳贡，并派公主过去和亲。

以至于突厥大可汗将北周和北齐称为"两个儿子"。

杨坚作为一个雄心勃勃的帝王，他的目标就是建立一个像大汉一样的帝国，自然忍受不了这种屈辱。

于是，他刚一称帝，就不再向突厥纳贡。正好，突厥老大沙钵略可汗的老婆又是北周的公主，就撺掇着沙钵略可汗为北周报仇，然后就有了上文的那一幕。

四十万大军在杨坚眼皮底下溜达了一圈，杨坚非常生气，这不仅仅是尊严问题，还关乎帝位问题。

自己刚刚上台，就被人欺负，以后还怎么统领这个国家？于是，杨坚决定给突厥一个教训，急忙派大军进行反击，顺便练练兵，结果出人意料的是，隋军兵马还没有出发，突厥竟然撤军了。

杨坚正在对突厥的操作感到莫名其妙，这时候一个人站了出来！

　　这个人暂时还只是默默无闻的小人物，但这次出场，便一鸣惊人，惊艳四座。在接下来的岁月里，他将用一张嘴，将庞大的突厥收拾得七荤八素，创造一个又一个看似不可能完成的神话。

　　他就是隋朝最有名的大忽悠——**长孙晟**。

七、连忽悠带打，强大的突厥就这么瘸了！

长孙晟这个人你也许没有听说过，但你肯定知道他的儿子长孙无忌和女儿长孙皇后，如果这俩人也不知道，那你肯定知道他的女婿李世民。

不过，你还是应该多了解一下长孙晟，学学他的忽悠本领。

长孙晟出生于将门世家，小时候就非常聪明，他还是一个神射手，注意这一点，很重要。

十八岁的时候，他开始到军队工作，但干了很久，还是一个小小的军官。有一次，杨坚视察军营，无意间发现了他，便把他带在了身边，有意提拔和培养他（杨坚真的是知人善任啊，这都已经发现多少个牛人了？）。

580年，周宣帝宇文赟死之前，突厥沙钵略可汗又要求与北周和亲，宇文赟选了一位宗室的公主准备嫁过去，但以前和突厥交往时，北周派出的使者水平都很菜，经常扫了北周的面子。

这次和亲，宇文赟便想找个能力出众的人，以彰显国威，杨坚便举荐了长孙晟。

长孙晟到达突厥后，沙钵略可汗按照惯例想羞辱他一下，这时候，刚好有两只雕在空中抢夺猎物。

于是，沙钵略可汗让人给了长孙晟十支箭，让他把那两只雕给射下来。

十支箭射两只雕，在我们看来，已经属于神箭手的水平了。但对于当时的长孙晟而言，这简直就是羞辱。

面对对方轻蔑的语气和眼神，长孙晟内心却是一阵狂喜，不给突厥人点儿颜色看看，他们还真不知道天高地厚了。不过长孙晟脸上的表情没有丝毫变化，只是冷冷地说了句："一支就行！"

只见他弯弓搭箭，"嗖"的一声，创造了一个成语——"一箭双雕"。

沙钵略可汗看罢，连连惊呼。

然后硬是把长孙晟给留在了草原上，教自己的士兵射箭，不让他回去了。

如果是一般人，要在草原上天天喝风吃沙，心里早就不干了，但长孙晟真就不是一般人。

他不但没有抱怨，干活还很积极——派人到处打探突厥的内部消息，从人文地理到政治生态，全都打探得清清楚楚。

一年之后，杨坚一登基便怠慢了突厥。沙钵略可汗表示很生气，长孙晟借机向他进言："可汗，我和杨坚关系贼好，让我去，一定能劝他给您进贡。"

沙钵略也是神经大条，竟然相信了。

长孙晟一回来，就碰见了正在纳闷的杨坚，他急忙把在突厥的所见所闻给汇报了上去：

1.如今的突厥有四个可汗，老大为沙钵略可汗，其他三人为达头可汗、阿波可汗、突利可汗。

2.他们叔侄兄弟四人分居四面，各有强兵，表面上看起来是一家人，但实际上谁也不服谁，我们只用远交近攻、离强合弱就能分而击之，轻而易举地打败他们。

杨坚看完，猛拍大腿，真是天助大隋。不得不感慨，机会总是留给有准备的人啊!

按照谁出主意谁干活的原则,杨坚让长孙晟再次出使突厥,实行离间之计。

长孙晟到了草原之后,先派人跑到达头可汗那里送上了重金,刺激了一下他脆弱的神经:我们大隋皇帝很佩服你,觉得你才适合当老大,如果咱俩联合起来,肯定能灭了沙钵略可汗。

达头可汗听完之后,就真的心动了,立马派出使者回访了隋朝。

长孙晟见状,又亲自跑到沙钵略可汗那里说:"您看我没食言吧,带着我们老大的贡品回来了,以后我们还年年纳贡。不过,我在长安打听到了一消息,达头可汗那小子不老实,最近和隋朝搞得很火热。"

沙钵略可汗一听就火了,但又不太相信,于是就问:"真有此事?"

长孙晟回答道:"大可汗如果不信,可以派使者亲自去看。"

沙钵略可汗觉得很有道理,于是派人跟长孙晟回了长安。

杨坚看到两个大老粗上钩了,就故意选了个好日子,将两个使者安排到一起接见。宴会之上,杨坚对达头可汗的使者又是让人倒酒,又是让人割肉,对沙钵略可汗的使者却爱答不理。

这么一折腾,沙钵略可汗就真的相信达头可汗要造反了,两边二话不说,操起家伙就干了起来。达头可汗赶紧喊隋朝去帮忙,但杨坚搬了个凳子,切了块瓜,表示自己没听见。后果不用多想,很快达头可汗就被打得屁滚尿流,无路可走之后,只好投降了隋朝。

就这样,长孙晟一个忽悠,就砍掉了突厥四分之一的实力。但是,这还没有完。达头可汗投降隋朝之后,后果很严重,沙钵略可汗很愤怒。

第二年九月,沙钵略可汗就带着阿波可汗和突利可汗,率领十几万大军准备再到隋朝薅一把羊毛。

很快,沙钵略可汗就得到了一条好消息,当然,是他自认为的好消息:甘肃庆阳城外六十公里处,有两千名隋军正在瞎溜达。

沙钵略可汗很兴奋，大喊一声，"兄弟们冲啊"，带着大军就冲了过来。

这两千名隋军看到十几万大军后，刚开始也有点蒙，就是出城溜达溜达，怎么会遇到突厥主力呢。跑？两驱肯定跑不过四驱啊。

假如在平时，这两千人很快就会被十几万大军吃得干干净净，但这刚好不是平时，而是一个英雄辈出的年代，又一个猛人站了出来。

此人名叫达奚长儒，正是这两千人的统帅。他没有丝毫的畏惧，而是异常亢奋，当然，他不是脑子坏了，而是下定了必死的决心和马革裹尸的准备，要和这十几万大军拼杀一番。

2000∶100000，中国历史上兵力悬殊最大的一场战斗，就在这片西北茫茫草原上开始了。

达奚长儒命令士兵们将车辆和辎重在外围围成一个圆圈，形成一个堡垒，突厥骑兵在远处就用箭射，在近处就拼刺刀。

沙钵略可汗见状嘿嘿一笑，杀鸡焉能用牛刀。于是他犯下了第一个错误，他只派了三千骑兵发动了第一波进攻。结果一通乱砍之后，这三千人竟然被打了回来。

沙钵略可汗不服，又派了五千骑兵冲击，结果一通乱砍之后，这五千人竟然又被打了回来。

随后沙钵略可汗一直不愿把全部主力用上，估计是觉得丢人，分别又派了一万、二万、三万对这两千人轮流攻击，整整打了三天，硬是没把这两千人给消灭掉。

隋军且战且走，达奚长儒身负五处重伤，仍然坚持指挥战斗，士兵们箭没了，就用刀砍，刀没了，就用拳头砸，砸到拳头都露出了骨头，最后只剩下了两百多人，竟然没有一个人投降。

面对这群死士，突厥人惊呆了，他们不敢相信，两年前还向突厥称臣的一群人，换了皇帝之后，战斗力竟然如此强悍。他们更不敢相信，原来见了突厥骑兵就跑的一群人，竟然在这么短的时间内，变得如此勇敢。

怎么了？没人知道！可能是天眷大隋，抑或是皇帝的血气，要灭掉突厥的决心，给了远方的士兵们勇气吧。这仗，对突厥人来说，太难了。

三天后，达奚长儒和他的两百个弟兄们，终于看见了庆阳城。沙钵略可汗见状，知道有如此勇猛的人在这里，这次抢劫已经没戏了。于是，他不得不下令将死去的突厥战士的尸体烧掉，然后留下一声长叹，引兵而去。

达奚长儒望着突厥人离去的背影，又回头看了看背后的庆阳城，他知道，他没有辜负大隋，更没有辜负身后的百姓。大隋因有这样的猛将而安宁，中华因有这样的猛将而崛起，达奚长儒是一名真正的勇士。

幸运的是达奚长儒活了过来，杨坚封他为上柱国，阵亡的将士，全都追赠官阶三级，并且子孙可以承袭。不幸的是，此战彻底击垮了达奚长儒的身体，三年后，他病死在了任上。

沙钵略可汗回去后非常郁闷，但让他更加郁闷的是当年冬天又闹了雪灾，大量的动物被冻死。于是，第二年（583年）三月，沙钵略可汗、阿波可汗、突利可汗又来了。这次他们兵分三路，每人各自领兵十万。

杨坚也派出了三路大军，分兵抵抗。其中杨坚的姐夫窦荣定在甘肃民勤与阿波可汗遭遇了。两军相持很久，谁也打不赢谁。

就在两军僵持不下的时候，突然有一天，窦荣定的军中来了一个人，窦荣定听到名字后，大喜过望，他知道，这次阿波可汗要惨了。

此人正是很久没有出场的隋初第五名将史万岁。

史万岁在平定尉迟迥的战乱中，因为带头冲锋，很是鼓舞士气，事后被封为上大将军。但是，这位老兄运气不好，没过多久就莫名其妙地卷入了一起叛乱中，被杨坚发配到敦煌当一名小兵。

但事实证明，是金子到哪儿都会发光的。史万岁到了敦煌以后，就变着花样要引起当地老大的注意，但他却想了个馊主意，天天对周围人吹牛说自己很厉害。

老大听说有个人喜欢吹牛，便把他叫了过来，问他有什么本事。史万岁二话不说，弯弓搭箭跨上战马，连射十几支箭，箭箭正中靶心。

结果这老大也是个牛人，看完后很是不屑一顾，当场就嘲讽史万岁："啧啧啧，就这点本事，也值得吹牛？"

史万岁哪受得了这种奇耻大辱，立马彪了，竟然带着弓箭骑马朝突厥的方向跑了。老大心也大，也没让人去追，所有人都以为史万岁叛变了。

哪承想没过几天，史万岁竟然赶着几百头牛羊回来了，原来他只身一人跑到突厥打劫去了。

老大见状大喜，终于见到知己了，从此之后，俩人经常结伴跑到突厥去打劫。突厥人是一脸蒙啊，从来都是自己去打劫别人，没见过别人打劫自己。玩鹰的被鹰啄了眼，突厥人觉得很丢人，就试着派人阴他俩几次，结果这俩人遇强则强，把阴他们的人也干掉了。于是，突厥人对他俩也是佩服得五体投地。奇怪的是那老大这么猛的人，史书上竟然没有记载他姓甚名谁。

史万岁在敦煌抢了一年多后，听说窦荣定和阿波可汗在甘肃打得难舍难分，便辞了老大，跑过来要求戴罪立功。

史万岁给窦荣定献上了一计，让他派人过去对阿波可汗说："阿波，我们俩打了这么久，也没个胜负。士兵们又有什么错，何必让他们互相残杀呢？要不，咱们各选一位勇士，让他俩决斗，谁输了谁就撤军，你看行不？"

阿波可汗一想，汉人哪里是突厥人的对手，于是就同意了。结果可想而知，不到一个回合，史万岁将对方斩于马下。阿波可汗看后大惊，便不敢再战。

此时，长孙晟这个大忽悠又出场了，又用他的一张嘴，解决了四分之一的突厥实力。

他赶紧跑过去找到阿波可汗说："沙钵略可汗逢战必胜（哪有的事？），你却逢战就败，一直这样下去，你的威信就会越来越低，最终肯定会被沙钵略可汗吃掉。那你为什么不像达头可汗一样投降隋朝呢？你看达头可汗投降以后，沙钵略可汗对他不也是无可奈何？"

阿波可汗听后，觉得很有道理，但是也没有立即投降，而是说回去考虑考虑，然后就带兵撤了。

长孙晟立马又派人将这个消息泄露给了沙钵略可汗，沙钵略可汗非常愤怒。带着兵也不抢隋朝了，调转马头，就把阿波可汗的老巢给端了，而且还把阿波可汗的老妈也杀了。

幸好阿波可汗跑得快，一溜烟跑到了达头可汗那里，达头可汗很高兴，敌人的敌人就是朋友，然后就借给了阿波可汗十万骑兵。在国仇家恨的刺激下，阿波可汗战斗力爆棚，两个人打得难舍难分，实力都大减。

看热闹的不嫌事大，长孙晟和杨坚在一旁连连鼓掌，第二年八月，他们又充分发挥了趁你病要你命的传统友好精神，亮出了撒手锏：派天下第一名将高颎和心腹虞庆则率两路大军再次夹击沙钵略可汗。

从八月这个时间点上，就能看出杨坚有多么急不可耐。

一般情况下，中原王朝攻打游牧民族都会选择春天，因为刚刚经历过冬天，游牧民族的牛羊一般都会被大量冻死，战马也是马瘦毛长，是最虚弱的时候。这就是"家财万贯，带毛的不算"的由来。

而且春天的时候，牧民们又要忙着给牛、马、羊接生，不敢随便折腾。而农耕民族休息了一个冬天，正好兵强马壮，特别适合去给游牧民族做"计划生育"。

而八月正处于夏秋季节，游牧民族已经恢复了元气，农耕民族一般又要收获庄稼，又特别适合游牧民族来给农耕民族做"计划生育"。

杨坚打破了惯例，在沙钵略可汗恢复元气的时候选择了进攻，可见他对隋军的战斗力是多么自信。

高颎一出手，毫无疑问地大败敌军。虞庆则却功过两抵，部下打了个漂亮仗，自己的仗却打得跟狗屎一样，还对部下见死不救。杨坚觉得他功大于过，也就没有追究他的责任。

在这一连串的打击下，战果非常惊人，原来那个强大的突厥分为了东西两部。达头可汗和阿波可汗建立了西突厥，沙钵略可汗和突利可汗是东突厥。

并且，沙钵略可汗在遭受连续暴击之后，不得不向杨坚称臣，他老婆，也就是那位当初鼓动沙钵略可汗打隋朝的北周公主，竟然认杨坚做了干爹，改成了杨姓，被封为了大义公主，这简直就是标准的"认贼作父"，真是让人大跌眼镜。

自此之后，突厥消停了十几年，中间还有点小骚乱，但都被长孙晟这个大忽悠给解决了。

十几年后，东突厥又准备来搞事情，但高颎和杨素两位猛人过去来了波联合双打，结果可想而知，东突厥又被打得跪地求饶。

这边刚刚削了突厥，杨坚正高兴得合不拢嘴呢，紧接着南方就又传来了一个好消息——陈宣帝死了。

八、起兵灭陈，杨素夜袭三峡

陈宣帝是南陈开国皇帝陈霸先的侄子，也是通过篡位上台的。不过他上台之后和杨坚一样，也是兴修水利、励精图治，将南陈治理得有声有色。

582年，也就是杨坚刚刚搞定突厥之后，刚巧不巧他就驾崩了，时年五十二岁。

陈宣帝驾崩了之后，他的两个儿子又开始了夺位斗争。二儿子陈叔陵趁着太子陈叔宝趴在他爹的尸体上痛哭流涕的时候，拿着给他爹切中药的大砍刀，对着陈叔宝的脑袋就抡了一刀，结果陈叔宝命大，脑袋上只留了一个坑，竟然没有死。于是，陈叔陵仓皇出逃，起兵叛乱了。

本着趁你病要你命的传统精神，杨坚急忙召集文武百官商讨灭陈大事。

众人都群情激昂、摩拳擦掌，空气中洋溢着令人激动的气氛，但是有两个人提出了反对意见——第一谋士李德林和第一文武全才高颎。

李德林一眼就看透了时局：

"陈叔陵有勇无谋，叛乱肯定很快就会被平息，陛下现在集结军队，恐怕已经来不及了。再加上突厥刚被平息，士兵还比较疲乏，恐怕不适合大兴兵戈。"

高颎则从道德上给出了不能伐陈的理由，并又献出了一条妙计：

1.下谋诛心，上谋伐心，如今陈朝举国服丧，正悲哀着呢，陛下现在出兵，有点乘人之危的意思，恐怕名不正言不顺。

2.臣这几天想到了一条妙计，可以大大削弱陈国的国力。江北气候寒冷，水田收割较晚；江南气温较高，水田收割较早。我们可以等陈国收获季节，征集人马，声言要征讨陈国，他们必定会屯兵防御，这样，他们的粮食肯定会有很多烂在地里。

3.他们一旦屯兵防御，我们就解甲归田。听多了狼来了，他们肯定会放松警惕。以后我们再集中兵力去揍他们，他们肯定不会相信，这时候，我们再过江作战，士气肯定大增。

4.另外，江南地湿，房屋多为茅草竹子，所有的积蓄，都没有贮藏到地窖里。我们还可以偷偷派人去就风放火，等他修好后，再去放火。用不了几年，陈国就变成穷光蛋了。

杨坚听罢，大腿都快拍红了：这么阴损的招都能想出来，真心让人佩服！

于是杨坚下诏让韩擒虎、贺若弼按计行事。结果正如李德林、高颎所料，陈国的内乱很快就被平息了，而且陈国边界军民在随后几年里，被高颎的计谋搞得疲于奔命，竟然没有应对之策，以至于到后来，隋国再集结军队，陈国竟然没有了丝毫反应。

在陈国灭亡之前，我们有必要详细介绍一下它，不然只知道它是咋没的，不知道它是咋来的，也挺可惜的。

司马懿的孙子司马炎篡了曹家的江山以后，建立了晋朝，史称西晋，统一了全国。但司马炎在太子问题上，却是个糊涂蛋，非要让自己的儿子司马衷继位，司马衷是谁呢？就那个说出"何不食肉糜"的白痴。

为了让白痴儿子当稳皇帝，司马炎就把司马家的人封了好多个王爷，各个手握重兵，防止他死后，有权臣学习他爷爷司马懿篡权。

结果他死后没有迎来权臣，却迎来了皇室内斗，其中八个王爷，没一个人服气白痴的。今天这个起兵夺权，明天那个起兵政变，内斗了整整七年，然后天下就大乱了。

长江以北是战火纷纷，长江以南是晋室南渡——司马家一位王爷司马睿跑到南京建立了东晋。

东晋苟延残喘了九十七年，被大将刘裕给篡了，史称刘宋。刘裕是中国历史上相当猛的皇帝之一，是草根逆袭的完美榜样，他幼年丧母，家境贫寒，却一路奋斗，终成帝业。

而且他的武力值也超高，不仅平定了南方内乱，还带兵一度打下了长安、洛阳，控制陕西、河南、山东，他如果能再多活几年，中国估计要提前一百多年实现大一统了，可惜关键时候刘裕被老天给收了。

刘宋只统治了南方五十九年，后面俩皇帝残忍无道，和兄弟们自相残杀，又被萧道成给篡了帝位，建立了南齐。

南齐存在了二十三年，最后也是皇室自相残杀，然后就被同宗室的萧衍给灭了，建立了南梁。看来，兄弟自相残杀是皇室的"优良"传统啊。

萧衍当了四十八年皇帝，前期还行，有点作为，后来他开始信佛，和尚不准结婚、不准吃肉就是他定的。萧衍晚年，又掉进了昏庸的怪圈里，接受了敌人侯景的投降，结果侯景发动了叛乱，攻下了都城建康，把萧衍给活活饿死了。

萧衍的儿子们开始平叛，最后把侯景给灭了。但是在平叛的过程中，大将陈霸先功高盖主，慢慢掌握了实权，叛乱平息后，又篡了帝位，建立了陈朝。

从陈朝建立（557年）到隋朝建立的第二年（582年），短短二十五年，陈朝就经历了四位皇帝，第五位皇帝就是咱们上文提到的，被他兄弟拿刀在脑袋上砍了个坑的陈叔宝。

估计是被砍得有点狠，自从继位之后，陈叔宝这位爷就没干过一天好事。他先是大建宫殿，随后又天天抱着张丽华上朝，下朝后继续抱着张丽华饮酒作乐，将政事交给了太监处理，就这样，陈叔宝醉生梦死了整整六年。

一边是杨坚在北方励精图治，一边是陈叔宝在南方坐吃山空，此国不亡，天理何存？

588年，杨坚根据高颎的计策，连续折腾了六年南陈之后，南陈终于筋疲力尽了。

于是，杨坚下诏列举了陈叔宝二十条罪行，并将它们散布到江南，以争取人心。紧接着，又命令八路大军合计五十一万，杀向了陈国。

前三路，由十七岁的老三儿子杨俊和隋朝第二名将杨素一起率领，从四川出发，顺江而下，从长江中上游攻击陈国。

后五路，由十九岁的二儿子杨广为总司令，节制诸军。隋朝第一名将高颎为元帅府长史，处理军中一切事务，率领韩擒虎、贺若弼等名将进攻长江下游（从这个安排就能看出，杨俊和杨广都是摆设，事实上隋军基本每次大战，杨坚都是让五儿子中的一个做名义上的统帅）。

万事俱备，只等杨坚一声令下了。但是，总攻发动之前，又发生了一个不大不小的意外：隋朝第一谋士李德林病了，不能随军出行。

杨坚顿时心生忐忑，从这时候往前推的两百多年里，无数个英雄豪杰从北往南准备统一全国，但都在最后功亏一篑了。现在大军还没有进攻，第一谋士竟然病了，其他人能够顺利完成这个艰巨的任务吗？

杨坚不由得愁云满面。于是，他特意跑到李德林府上询问他的计策。李德林早就猜到了杨坚会来找自己，于是他强撑着瘦弱的身体，颤颤巍巍地写下了早已经想好的三句话：

1.可使杨俊、杨素首先发兵，进攻长江中上游，牵制敌军。

2.杨广随后率大军，直攻建康，陈后主无道，必能一举拿下。

3.分裂的时间已经太长了，所以统一之后，一定要严肃军纪，善待百姓，攻心为上，江南方可安定，否则还将功亏一篑。

杨坚看罢又是猛拍大腿，指着南方对李德林说："等到平陈以后，我一定以七宝装饰公，使崤山以东无人能及。"李德林听后，感动得老泪纵横，但他不知道的是，这是杨坚对他的最后一次夸赞。

杨坚立刻将该计交给了杨广，并传令三军不得打砸抢烧。

此时，南方的陈叔宝在干吗呢？

说来可笑，他还在开会。得知隋朝几十万大军杀过来之后，他大惊失色，急忙召集文武百官询问对策。大臣袁宪建议，立刻让太子率大军到前线增援，但是陈朝宰相施文庆立刻提出了强烈的反对意见。

他的理由非常充分："马上就要元旦了，皇上要去南郊祭祀，按照惯例，祭祀时需要太子率大军以扬皇威，现在把大军派出去了，皇家的威严就没了。"

陈叔宝尽管昏庸无比，但听了这话，还是差一点喷出一口老血："现在把兵派出去，到时候没有战事，再回来不就行了？"

施文庆又说："万万不可，那样做会让敌人知道，我国内部空虚。"

面对这种荒唐的建议，陈叔宝听完之后，冷汗直往外冒，哎哟喂，还是宰相有水平啊，自己怎么没有想明白这个道理呢？

于是他转怒为喜："帝王之气在江南，当年北齐军三次进犯，北周军两次压境，都是大败而归，现在他们隋军来了，又能怎样？"

马屁大王都官尚书孔范立马鼓掌："皇上说得好，长江就是一道天堑，自古以来就是南北的界线，隋军难道还能飞过来吗？边镇将领谎报战事，就是想建功立业，咱们不用理他们。"

如果不是史书上明确地记载了这几段话，估计没人会相信，这种连玄幻小说都不敢写的剧情，竟然真实地发生过。

自取灭亡，天意又能奈何？

588年十二月，如李德林所言，杨素率领八万大军从信州（今重庆奉节）出发直攻宜昌。

这两个地方在历史上可是赫赫有名，都是兵家必争之地。刘备当年攻打东吴，被陆逊火烧连营七百里的地方就是宜昌（古称夷陵）。刘备兵败后，白帝城托孤，这个白帝城就在重庆奉节。**日本侵华时，也是被挡在了奉节以东，一直到投降都没有再进一步。**

为什么这两个地方那么重要呢？

奉节西部为四川盆地，宜昌东部为江汉平原。从东往西打，只要拿下奉节，整个四川盆地就基本无险可守。从西往东打，只要拿下宜昌，整个湖南、湖北便基本无险可守。

但是，两城之间的二百公里却非常难走，这里就是大名鼎鼎的三峡。两边全是高山峻岭，中间水流极为湍急，其程度可参考李白的《早发白帝城》：

朝辞白帝彩云间，千里江陵一日还。两岸猿声啼不住，轻舟已过万重山。

陈军在三峡内设置了两道防线，杨素率大军刚刚出发，便在狼尾滩遇到了钉子——陈将戚欣率领的百余艘战船在此驻守，而狼尾滩水流湍急，易守难攻。

隋军刚一看到这地形，全军上下都来了个透心凉。杨素也不由地感叹了句："成败在此一举，可是滩险水急，天制不由人力啊。"

不过刚发完感叹，杨素便心生一计——夜袭。

这是一个很大胆的决定，三峡的水流湍急，哪怕是白天，熟练的船夫驾船经过，也很有可能船翻人亡，晚上发兵危险系数势必倍增，假如被敌军提前发现，后果将不堪设想。**非大智大勇的狠人，又怎会做出如此冒险的决定？**

但杨素不只是勇猛，为了防止意外发生，他又分出了两支部队：一支走山路，从南岸进攻敌军南营；另一支迂回到敌军后方，进攻敌军北寨，以牵制敌军。

当晚，三路大军将士各自衔枚，迅速出击。陈军无论如何也没想到，对面的隋军竟然这么拼命，所以，根本没有做丝毫准备，一触即溃。戚欣带着几个亲兵侥幸逃脱，但其他士兵几乎全部被俘，陈军的第一道防线就这样被杨素轻松地打开了。

但是，真正的钉子，还在后面。

九、古代水战是怎么打的？

在得知狼尾滩被杨素轻而易举地攻下之后，宜昌城内便人心惶惶，陷入了彻底的混乱之中，大部分官员都在急切地收拾搜刮的民脂民膏准备跑路，城池丢了还可以去其他地方发展，钱丢了那命就可没了啊。

但是在慌乱之中，陈将吕忠肃却表现得与众不同，他虽然也在让仆人抓紧清点家资，但他却没有准备逃跑，而是将自己所能调动的所有士兵都召集了起来。

"把钱都给大家分了吧！"他对着身边的侍卫们讲。

侍卫们不知道老大是何用意，所以没一个人动弹。

"把所有的钱统统分给大家，一点不留。"吕忠肃低沉的声音，让每个人都听得清清楚楚。

侍卫们不敢怠慢，很快将所有的钱都发了出去。然后，吕忠肃对着大家喊道："国家存亡，在此一战，大丈夫当报效国家，岂能苟活于天地之间？谁愿做逃兵，可以马上就走，我定要与城池共存亡！"

事实证明榜样的力量是无穷的，看到领导如此血性勇猛，原本还准备逃跑的士兵，慢慢地安定了下来。他们相信眼前这个将生死置之度外的男人，一定能够带领着他们战胜眼前的敌人，哪怕这个敌人再可怕。

随后吕忠肃率领约一万士兵，亲自到一线指挥，抓紧修筑工事。

他一方面让人在长江两岸的岩石上凿孔，系上了三条铁索横截江面，以阻挡隋朝水军顺流而下。另一方面，他又让人在岸边修建了很多抛石机，准备瓮中"锤"鳖。

万事俱备，只等杨素前来送死了。

为了让大家更加直观地了解作战的过程，这里有必要说一下，我国古代的水战一般都是怎么打的。

一般情况下，水战一共六板斧。

第一板斧是阴招。

就是在水底下弄几根铁链子，或者石头啥的，对方一个不小心，开船撞上去，要么搁浅要么漏水。这时候，你就可以慢悠悠地将船划过去，痛打落水狗。

到明朝的时候，火器先进了，不知道哪个天才又发明了古代版水雷和鱼雷。

第二板斧是炮击。

就是在岸边整一堆抛石机，一头短，一头长那种，相当于古代版大炮。

但是咱们国家，元代以前的抛石机都是人力抛石机，短的那头拴上好多索绳，发射时全靠人拉，比较费事、费力、费人。史书上记载的最厉害的抛石机出现在唐朝，要150—250人拉炮索，发射70—100斤重的石弹，射程才七八十米。

元朝时，蒙古大军打到了中亚，把人家的配重式抛石机引进了中原，还专门建立了炮兵，历史上称这种抛石机为"回回炮"。

这家伙威力巨大，不用人拉炮索，而是在短的那头绑一块巨大的石块当配重，在长的这头放炮弹，再安上铁钩，钩住炮杆，放炮时，只要把钩拉开，石块立即下坠，将炮梢压下，一百多斤的石头能打出去二百多米。郭靖守的襄阳，就是被这玩意儿给砸坏的。

第三板斧是火箭。

就是我们常看的箭和弩，因为古代的船是木头做的，所以水战一般都把箭头先点着，再往对方船上招呼。火箭上要再沾点猪油，那就非常适合水上烧烤了。

第四板斧就是撞击。

大船的外面装了铁皮，直接撞向敌人。这一打法在古代用得不多，毕竟伤敌一千，自损八百，撞多了，总会出事。

第五板斧就是"勾引"。

不是让一群美女站在船头跳舞的那种勾引，别想歪了。

古时候的船都比较小，敌我双方的船，面对面见着了，可以派人站在船头打招呼：用铁钩把对方的船勾过来，跳到对方船上再开打。不然，两边的人正站在船头互砍呢，船一动两边都得掉到江里喂鱼。

到南北朝的时候，又有一位天才，发明了第六板斧：拍。

在大船的各个方向，装上拍竿，敌船离得近了，就拍过去。杨坚将拍竿的功能发展到了极致，在灭陈之前，他让杨素督造了很多"五牙战舰"。

"五牙战舰"长约五十五米，高十几米，分为五层，前后左右设置了六个巨型拍竿，遇到一般的船，一拍即碎、保质保量，非常好用。此次水战，它起了大作用。

狼尾滩之战得胜之后，杨素率领水军继续东下，大小战船铺满了整个江面，威风凛凛。

隋朝人见了把马屁拍得特响："杨将军就是长江之神！"杨素听后，不自觉地有些飘飘然。

人一飘就容易犯错，牛人也不例外。一天之后，隋军的先锋部队便进入了吕忠肃精心设计的陷阱。

一场瓮中"锤"鳖的大战即将拉开序幕。

看到隋军前来，吕忠肃先派了小股部队不断袭扰，并且故意战败。

此刻杨素已经被胜利冲昏了头脑，犯了轻敌冒进的错误，命人不断追击。当隋军前锋到达西陵峡口的时候，才发现了横亘在江面上的铁索，以及两岸无数的抛石机，但为时已晚。

此刻隋军向前进，有铁索阻拦，向后划，水流湍急，一时乱作一团。吕忠肃命令万石齐发，一个多小时的混乱之后，原本旌旗招展的江面，恢复了平静——隋军先锋两千人，全军覆没。

战报传回后方，从来没有打过败仗的杨素非常恼火。气急败坏之下，他竟然不管长江两岸的险峻，以及敌人士气正盛，仍然下令攻打两岸营寨。

结果可想而知，隋军从588年十二月，一直打到了589年一月，在四十多天内，死伤五千余人，被俘一千多人，竟然没有任何进展。

至此，隋军已伤亡近万人，但仍然被困于三峡之中，没有摸到宜昌的大门。

吕忠肃这个史书上只出现了这一次的小人物，竟然抵挡住了当时隋朝第二文武全才杨素指挥的全力进攻。

由此可见，面对再强大的敌人，只要敢于拼尽全力，奋力一搏，未尝不能创造奇迹。事实上，这也是整个灭陈战役中，陈军创造的唯一一个奇迹。

就在隋军士气越来越低落，而杨素却一筹莫展的关键时刻，吕忠肃犯下了一个小小的错误，这个小小的错误，让前面所有的努力，化为了一瓢江水，随江而去。

他命人将这一千多名战俘全部拉到阵前，当着隋军将士们的面，把他们的鼻子全部割了下来。

吕忠肃想用这一血腥的方法，彻底地毁掉隋军的士气，但他显然没有调查过杨素的为人，以及杨素领兵的方法。

和我比狠，你还嫩了点。

不过，向来以杀人如麻著称的杨素这次并没有杀人，他知道他的士兵们此刻心里都憋着一股熊熊烈火。

这些兵跟着杨素征战近十年来，从来只有他们打败别人，一次也没有被人打败过。他们的主将虽然血腥，但是也只有这样的狠人，才能让他们以最小的代价，每次都获得大胜，而且大胜之后，杨素还会对所有士兵都加以丰厚的赏赐。

这次伐陈以来，他们雄心壮志，一路凯歌，急切地想争功立业，可是，竟然被一个小小的西陵峡挡住了去路。

更可气的是，他们俘获敌人时，都给予优厚的待遇，可是陈军却恩将仇报，将被俘虏的兄弟们，当面辱杀。

这种奇耻大辱，怎能忍受？

所以，杨素只是把各个将领叫来开了一个会，发表了一通激情澎湃的演讲，并给出了巨大的诱惑：先登城者赏千金。

于是，隋军在愤怒与诱惑的双重作用下，士气大振，一波又一波不要命地向陈军冲了过去。

陈军震惊了，他们没想到，当面割掉隋军一千多人的鼻子，不仅没有让对方害怕，还令对方士气大振。他们看着眼前那一个个杀红了眼的敌人，顿时有点害怕了，对面，该是一群多么可怕的敌人。

于是，陈军军心慢慢地乱了，几天血战之后，两边的营寨终于被隋军攻破了。一向以残暴著称的杨素仍然没有杀一个俘虏，而是再次将他们放了回去。

杨素要的，不是城池，而是人心！

兵败后，吕忠肃只好退据延洲，开始用战船与隋朝水军正面硬杠。

此刻隋军五牙战舰的威力就显现了出来。杨素精挑细选了一千名壮士，划着五牙战舰，见到陈军兵船就拍，不一会儿，便拍碎了陈军几十条战船，吕忠肃又一次几乎全军覆没，不得不退守江夏，与陈朝水军大都督周罗睺一起，汇集三万大军，准备做最后的抗争。

但是，这场战役还没打响，他们却等来了一个噩耗，陈国皇帝陈叔宝已经投降了。

当年刘禅的"壮举"，竟然在三百多年后，再一次上演了。

十、再显大一统，三百年内乱终了结

就在杨素和吕忠肃在西陵峡口激战的时候，589年，正月初一，也就是陈朝皇帝陈叔宝携带太子和王公大臣到南郊祭祀的那天夜里，长江下游的杨广和高颎终于动手了。

他们命令贺若弼、韩擒虎为先锋，各率两万部队，一路从广陵（今江苏扬州）出发偷袭镇江，一路从合肥出发偷袭采石（今安徽马鞍山）。

贺若弼在伐陈之前，早就布下了迷魂阵。他先是让人买了五十多条破船放在江边，让陈军误以为隋军缺乏船只，根本没有渡江作战的能力。

接着，他又要求军队在江边换防时，每次都要旌旗招展，锣鼓喧天，鞭炮齐鸣，让陈军误以为要打仗了。

刚开始，见到河对岸如此热闹，陈军还会调集军队，加强一下防备。但几年的时间里，对岸天天锣鼓喧天，他们就慢慢地懈怠了，还以为对方在唱大戏。

所以，正月初一贺若弼率领两万大军渡江时，陈军根本没做一点准备。正月初六，镇江就被贺若弼轻松拿下了。

接着，贺若弼和杨素一样，也开始收买人心，让俘虏们好吃好喝后，便放了回去。

然后他又兵分两路，一路埋伏在镇江东南，防止陈朝的援兵，从杭州方向杀来。他自己则亲率八千精锐，向陈国首都建康（今江苏南京）杀了过去。

韩擒虎攻采石没有用什么计谋，而是选择了偷袭。

正月初一当晚，就在大家家里团团圆圆吃饺子、庆新年的时候，他亲自率领五百敢死队，偷渡长江，准备来场血战。

哪知道，他的运气实在太好了，为庆祝新年，陈军守将个个喝得酩酊大醉，不战而降。随后两万隋军顺利渡江，正月初七，韩擒虎就顺利拿下整个采石。

在得知贺若弼已经冲向建康的时候，韩擒虎也不敢做任何停歇，马不停蹄地向建康冲了过去。谁能拿下建康，谁就立了头功，数百年难得一遇的机会，没有人愿意错过。

而此时，陈朝这边在干吗呢？

镇江和采石丢的时候，陈叔宝还在和张丽华上演鸳鸯戏水呢。

一直到正月十五，当建康城快要被隋军包围的时候，陈叔宝这才傻了眼，他立刻做出了个决定——开会！

朝会上大臣们讨论得很激烈，大将萧摩诃率先发言："隋军长途奔袭，必然疲惫不堪，臣愿率大军主动出击，必能一战退敌。"

另一位大将任忠却提出了反对意见："隋军连战连捷，士气正盛，不可出击。我们只需坚壁清野，避其锋芒，等隋军粮草殆尽，自然退兵。"

俩人说得各有道理，但谁也没能说服谁，很快朝堂之上就吵成了一团。

这时候马屁大王孔范，不知道哪来的勇气对陈叔宝说："请皇上速战速决，我要像窦宪破匈奴那样为皇上建功立业。"

陈叔宝大喜过望，自以为抓住了最后一根救命稻草，但他却不知道，孔范只学会了窦宪的卑劣和小人嘴脸，却没学会窦宪的军事才能。

所以，陈叔宝立马派萧摩诃、任忠、鲁广达、孔范等人率领四路大军共计六万，在紫金山摆开了长蛇阵，准备先打败东边离建康最近的贺若弼，取胜之后再回头向西抵御气势汹汹的韩擒虎。

长蛇阵是我国古代很常见，也很有效的一种阵形，就是将大军一字排开，敌若击其首，则尾动；击其尾，则首动；击其身，则首尾共至。简单说就是攻击一处，其他几处可以随时支援。

破除长蛇阵最好的方法就是限制两翼机动能力，使其首尾不能相顾。但是很明显，贺若弼只有八千人，压根儿限制不了六万大军的两翼。

但是贺若弼却非常幸运，因为这四位将领出了问题。

萧摩诃算是陈朝名将，一身胆气，打仗时喜欢身先士卒，带头冲锋，以前曾立下过赫赫战功。

但在出战之前，刚巧不巧，他意外得知了一件非常狗血的事情——陈叔宝把他给"绿"了。

史书上没有记载是谁告诉他的，但我们有理由怀疑是隋朝的探子。

男人最大的耻辱就是被"绿"，尤其是被自己上司"绿"了，这放在谁身上都受不了，更何况是血气方刚的猛将。

陈叔宝也是，你"绿"谁不行，偏偏"绿"萧摩诃，而且在危难当头还让他领兵，为你赴汤蹈火。

任忠虽然名字里有个忠字，但为人却一点也不忠，他见陈叔宝不听自己的建议，知道陈朝必亡，带兵出去后就溜了，跑去西边向韩擒虎投降了。

孔范不用说，就是一个马屁大王，拍马屁可以，拍敌人，没干过。

只有鲁广达算条铮铮铁骨的汉子，几天之前，鲁广达的儿子在采石附近投降了韩擒虎，给他写了封劝降书，他看完之后痛心疾首，拿着书就去找陈叔宝请罪去了。

陈叔宝倒是难得清醒了一次，竟然没有治鲁广达的罪，而是选择了继续相信鲁广达。

所以，四个将领中，只有鲁广达是抱着必死的决心出战的。

不过贺若弼也有一点不幸，也可以说命有点背。他见四路大军一字排开，就向"蛇尾"攻了过去，想趁"蛇头"还没反应过来之前，率先突破"蛇尾"，然后再各个击破。

刚巧不巧，这一队的将领恰好就是鲁广达。

两个人，一个猛，一个抱着必死的决心，见了面啥也不说，捋起袖子就打了起来。

两边打的是你死我活，热火朝天，一时间难分胜负。萧摩诃见了，象征性地派人帮了下就走了。

孔范倒挺积极，亲自带着人来了，准备当一回窦宪。但他要是派人来救还会好一点，自己来救，那就是帮倒忙啊，由于他水平太菜，没几下，就被贺若弼给打趴下了。

两军打了一天，贺若弼发现，鲁广达的骨头太硬，啃不动，而孔范却是个软柿子。于是，第二天（正月二十），他调转马头向孔范的大军攻了过去。孔范昨天刚吃了败仗，见敌人攻了过来，将大军一扔，撒开腿就跑了，一溜烟就窜到了建康城。

一时间，陈军大乱，鲁广达想阻止陈军溃散，但是兵败如山倒，他也是回天乏力。贺若弼在后面一通猛打，乘胜追击，很顺利地攻进了建康城。

贺若弼立刻亲自率军前往陈朝皇宫，准备生擒陈国皇帝陈叔宝，立下不世之功。但是到了皇宫门口他却傻眼了，有一个人正站在城楼上对他哈哈大笑，此人竟然是韩擒虎。

原来任忠投降韩擒虎后就想立个功劳，于是，他让韩擒虎带领五百人，陪他前往朱雀门招降。手下人都劝韩擒虎，对方一仗没打，建康城就要投降，这里面肯定有诈，但韩擒虎决定拼了，不然第一个攻入建康的肯定是贺若弼，他决定冒死一试。

很幸运，他赌赢了。任忠到了朱雀门，对守城的士兵大喊："我是镇东大将军任忠，我都投降了，你们还有什么理由不投降？"

守城士兵一看，果真是原来的老大，于是打开城门就投降了。韩擒虎抢在贺若弼之前，闯进了皇宫，俘获了皇帝陈叔宝和皇后张丽华。

有时候你不得不感叹命运的不公，虽然你智谋双全，付出的更多，但仍然敌不过命运的捉弄。此刻命运的天平，显然偏向韩擒虎那边。所谓的谋事在人，成事在天，大抵如此。

正月二十二，杨广率领大军进入建康，命令陈叔宝发令招降各地陈军。坚守在江夏的吕忠肃、周罗睺痛哭之后也不得不降，只有极个别零零散散的势力拒绝投降，但也很快被杨广派兵给平定了。

自此，纷乱了将近三百年的神州大地，终于再一次迎来了大一统。

大概是由于灭陈战争过于简单，从588年十二月杨素进攻三峡算起，到正月二十建康被攻破，只有不到两个月的时间。如果从贺若弼、韩擒虎渡江算起，只有短短二十天时间。

所以，现在有不少人认为，杨坚统一全国并不伟大，只不过是运气太好罢了。

但这些人只看到了战争的简略过程，却忽视了这背后的艰辛。

这背后是杨坚足足八年的准备，在这八年里，他对内推行改革，轻徭薄赋，制定法律，使百姓安居乐业，国家国富兵强。

对外，打击分化突厥，使原本不可一世的突厥分化瓦解，成为附属，进而在灭陈之时无后顾之忧。

在识人用人上，他更是展现了当世无双的水平，识别并大胆起用了一大批优秀的谋士和将领：

李德林、高颎、杨素、苏威、长孙晟、贺若弼、韩擒虎、史万岁等等，这些人放在任何一个朝代，都是不世之能臣。

但他们都能为杨坚所用，不正契合了刘邦所说的："夫运筹帷幄之中，决胜千里之外，吾不如子房；镇国家，抚百姓，给饷馈，不绝粮道，吾不如萧何；连百万之众，战必胜，攻必取，吾不如韩信。三者皆人杰，吾能用之，此吾所以取天下者也。项羽有一范增而不能用，此所以为我擒也。"

古今中外，用短短八年时间，便能做到以上事情者，能有几人？

放眼世界，历史惊人的相似。

3—4世纪，古罗马和晋朝不约而同地由大一统进入了大分裂。

西方分裂为西罗马和东罗马，东方则是南北朝。

后来西罗马被蛮族所灭，中国北方也是由胡人统领。

但是东西方历史从杨坚这里开始分道扬镳，东方进入了长达几百年的隋唐大一统，文化、科技、政治制度都达到了人类古代史上的顶峰。而西方则进入了长达一千年的黑暗中世纪，文明倒退，科技倒退，全方位地倒退。

有人可能会说，天下大势分久必合，合久必分，如果没有杨坚，中国一样能够再次实现大一统。

但西罗马灭亡之后，东罗马几次西征，试图再度统一，为何一次也没有成功？欧洲至今还是那个分裂的欧洲，而中国统一却成了主流。

从304年冬天，氐族领袖李雄占据成都，自称"成都王"，晋朝分裂开始，到589年，二百八十多年的时间里，无数个英雄豪杰，试图再度统一中华，但除了杨坚，还有谁曾成功？

所以，无论站在哪个角度看，杨坚都是一个伟大的帝王。虽然他有一个不光彩的开始，但这些污点恰如太阳的黑子，相比起万丈光芒，实在是微不足道。他只对不起宇文家，但他对得起天下。

站在历史的角度看，他让大汉民族又一次抬起了头颅，可以与草原民族一决雌雄。

站在现代的角度看，他让中华民族又一次实现了伟大的复兴，在世界之林中一枝独秀。

不过，在讴歌胜利方的同时，我们也应该看一看被打败的人，他们之中同样有人值得我们每一个人尊重——吕忠肃和鲁广达。

大厦将倾，明知不可为而为者，谓之英雄；大敌当前，明知不能战而拼死一搏者，谓之英雄。

虽然史书上关于他们的记录只有寥寥数语，但仍然掩盖不住他们人格的光芒，这样无畏生死之人，虽败犹荣。正是有这些忠臣在，才让我们中华民族生生不息，绵延至今。

杨坚之伟大，光耀千古；大隋之伟大，光耀千古。铮铮铁骨之伟大，同样光耀千古。

叁

硝烟四起

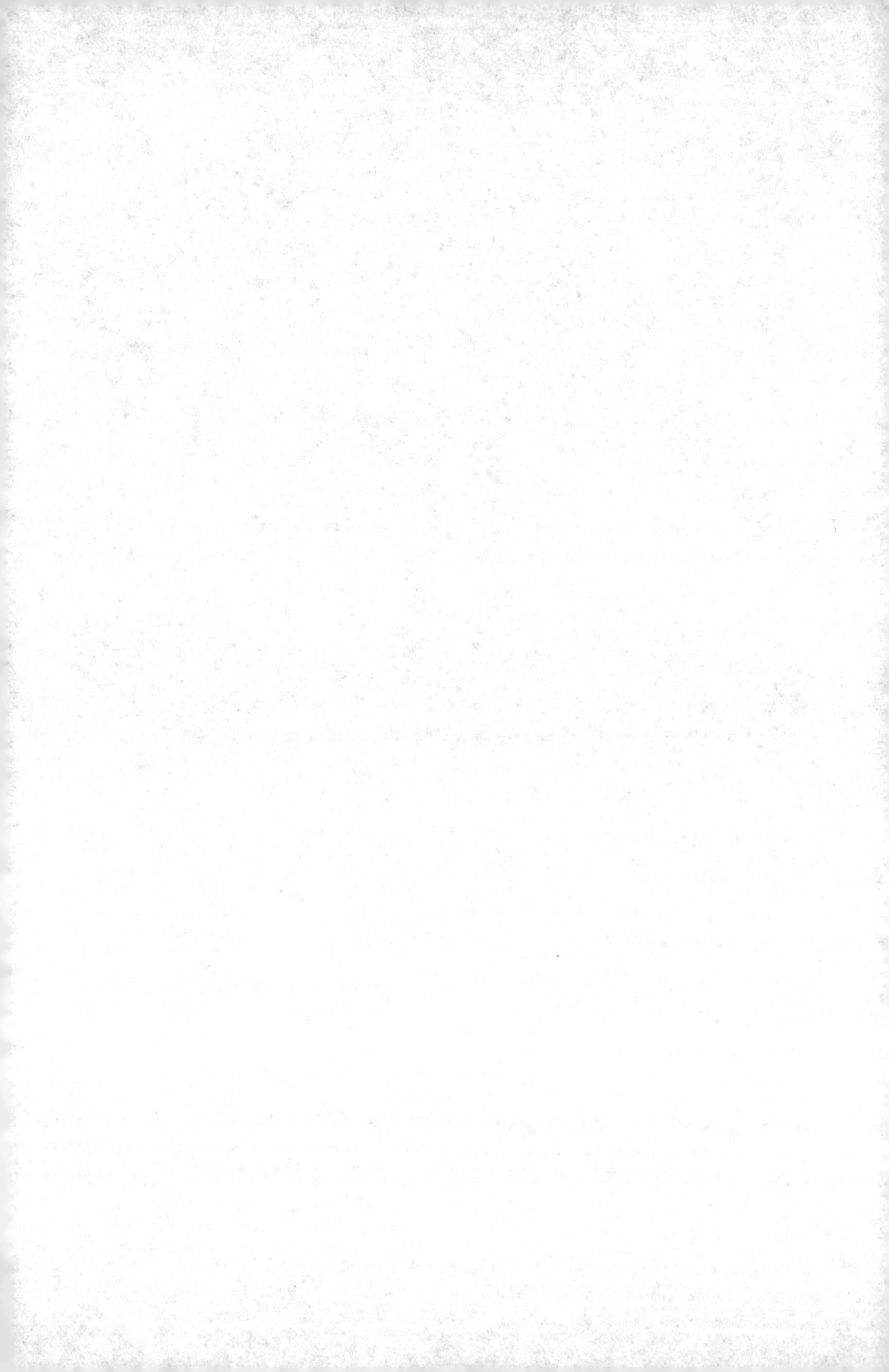

十一、天下第一谋士的下场（一）

我国有句古话叫："兄弟阋于墙，外御其侮。"意思是说，虽然兄弟之间有矛盾，但有外部危机的时候，兄弟便会齐心协力抵抗外侮。

但这句话反过来说，实际上也成立：外面的危机没有了，兄弟便会阋于墙。每一个朝代都是如此，隋朝也不例外。

当突厥和陈国被平定之后，去除了外患，隋朝的君臣矛盾、臣子矛盾以及太子杨勇与晋王杨广之间的矛盾，便逐渐浮出了水面，并且慢慢地演变成了一场场人间惨剧。

一场宏大的权力游戏，即将拉开序幕，只是让人没想到的是，率先出局的竟然是天下第一谋士——李德林。

我们看一下此时的大隋朝堂，高颎为尚书左仆射（相当于内阁老大）。平陈之后，苏威接替了虞庆则，从纳言升为了尚书右仆射（相当于内阁老二），因为他是高颎一手提拔上来的，所以毫无疑问是高颎的死党。

另外，杨素在平陈之后，因为功劳和拼命巴结高颎，接替了原来苏威的位置，成为纳言（门下省老大），不用说，他也是高颎的死党。

我们前文说过，杨坚创立了三省六部制，三省分别为：内史省、门下省、尚书省。

现在门下省和尚书省的权力都由高颍及其死党把持，只有内史省老大李德林，不是高颍的人。相反，他原是北齐旧臣，代表着山东豪族（太行山以东）的利益，而高颍老爹虽然原来也属于山东人，但现在扎根在了关陇地区，所以，也和苏威、杨素等人，都属于关陇豪族集团。

两个利益集团注定了不可能共享权力，而这两个人，又都聪明绝顶，自然谁也不会服谁，所以就注定必须有人下场。

他们的第一次较量来自杨坚登基之初。

虞庆则带头让杨坚称帝之后，内心一直惶恐不安，害怕北周皇室有朝一日复辟，自己必定遭到清算。于是，他不断怂恿杨坚对北周皇室进行大清洗，其中就包括九岁的周静帝。

但是李德林坚决反对杀害周静帝，而且这一点不是出于谋略，而是出于内心深处最起码的良知。

因为纵观历史上的篡位者，篡位之后是否杀害前任皇帝，并不会影响新任皇帝的权力。曹丕没有杀害汉献帝，赵匡胤没有杀害周恭帝，但皇位一样稳固。

李德林和虞庆则争执不下之后，杨坚便去询问高颍的意见。高颍脑子转得飞快：

1.杨坚此刻来征询他的意见，肯定已经起了杀心，否则又何必多问。

2.虞则庆的才能完全威胁不到自己的权力，而李德林则不同，他不仅深受皇帝信任，还才高八斗。

3.如果杀了周静帝，最多杨坚本人留下一点骂名。但如果不杀周静帝，万一以后有人假借周静帝的名义发动叛乱，杨坚肯定会责备自己。

于是，高颍选择了支持虞庆则。但是李德林的书生意气被激发了起来，这也是李德林唯一的缺点——过于耿直。他仍然以孔孟之道据理力争，直到惹怒了杨坚，怒斥他："君为读书人，不足平章此事。"

此事过后，杨坚冷落了李德林一段时间，让他反省错误。不过，天下未定，杨坚还离不开李德林，没过多久，杨坚便又对李德林委以重任——和高颎、苏威、杨素一起编制隋朝法律。

但是，矛盾又发生了。

法律制定的过程挺顺畅，但是颁布之后，苏威可能是处女座，但凡看见有一点不合适的地方，就想更改。但李德林却认为，律令已经颁布，就不能轻易改动，即便有一些小的错误或纰漏，只要不到损政害民的地步，就不能频繁地更改。

放到现在，李德林肯定是错的，哪有法律出现纰漏或错误而不更改的？再小的错误也是错误，也要更改。但如果放到古代，李德林的意见却是正确的。

在没有任何现代传媒工具的古代，法律普及非常困难、成本也高。如果经常更改法律，可能导致基层出现混乱。

举个简单的例子，8月1日广东某县县令判决甲有罪，但两三个月后新法律传到了广东，应该是乙有罪，而且这条法律是7月15日就下发过的，此时该县令应该怎么判？

重判一次两次可以，但次数多了呢？而且当时百姓都不识字，很多人都是根据判决结果才知道，办什么事犯法，以及犯了多大的法。但是法律不断更改，百姓们都搞糊涂了，不利于基层的稳定。

最坏的规矩，也胜过没有规矩。所以，李德林才说，只要不达到损政害民的地步，就不应该更改。

但是，苏威不服，又提出可以在乡村每五百家就设置一个乡正，乡正先学法律，然后让他们管理民间诉讼，法律就能够快速普及并落实到基层。

这个建议表面上看起来很不错，但实际上也很不靠谱，李德林很快就指出了其中的不足：

1.乡村的人际关系非常复杂，以前一般小事都由宗族老大处理，但是处理结果经常不公平；现在，把大事也交由他们处理，只会增加不公。

2.当时隋朝不过几百个县，吏部选派的几百个县令中还有很多不称职，现在再选几千个乡正，那么不称职的人会更多，只会增加基层的矛盾，而且还加大了国家财政负担。

两个人争执不下，又把事情闹到了杨坚那里。杨坚召集群臣一起商议，结果朝堂之上，太子杨勇和绝大部分官员都支持李德林，而反对苏威的建议。

按道理说，这时候杨坚肯定也要支持李德林的，少数服从多数嘛，但是对政治敏感的人，应该已经察觉到问题的严重性了。

就在大臣们和太子站在一起的这一刻，本来一个普普通通的对错之分，已经演变成了一个关乎权力之争的政治事件。古往今来，所有帝王，无论明智还是昏庸，都非常忌惮一件事——太子结党。

现在，朝堂之上，满朝文武大臣都和太子一起支持李德林，杨坚不觉心头一震：这件事也许没有那么简单。

但是他面不改色，侧过脸微笑着问高颎："你一直没说话，也说说你的意见吧。"

此时，高颎的儿子已经娶了太子的女儿为妻，作为儿女亲家，高颎毫无疑问需要支持太子，但他敏锐地捕捉到了其中的政治危机。

高颎本来就和李德林不和，如果支持李德林，便是站到了太子和众位大臣这边，杨坚必定猜疑太子结党营私。如果被别有用心的人利用此事，自己的前途、性命，以及太子的地位恐怕都会不保。

于是，他看着杨坚说了一句非常精妙的话："天下之事，尽由陛下决断！"

杨坚听后终于松了一口气，他虽然知道李德林是对的，但他仍然不想支持李德林，而是想传达出一个信号：朕还在，这个朝廷还是我杨坚说了算。

于是，他不顾所有人的反对，当场决定全部按照苏威的建议执行。

可惜的是，杨坚很快就被打脸了。这两件事，全部如李德林所说，根本执行不下去。于是，很快，杨坚又下令收回了原来的命令。

不知道是李德林没有看透杨坚的本意，还是早已看透了权力斗争，但他一心为国。他竟然又上书一封，怼了杨坚一通："当初我说不行，苏威非要执行，现在命令已经发布，还没执行多久，怎么又要撤回。这和当时乱改法律，又有什么区别？"

面对李德林的质问，杨坚不但没有改正自己的错误，还非常生气地把这本奏疏交给了高颎。

高颎看完之后，发挥了一贯反对李德林的"传统友谊"，狠狠地骂了李德林一通：凶狠暴戾，固执己见。

看到高颎的反对后，杨坚仍然没有消气，但好歹他还是一代明君，他从心底里知道李德林是对的，只不过是太过耿直而已。

于是，杨坚左思右想，终于想到了一个整李德林的方法：给他找点事做，省得他天天在自己面前烦人。

连胜几次的高颎露出了得意的笑容，斗了这么久，李德林每战必输，终于被自己斗得抬不起头来了，照这个趋势下去，也许再用一把力，就能把他整下台了。

但是，让高颎万万没有想到的是，在如此被动的情况下，李德林竟然用自己的才华实现了完美的逆袭，给高颎等人上了很生动的一课：

什么才是真正的实力！

十二、天下第一谋士的下场（二）

杨坚交给李德林的任务是写一篇命题作文，主题是李德林做内史令五年以来，国家发生的大事。

被杨坚批评后，正在郁闷的李德林看到题目后，高兴得差点跳起来，瞬间就转换到了甲方思维：

"让我写当内史令五年以来国家发生的大事，不就是写您当皇帝五年以来发生的大事么！这不就是让我歌功颂德嘛！"

于是，李德林欣然应允了，没过多久就写成了《霸朝集》，洋洋洒洒，一共五卷，硬是把八百字的命题作文写成了一本书。

光看这名字，"霸朝"，雄霸天下的朝代，就应该知道这是一本拍马屁大全。在这里摘抄两句，大家欣赏一下：

皇帝内明外顺，经营区宇，吐无穷之术，运不测之神，幽赞两仪，财成万类。五帝所不化，三王所未宾，屈膝顿颡①，尽为臣妾。

---

① 颡，读作 sǎng，头的意思。

千穿万穿，马屁不穿。更何况，这拍马屁的文字这么优美，这么对仗，还有五卷之长。如果现在有拍马屁行业，李德林绝对属于祖师爷级别的人物。

杨坚看了李德林的拍马屁大全之后，就有了一种腾云驾雾的感觉，激动得整夜整夜地睡不着觉。

据史书记载，第二天一大早，杨坚就把李德林叫到了宫里，大加夸赞：

"自古帝王之兴，必有异人辅佐。我昨读《霸朝集》，方知感应之理。昨宵恨夜长，不能早见公面。必令公贵与国始终。"

杨坚和李德林聊得是越来越开心，不由得感叹："到底是什么样的父亲，才能生出这么聪明的儿子啊，你爹生前在北齐身居何职？"

此时李德林也被杨坚的热情冲昏了头脑，被夸了两句胖，竟然还喘上了，便撒了一个谎："太尉谘议（相当于军队里的参谋）！"

杨坚说："难怪如此，朕再给你爹升几级，追封为恒州刺史。"

李德林走后，杨坚又拿起《霸朝集》看了好几遍，上茅厕时看，吃饭时看，进被窝后还看。

连续几天，杨坚都心潮澎湃，觉得李德林实在是太会说话了，给他的封赏实在是太少了。于是，杨坚又下令追赠他爹为定州刺史、安平县公，谥曰"孝"，并且恩准李德林世袭父亲的爵位。

古往今来，能把马屁拍到这种地步，既能出书，又能升官发财，还能把死去的老爹给带上的，恐怕也只有李德林一人！

李德林被重赏之后，高颎和苏威非常不满，眼看李德林被冷落了，没想到，人家一篇文章硬是给翻盘了。实力啊，不服不行。

不过他们仍然没有死心，又暗中派人搜集李德林的"黑料"。不久之后，他们就查到了李德林对着杨坚所撒的那个小谎。

但是这一次高颎没有递交给杨坚，经过上一次的事件，他已经知道，此时无论李德林犯什么错误，杨坚都会原谅他。不仅是因为李德林会拍马屁，更因为天下还未一统，杨坚还需要李德林的辅佐。

高颎在等机会，他相信总有一天，杨坚会有不需要李德林的那一天。只是这一等，就是三年半。

589年，陈国被平定之后，天下终于实现了大一统。

还记得战前杨坚给李德林的承诺吗？

"等到平陈以后，我一定以七宝装饰公，使崤山以东无人能及。"

多么响亮的豪言壮语，多么感人的君臣关系。灭了陈之后，杨坚刚开始的确准备信守承诺，将李德林封为大隋第一功臣，使其在山东的地位无人能及。

但是高颎意识到，属于他的机会终于来了，他暗中对杨坚说：

"有人说，灭陈是皇上您一手策划，晋王杨广和诸位将领在前线拼杀的结果，现在您把功劳归功于李德林，诸将恐有不服。另外，还有人上书说，李德林的父亲，去世时为校书，但他当年却说是太尉谘议，才受到了您的封赏，恐怕有欺君之罪。"

杨坚正在兴头上，听完高颎的汇报刚开始并没有在意，比起灭陈的功劳，这点小错又算得了什么呢？

满朝的文武大臣谁还没有个污点？苏威一错再错，不也没有受到什么处罚。杨素和妻子吵架，说出大逆不道的话："我要为皇帝，一定不会让你当皇后。"不也提拔为了宰相？

况且，战前杨坚已经许下承诺，要封赏李德林，这又岂能食言？

高颎见杨坚并没有要责备李德林的意思，便又补了一句：

"但臣以为，这些人是嫉妒李德林的功劳，十年来，李德林谋略过人，算无遗策，配得上陛下您的任何赏赐。"

杨坚听到"谋略过人，算无遗策"八个字时，脸色逐渐由晴转阴了，是啊，李德林实在是太聪明了。

杨坚能看清的东西，他能看清，杨坚看不清的东西，他也能看清。

从两位王爷设计的鸿门宴，到平定尉迟迥时的临时换帅，再到修订法律时候的真知灼见，再到平陈时的大政方针，李德林没有错过一次，这样的人虽然有用，但实在是太可怕了。

现在已经天下太平，怎么可以让这么聪明的人在自己身边？如果让他在山东的地位无人可及，谁又能去制衡他？

想到这里，杨坚不由得一惊，马上装作愤怒起来，让人把李德林叫来，狠狠地骂了一通：

欺君之罪，本应斩杀，但念及功劳，贬为湖州刺史（今浙江湖州）。

前几日，还在运筹帷幄之中，决胜千里之外的李德林；前几日，还被誉为灭陈第一大功臣的李德林；前几日还准备使山东无人能及的李德林，竟然一下子就从最大的功臣变成了罪臣。

一个人的命运，天堂和地狱的差别，竟然就在别人的一念之间。

但是面对责备，李德林一句话也没有反驳。他知道从当初支持杨坚称帝的那一刻起，自己就会有这么一天。但是没有想到，刚刚灭掉陈国，这一天就到来了。

哎，走就走吧！君让臣死，臣不得不死，还能再说些什么呢？申辩，只能徒增皇帝的怒火，只能引火上身罢了。

于是，李德林大呼："谢主隆恩。"然后默默地退了出来。

只是在走出大殿的一刹那，李德林又回过头看了一眼杨坚，这还是十年前他认识的那个人吗？

那一年他赴鸿门宴，是我把他救了回来。那一年他要换掉前线的大将，是我把他拉了回来。那一年他犹豫不决，不知道是否该称帝，是我让他下定了决心。十年了，我一直对他忠心耿耿，我还是那个我，而他早已不是那个他。

杨坚也看到了李德林的眼神。但是，他保持了一贯的冷酷，扭过了头，什么也没说。不是我无情，只能怪你太聪明了！走吧……

到达湖州之后，六十岁的李德林已经意识到，留给自己的时间不多了。

所以他抓紧了每一分每一秒，想在有生之年，完成自己的心愿，编写二十四史之——《北齐书》。

但是，杨坚并没有给他这个机会，一年以后，怀州大旱，李德林令人挖井救急，挖了几十米深，仍不见水。

高颎、苏威等人又借题发挥，让人上书："李德林无德，才导致湖州大旱。"

这种荒唐的话，估计鬼都不信，但这时候，杨坚已对李德林起了杀心，便将他贬为了怀州（今河南沁阳）刺史。

不久之后，天下第一谋士李德林抑郁而死，享年仅六十岁。

"老骥伏枥，志在千里。""穷则独善其身，达则兼善天下。"说的不正是李德林这样的人么。但遇到"飞鸟尽，良弓藏；狡兔死，走狗烹"的悲剧，即便聪明绝顶，即便天下第一，又能奈何？

他死后，其子李百药子承父业，继续编写《北齐书》，隋末唐初，李百药漂泊不定，几经生死，直到唐太宗即位，才被委以重任。

贞观十年（636年），《北齐书》终于完工，共五十卷，纪八卷，列传四十二卷，记述了从高欢起兵，到北齐灭亡前后约八十年的历史，是后世研究北齐历史最重要的史书。李百药八十三岁得以善终，也算是对李德林的一点慰藉吧。

多说一句，也就是李德林死的这一年，杨坚任命了他二十四岁的外甥担任谯州（今安徽亳州）刺史，此人姓李，名渊。只不过等他成为主角，还要再等二十多年，我们后续再讲。

高颎将李德林挤走之后，马上推荐了自己人杨素从纳言升为内史令。但是，这个"自己人"却是高颎的一厢情愿。

最后，他将被这个所谓的"自己人"赶下台，并在几年之后命丧黄泉，其子孙后代也将被发配边疆。

不知道高颎被杀的那一瞬间，会不会有一丝后悔，后悔挤走了李德林，而提拔了杨素？后悔助纣为虐，开启了大隋整治功臣的序幕？

也许，冥冥之中，自有轮回吧。

隋朝第一文武全才和第二文武全才的斗争，马上就要开始了。只不过，这一次率先受伤的竟然是苏威，再一次印证了老大和老二打架，受伤的总是老三的道理。

十三、忘恩负义，杨素先发制人

杨素升为内史令之后，一开始并没有和高颍对着干；相反他对高颍一直心存感恩，高颍支持的，就是他支持的，高颍反对的，也是他反对的。

但是，每当杨坚召集他和高颍、苏威议论朝政的时候，他却总能感受到隐隐约约的耻辱。杨坚明显更相信前两个人，而他，往往只能默默地站在一旁，听他们谈天说地。偶尔，他也会有好的想法，他会很激动地说出来，但杨坚总是会征询高颍的意见，如果高颍否定，杨坚也会跟着否定。

这时候，他总是会反问自己："论文治，我比高颍差吗？论武功，我比高颍差吗？好像一点也不差。可是，凭什么高颍一开始就位居高位，凭什么是高颍否定我，而不是我否定他？我奋斗了十年，凭什么仍屈居人下？"

随着时间的累积，这种得陇望蜀的贪婪开始在杨素的心中不断发酵。慢慢地，他对高颍的感恩变成了嫉妒，嫉妒又变成了仇恨。

于是，他开始想方设法地反击，他要向世人证明，他，杨素，不比任何人差。

但他很聪明地知道，目前自己资历尚浅，根本不是高颍的对手。于是，他继续奉行拍高颍马屁的路线，但另一方面又把目标锁定了苏威，只有先成为二把手，未来才能和高颍一决雌雄。

幸运的是杨素并没有等太久，因为苏威又犯了一个大错。

589年，灭掉陈国之后，杨坚下令将陈叔宝及陈朝的一群文武大臣迁居长安，处死了施文庆等一批奸臣，对忠臣则安排得比较妥善，例如让吕忠肃官复原职，陈朝水军都督周罗睺统领整个隋朝水军，等等。

但是对江东地界，杨坚却进行了刨地三尺的改革：

1.改"建康"为"蒋州"，皇宫毁了，建康城扒了，全部复垦为耕地。

2.把原来遍布陈国的寺庙给拆了，强制和尚、尼姑还俗。

3.将陈国大部分地方官吏，都换成自己人。

4.重新统计人口，重点发掘地主和贵族们隐匿的人口。

5.推行"均田制"，将一部分土地收归国有，再免费发放给穷人。

有人可能会说，寺庙意味着信仰，怎么可以被肆意拆毁？有这种想法的人，肯定是不了解当时的情况。

寺庙在现代社会看起来人畜无害，还有利于社会稳定。但是魏晋南北朝这段时间，却是一个很疯狂的存在。虽然南梁武帝规定了和尚不允许喝酒吃肉、娶妻生子，但此时还没有完全普及，和尚、尼姑们一样可以过正常人的生活，并且，最重要的是，这些人还不用向国家交税。

于是，越来越多的人开始出家，官方统计中的普通人口越来越少，税收就越来越少。并且，寺庙不交税后，寺庙的经济实力就越来越强，发展到最后，一个方丈俨然就是一个大地主，不断兼并穷人的土地，还发放高利贷。

唐朝时杜牧写了一首诗描写江南寺庙之多，大家感受下："南朝四百八十寺，多少楼台烟雨中。"

所以，这段时间无论哪个有作为的帝王，肯定都要摧毁寺庙，历史上将这种运动称为"灭佛"。北魏太武帝干过，北周武帝干过，杨坚现在也要继续干。

　　以上五套组合拳下来，江南的旧官员、大地主、和尚尼姑就受不了了，心生无数怨恨，造反的苗头已经在悄悄燃起。

　　杨坚也知道推行改革，阻力会很大，搞不好就会引起暴动。所以，他就让苏威代替自己去巡视江南，负责一切事务，并且不必奏报朝廷。但是问题坏就坏在苏威身上，他身居庙堂时间太长，根本就不了解底层的情况。

　　苏威到江南以后非常高傲，充满了胜利者的优越感，觉得陈国人都是蛮夷，原来的政策、法律都是垃圾。

　　于是，他犯了一个非常低级的错误，完全忘记了政治就是"团结大部分打击少部分"的道理。他规定江南所有人，无论男女老幼都必须背诵《五教》（父义、母慈、兄友、弟恭、子孝五种伦理道德的教义），背不会就将受到惩罚。

　　更荒唐的是苏威又觉得以前的《五教》内容太简单，他自己又加了一些非常华丽的辞藻进去，经过修改后的《五教》成语一大堆，意思却很空洞。

　　当时又没有九年义务教育，很多人扁担倒了都不知道是个"一"字，你让人家背《五教》本身就不切实际，还玩上了语法，这不就是扯嘛。

　　所以，背不会书的大老爷们开始到处散播谣言："朝廷要将我们全部迁移到关中。"

　　不怕谣言有多荒唐，就怕谣言说得多，再假的话经过一万遍重复，连说的人也是会信的。经过一段时间的酝酿，江南的百姓开始人人自危，很快浙江、江苏、福建、江西等地的百姓都反了。

　　而且大部分造反还特别血腥，例如饶州（今江西鄱阳）的造反头子吴世华，就将县令捆了起来，用刀一块一块割死，一边割还一边问："你还让我们背诵《五教》吗？"

　　消息传到长安后，杨坚震怒，逮着苏威就是一通臭骂。但是，骂归骂，叛乱还得平。杨素见状，知道机会来了，他立刻请求前去平叛，杨坚非常高兴，立马同意了。

隋朝第五名将史万岁因为在平陈战役中，被分到了杨坚三儿子杨俊帐下，不是主战场，所以没有立太大的功劳。眼看着韩擒虎、贺若弼加官晋爵，他非常不服气，所以，这次也抢着请求出战，杨坚也立刻同意了。

不过，让史万岁没想到的是，这次出战既是他辉煌的顶点，又是他走向末路的起点。因为此战中，他表现得太过耀眼，得罪了一个不该得罪的人——杨素，十年之后，他将为此付出惨重的代价。

590年，杨坚命杨广为扬州总管，协助杨素、史万岁前去平叛。并免除了原陈地十年的税赋，以缓解人民内部的矛盾。

大军出发后，杨素、史万岁先和最大势力的叛军高智慧干了一仗，**事实证明，在绝对实力面前，再高的智慧也不行**，高智慧大败。杨素见胜利在望，怕史万岁抢了功劳，便派史万岁率两千人去平定江西等地的各路叛军，自己则率大军，继续追击高智慧。

两千人能干啥？放在别人手里，估计一场仗就会被叛军干掉，但是史万岁却来了出"猛龙过江"，用实力告诉了大家，只要玩得溜，配角也能当主角。

史万岁带着两千人长驱直入，转战一千多里，历经大小七百余仗，竟然迅速平定了所有叛乱。并且在追击叛军的过程了，失去联系几十天，就在大家都以为他必将全军覆没的时候，他却发明了现在非常流行的"漂流瓶"，将书信放在了竹筒中，顺流而下，被江边的渔民发现了，并上报给了朝廷。

杨坚得到战报后赞叹不已，战后赏赐给史万岁钱十万，提拔他为左领军将军。杨素原本以为，苏威捅了这么大　个窟窿，自己给补上了，就应该替代苏威，做内阁二把手。

但没想到的是，战后杨坚只是封赏他一些虚职和金钱。于是，他顺理成章地以为，是史万岁的表现太过抢眼，才导致杨坚没有提拔他，便在心中埋下了对史万岁仇恨的种子。

不过在短暂的气愤之后，杨素很快就恢复了理智。他知道现在的史万岁还不是威胁，他的主要对手还是苏威。他坚信，只要够努力，铁杵也能磨成针，苏威，你就等着吧！

随后杨素就开始四处搜寻苏威的黑材料，但是，在挖地三尺找了一圈之后，杨素发现此人清正廉洁，竟然没有任何把柄。

于是，杨素灵机一动，开始"农村包围城市"——从他身边的人下手。哪怕你本人再清廉，你能管得住自己，但你怎么可能管得住身边所有的人，自古以来，有多少英雄豪杰都毁在了猪队友身上，苏威也不例外。

功夫不负有心人，几个月后，592年年初，杨素便有了很大的收获。

事情是这样的，杨坚曾经命令苏威的儿子苏夔（kuí）与国子博士何妥一起制定钟律，钟律就是古代编钟的律制，类似现在的五线谱。

何妥也不知道以前干过啥事，总之就是和苏威闹过矛盾。所以，苏夔说东他往西，苏夔指南他往北，两个人根本就没有办法和谐共处。

双方僵持不下，但工作还得继续。于是，苏夔就提出了一个解决问题的方法：找几个大臣，让他们投票决定，既民主又公平。

何妥这一次终于妥协了，找就找呗，再僵持下去，工作完不成，对谁都不好。

但令何妥没想到的是，苏夔竟然找来了一百多个自己人，结果毫无悬念，他们全部支持苏夔。

何妥非常生气，这不是"上坟烧报纸——骗鬼"的把戏么。但是，何妥只能干生气，却拿苏夔没有任何办法，"民主"投票，能怨谁呢？

但这事很快就传到杨素那里，杨素敏锐地发现了其中的问题。苏夔这个年轻人，做事太绝啊。如果有几个人反对你，这叫民主投票，但如果全部都支持你，那就叫结党营私啊。

于是，杨素派人把"结党营私"四个字悄悄地传递给了何妥，何妥一点就通，又立刻上书了杨坚。

杨坚虽然是一代明君，但由于自己是篡位上台，所以毕其一生都对大臣结党，甚至是亲儿子结党都格外警惕。他大为震惊，立刻派亲信虞庆则彻查此事。

虞庆则原来是尚书右仆射，灭陈之后，被苏威给顶替了，现在杨坚让他来查苏威，这不是送羊入虎口，此时不往死里整，更待何时？

结果可想而知，杨坚命人给苏威送了一本书《宋书·谢晦传》（南宋武帝驾崩后，任命谢晦为顾命大臣，但谢晦却废了少帝，后又举兵反叛被杀）。苏威看到书后，吓得是一身冷汗啊，五十多岁的人，甩开双腿就往皇宫跑，见了杨坚之后立马跪地，连连磕头求饶。

杨坚看在他劳苦功高的份上，饶了他的性命，但罢免了他所有的官职，另外那一百多人，也都受到了严厉的处分。

杨素终于如愿，两年之内便从一个封疆大吏升为了纳言，在李德林被干掉之后，他升为了内史令，苏威被罢官之后，他又升为了内阁二把手——尚书右仆射。

现在，他终于实现了自己的抱负，拥有了和高颎一决雌雄的实力（自以为）。

对不起了，高颎，谢谢你曾经提拔过我，但谁让我们活在了权力场上，这里注定只能有一个胜利者，还请你接招吧！

十四、高颖将计就计坑杨素

借着苏威的案子，杨素准备一鼓作气，把高颖也拉下马，于是，他私下让右卫将军庞晃上书杨坚：高颖才是朝中结党最厉害的人物。

为了进一步蒙蔽高颖，他让庞晃把自己也拉下了水：

苏威是高颖推荐的，高颖说什么，苏威就听什么。很明显，他俩狼狈为奸，高颖才是苏威最大的党羽。

而且，右仆射杨素也是高颖的死党，还有大将贺若弼、韩擒虎都是高颖的心腹。如此下去，满朝文武大臣，都将是高颖的人，请陛下明鉴。

这种栽赃的手段非常老套，但往往非常有效。

因为庞晃说的是事实，就看你怎么理解了。既可以理解为高颖一心为公，为国家不断推荐人才，也可以理解为他在结党营私。

好在杨坚是个明君，此时还十分相信这个危急时刻挺身而出，又能力出众的臣子。但他仍然想借机敲打一下高颖，于是，他让人先写了一封诏书，准备测一测高颖的态度。

几天之后，杨坚将庞晃的奏疏当面交给了高颖。高颖看完之后，立马跪地，来了招以退为进。

他流着眼泪表示自己老了，晚上睡不着，白天睡不醒，动不动就上茅房，正有辞职的打算，正好借着这个机会，回家养老去。

这一套动作之熟练，让人严重怀疑，他在家私下操练过无数次。

杨坚看效果已经达到了，便不慌不忙地表示：咱俩的关系多铁啊，不是那些小人能离间的。你就是老天爷派来辅佐我的（这话好像当年也对李德林说过），以后不要再说辞职了。我已经让人写好了诏书，把庞晃这厮贬到怀州当刺史了，你拿去让吏部执行吧。

高颎估计肯定在想我要不哭，你这诏书就不拿出来了是吧？

另一方面，他又知道，打得一拳开，免得百拳来。这一次不彻底解决弹劾的问题，以后肯定还会有人弹劾自己，现在哭得越狠，以后就越安全。

于是，听完杨坚的安慰之后，他还在一直哭、一直哭，哭到快昏过去还没完事。如果当时有奥斯卡奖，真应该给高颎颁发一个最佳男演员奖。不过，这也不能怪高颎，政治不能演，生存都艰难。

杨坚万万没想到，高颎这么认真，搞得自己十分不好意思，又赶紧安慰高颎：

"在朕心里，你就像一面镜子，朕没别的意思，让你看庞晃的奏疏，就是想摩擦摩擦你，镜子越磨越亮嘛。"

高颎见杨坚服了软，再哭就太过分了，这才止住了哭声，谢了罪，退了回去。

杨素看到高颎躲过了一劫，非常不甘心，便又鼓动几个人继续弹劾高颎。弹劾的理由也越来越荒唐，最后都扯到老天爷身上了。他们说天下之所以大旱，都是因为皇帝身边有高颎这个王八蛋。

这几次，杨坚再也没有测试高颎，直接把说老天爷看不惯高颎的那几个人，送去见老天爷了！

高颎终于平安落地了，很快他就查出背后的主谋正是杨素。但是，他并没有立刻反击，而是选择了忍耐。

高手对垒，最害怕的就是打草惊蛇，要么不出手，一旦出手，就是一招毙命。平定尉迟迥叛乱如此，打击突厥如此，这一次也是如此。

而这个机会，很快就来了。

593年二月，杨坚觉得天下已经太平，隋朝的国力蒸蒸日上，于是，一改以前的朴素。在朝堂上表示，想在岐州（今陕西宝鸡凤翔）修建一座宫殿。

高颎立刻心生一计，要推荐苏威做项目总监，让苏威将功赎罪。杨坚听了之后没有说话，但是面露怒气，我刚把苏威给贬了，你就又想提拔他，你到底是几个意思？

杨素看到皇帝陛下的神色，内心却是一阵窃喜，敌人的错误，就是自己的机会。于是，他立刻答话，表示自己愿意担任项目总监。

杨坚这才露出了满意的微笑，当即下令杨素为项目总监，宇文恺为总工程师，着手修建宫殿。

杨素站在一旁趾高气扬，得意扬扬，他终于又一次获胜了。但他却没注意到，站在一旁的高颎，也在暗自发笑——杨素，你终于入瓮了。

岐山距离长安一百多公里，杨素作为项目总监，肯定需要经常往岐山跑，这就意味着要经常离开权力中心，不能第一时间得到京城的消息。对于皇帝的左膀右臂来说，这是十分可怕的，久而久之，肯定会被皇帝所疏远，尤其是皇帝身边还站着一个自己的政敌。

事情果真如此，杨素接到命令后，意气风发地在工地转了一圈，看着连绵不绝的崇山峻岭，不由得雄心万丈。

但是，他突然想到了一个问题，他侧过头，问身后的总工程师宇文恺："宫殿的工期大概多长时间？"

宇文恺答："五年！"

杨素当即差点晕倒，五年后，恐怕皇帝都不知道自己叫啥了。这时候，杨素才意识自己跳入了一个巨大无比的坑里。

怎么办？

在短暂的恐惧之后，杨素也想到了应对的办法：五年的工程如果两年就能完成，皇帝肯定会龙颜大悦，也许就能化危为安。

于是，他将领军那一套搬了过来，下令召集十万民夫，没日没夜加班加点干活，并派军人做监工，有不服者，立斩。

史书记载："役使严急，丁夫多死，疲屯颠仆，推填坑坎，覆以土石，因而筑为平地。死者以万数。"

翻译一下就是：工期很紧，劳役死了很多，他们死后，直接推到地基里，盖上土，继续造宫殿。

也就是说，这座宫殿的下面，竟然躺着数万冤魂。以后在这座宫殿里发生的，改变了大隋帝国命运的事件，也许，在此刻已被命中注定。

就在杨素在工地天天吃土的时候，高颍这边却迎来了又一春。

在高颍不断的旁敲侧击下，杨坚慢慢觉得，苏威虽然有罪，但罪不掩功，对苏威的处罚的确狠了点。而且，当时的军国大事，都需要高颍一人负责，的确太过操劳。

于是，第二年（594年）夏天，杨坚又下令恢复了苏威的爵位，并让他再次担任纳言，重新回到了权力中心。

看到苏威再次崛起之后，杨素恨不得抽自己几个耳光，机关算尽，结果又一次给别人做了嫁妆。既然如此，那就继续加快宫殿的建设进度吧，也许再快一点，再快一点，宫殿建成之后，杨坚就会更加重用自己。

但是，这一次，杨素又错了。

595年正月初三，杨坚到民间暗访，发现关中大旱，人民生活在水深火热之中，他感到非常伤心。于是，正月十一，杨坚便东行到泰山神庙祈福，为自己的过错道歉，并大赦天下。

这边刚刚向天下百姓和老天爷表达了歉意，杨素脑子却昏了，想给杨坚冲冲喜，心急火燎地上书："宫殿马上就要完工了，请陛下给起个名字。"

本来五年的工程两年就完工了，杨坚自然是非常高兴。于是，给宫殿取名为"仁寿宫"，寓意着"尧舜行德，则民仁寿"。

然后，杨坚便让高颎带着这份圣旨，替自己先去看看宫殿的建设情况。

让黄鼠狼给鸡拜年，杨坚这安排也挺有意思。不过，高颎看完后，也没往死里阴杨素，只是如实汇报了情况：

"宫殿很漂亮，但是，累死了几万民夫，他们都在宫殿下面躺着呢！"

上半句让杨坚很满意，下半句让杨坚毛骨悚然，气得火冒三丈。

关中大旱，自己刚去泰山神庙忏悔过，又给宫殿起名叫"仁寿宫"，结果却死了那么多人，这不是啪啪打脸吗？关键是，这些人还都在宫殿下面埋着，这不成凶宅了，还怎么住人？

于是杨坚张口就大骂："这是要害朕于不仁不义啊！"

很快杨素就知道了这个消息，吓得他汗流浃背，不知所措。这真的是领导动动嘴，下属跑断腿，跑完了锅还得自己背。

于是他急忙召集手下门客商量对策。但是他环顾一周，却发现以前能说会道的门客们，现在都低下了头，没有一个人敢说话。就在他将要发怒的时候，终于有一个人站了出来……

十五、不辨正邪，独孤皇后救杨素

站出来为杨素出谋划策的人名叫封德彝，二十来岁，河北人，出身于官宦世家，能力出众，极善钻营。不过，目前还只是杨素的一个幕僚，兼堂妹夫。

人家娶杨素表妹这事，很值得每一位想往上爬的人学习。

有一次，杨素派仆人叫他到府中议事，仆人在前面引路，他在后面跟着。没走多远，他便趁仆人不注意，扑通一声，跳进了路边的水坑中。仆人吓了一跳，赶紧去捞他，不过他很快就自己爬了出来。从这个动作可见，这个水坑他应该提前了解过深度，不然也没有这么勇敢。

从水坑中出来之后，他表现得不慌不忙，回去又换了一身衣服，洗了把脸，装作什么也没发生，就去见杨素了。

两个人唠了半天嗑，他没有提一句掉到水坑里的事。杨素很好奇，问他原因，他说那都是私事，不足为道。

一句话把杨素唬得一愣一愣的，觉得这小伙厉害，泰山崩于前而面不改色，未来肯定有大好前途，便把表妹撮合给了他。

别人跳坑，都是倒霉事，但人家跳个坑，还能攀上领导，娶个老婆，这就叫水平。

虽然被蒙了一次，但杨素一点也没看走眼，在以后的岁月里，封德彝表现得真是比狐狸还要狡猾，常常两边下注。凭借这身功夫，后来还做到了三朝元老，官拜宰相，并得到了善终，简直就是乱世之中做人的"榜样"。不过这都是后话，这位老人家还要出场很多次，我们以后再讲。

现在他得知杨素的困扰之后，知道机会又来了，赶紧对杨素说："可以给皇后送点礼物嘛，女人都喜欢礼品的，她肯定会帮你！"

杨素一拍脑门，知道有戏了，慌乱之下，竟然把皇后给忘了。

他们所说的皇后，就是当年杨坚找李德林算卦时，在一旁劝杨坚当断不断，必受其乱的独孤伽罗。当时我们说，独孤伽罗是中国历史上最牛的皇后之一，但没有展开讲，现在有必要介绍一下了，因为隋朝的灭亡和她也有莫大的关系。

独孤伽罗她爹叫独孤信，位高权重，是北周的八柱国之一（八个大贵族之一）。但命运不测，在和权臣宇文护的政治斗争中被逼自杀了。这人的政治水平也许不行，但看面相却是一把好手。

以前独孤信觉得李昞这小伙子长得很有富贵相，于是，就把四女儿嫁给了李昞，生了个儿子叫李渊。

在独孤信被逼死之前的一年，他又觉得当年才十七岁的杨坚也有富贵相，于是，又把十四岁的七女儿独孤伽罗嫁给了杨坚。

以前，独孤信还有个女儿，嫁给了北周皇帝。这就让独孤信成了我国历史上鲜有的，三个女儿都当过皇后的人，虽然李渊他妈是追封的，但追封也是皇后不是？

独孤信死后，儿子们都被流放了。但杨坚却没有休了独孤伽罗，而是选择了保护她。因此，杨坚也受到了权臣宇文护的猜忌，天天郁郁不得志。

这对小夫妻在这种抑郁的环境中生活了很久，但是俩人始终没有被压力打倒，相反感情却越来越深。

正因为有过相濡以沫的经历，杨坚称帝后才对独孤伽罗非常倚重，以至于在一个深沉的夜晚，俩人回望一路走过的艰辛，不禁情到深处，相互指天发誓：白头到老，永不变心，并且，只能让独孤伽罗给杨坚生孩子。

中国几千年封建社会，几百个帝王中能做到这一点的，实属罕见，可见其情之深，意之切。

后来，杨坚经常对大臣们炫耀："朕没有小老婆，五个儿子（杨勇、杨广、杨俊、杨秀、杨谅）都是一个妈生的，都是亲兄弟，关系铁得很。哪像以前的皇帝，都有好多老婆，生下的儿子你争我夺，常常导致亡国！"

只是历史给他开了个天大的玩笑，他们的五个儿子，争权夺利不输于任何一个朝代，并且五个儿子全部惨死，没有一个善终。

老大杨勇，被立为太子，但和杨广争皇位失败，被杨坚废了。杨坚刚死，杨广就把杨勇给杀了。

老二杨广，也就是隋炀帝，隋朝到他这一世而亡，被宇文化及杀了。

老三杨俊，骄奢淫逸，经常被杨坚骂得狗血淋头，后来又被王妃崔氏给毒死了。

老四杨秀，与杨俊一样奢侈又好色，后来被杨坚长期监禁，杨广死后，他也被杀了。

老五杨谅，杨广登基后，杨谅不服造反，被逮到后关了起来，第二年莫名其妙就死了。

史书中说："自古以来废长立幼，以至倾覆家国的多得很，但考究他们的乱亡之祸，没有像隋朝这么残酷的。"如果杨坚夫妇泉下有知，不知道该做何感想啊。

俩人不光生孩子配合默契，在朝政上，杨坚对独孤伽罗也非常倚重，上朝时经常和她坐一辆车，到宫殿门口后独孤伽罗便去偏殿，派宦官跟杨坚进行沟通。

　　杨坚要办错了事，她都会及时地提醒。杨坚下朝后，她又会在宫殿门口等候，然后夫妻"相顾欣然"一起回宫。所以，杨坚对她是既宠爱又信服，几乎是言听计从，宫中同尊他俩为"二圣"。

　　这画面是不是很熟悉，几十年后，唐高宗李治和武则天也被称为"二圣"。但独孤伽罗比武则天好的一点是，她从来不直接参与政治。

　　有官员想拍独孤伽罗的马屁，就出了个馊主意，上奏说依据《周礼》，可以给各位官员的老婆们加封，让她们听命于皇后。独孤伽罗直接给拒绝了："妇人参与政治，不能开这个先例。"

　　而且她还从不徇私枉法，有一次她的表哥犯了罪，杨坚看在她的面子上，想饶了她表哥，但她却说，国家的大事，不能顾及私情，然后把表哥给斩了。但是，表哥死后，她却很内疚，痛哭流涕，觉得表哥的死和自己有莫大的关系。

　　还有，第一文武全才高颎原来就是独孤信家的门客，独孤信被逼死之后，高家一直对独孤家不离不弃，所以，高颎和独孤伽罗的关系也很好，也正是独孤伽罗把高颎推荐给了杨坚。

　　按理说这么贤惠、英明、无私的独孤皇后，不应该和隋朝的灭亡扯上什么关系，但这座"仁寿宫"却把她推向了一个深渊。

　　杨素亲自带着奇珍异宝去向她求情后，她可能觉得天下太平了，她和杨坚也该享受一下人生了，于是，欲望的魔鬼便战胜了理智的大脑。她给杨素出了一个主意：

　　"明天本宫会劝皇上移驾仁寿宫，皇上看到仁寿宫巍峨磅礴之后，气自然会消三分。那时候，你再认罪，本宫再替你说上几句好话，保你无罪，也许还能领赏！"

　　事情果真如独孤伽罗所言，杨坚看到宫殿富丽堂皇之后，怒气便消了几分，独孤伽罗见状，又连忙上前劝说杨坚：

"杨公知道我们夫妇年老，没有地方娱乐，一心加快进度，想让我们早点住进这么漂亮的宫殿，这么忠孝两全的人哪里找啊！"

男人在心爱的女人面前，耳根永远都是软的。杨坚看见独孤伽罗如此高兴，便也不自觉地高兴了起来，不但没有怪罪杨素，还赐给他铜钱百万，锦绢三千段。

整整两年零三个月，杨素终于从这个巨坑里跳了出来，并在最后关头完成了反击，但是，这两年多的憋屈，让他认清了一个事实：

凭借自己的实力，根本不是高颎的对手，指不定哪天就会被玩死。

于是，杨素害怕了，他越想越害怕，越想越害怕，终于有一天跑到高颎府上，进行了严厉的自我批评，表示自己以前利令智昏，不是东西，从今往后愿意服从领导安排。

高颎看着眼前这个曾经使劲拍马屁，后来又背叛自己的下属，突然觉得很好笑。大家都是千年的狐狸，你玩什么聊斋？现在来道歉，谁会信呢，你自己会信吗？

但高颎也明白，杨素能力出众，杨坚对他也是信任有加，一时半会儿也很难扳倒他。于是，高颎选择了妥协，表示愿意放下过去的恩怨，齐心协力为皇帝分忧。

政治，就是妥协的产物。在明知不可为的时候，杨素率先选择了妥协；在稍占上风的时候，高颎也选择了妥协；从侧面证明了两个人都是非常成熟的政治家。

但是在封建社会，政治生态的恶劣，政治斗争的残酷，又注定了这两个权力欲望极强的权臣不可能和平共处。

杨素表面上选择了臣服，但从他恩将仇报的过往中就能知道，他只是在拖延时间，积蓄力量。

高颎表面上原谅了杨素，但以他对付李德林的性格就能看得出来，他也是在等待机会，给杨素以致命一击。

不知道是幸运还是不幸，两个人都没有等待太长的时间。几个月后，一个女人的出现，就将彻底打破这层表面的平和，并将隋朝向火坑中狠狠地推了一把。

更让人觉得恐怖的是，这个女人的身世以及事情发生的地点，让人不得不想起四个字——因果报应。

肆

皇室大乱

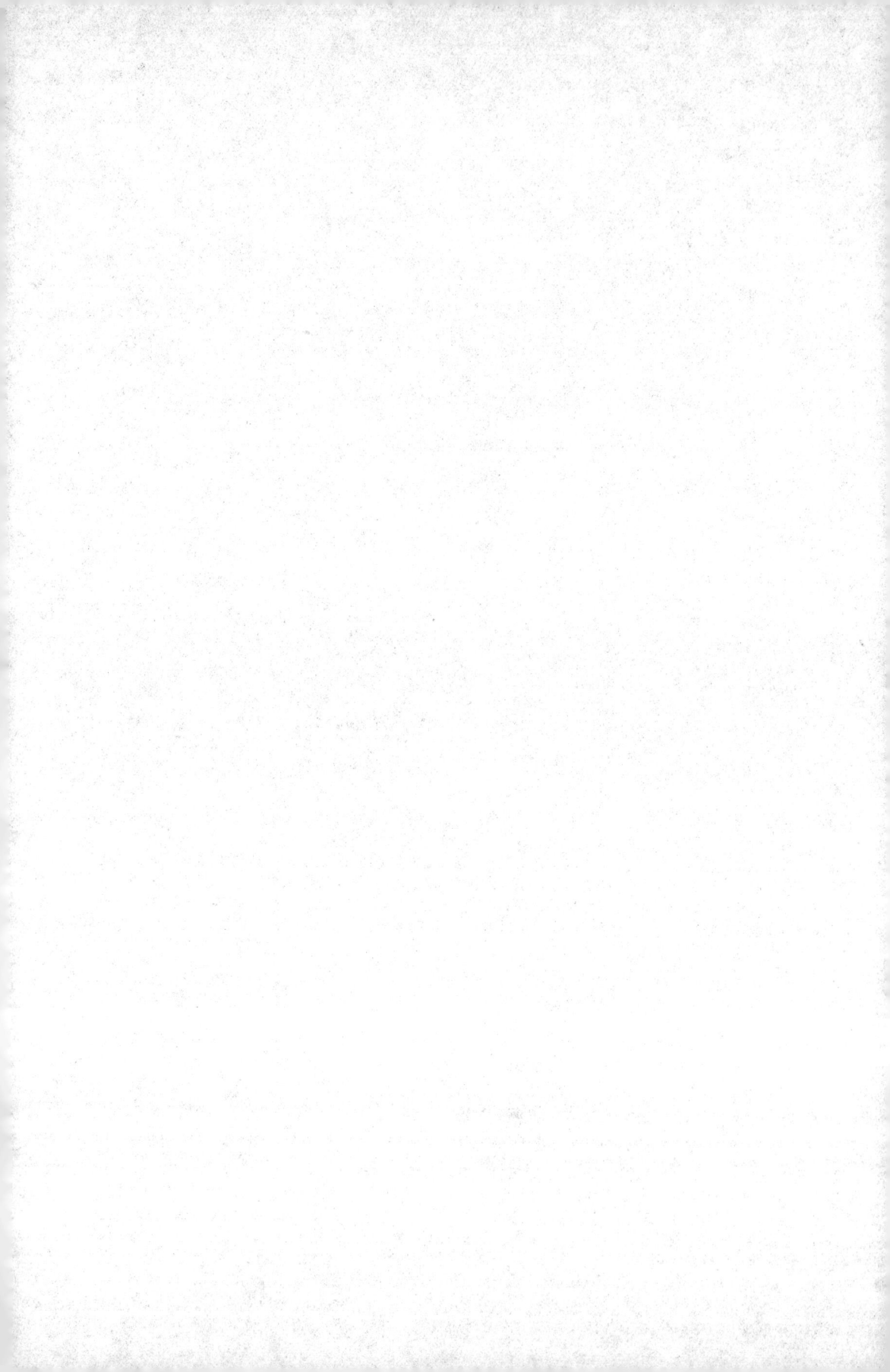

十六、因果报应，独孤皇后拉开隋亡序幕

仁寿宫建成之后，野史传说某夜，杨坚在宫中远望，见宫中磷火弥漫，远处似乎有哭声，杨坚派人察看后，回报说是鬼火。杨坚十分害怕，自言自语道："难道他们是修宫时被虐杀的冤魂？"然后，派人宰杀牛羊祭祀，磷火和哭声才慢慢地消失了。

这很明显是后人编纂的鬼都不信的鬼故事，来教导人们多做善事，少做恶事，本身没有一点可信度。

但是仁寿宫中发生的另外一件史书上明确记载的事，却在冥冥之中，彰显着因果报应的威力。

杨坚和独孤伽罗在仁寿宫，快快乐乐地休养了几个月。有一天，杨坚在宫中散步，突然遇见了一位年轻女子，长得是闭月羞花、沉鱼落雁，五十四岁的杨坚像喝了鹿血一样，一冲动就给临幸了。

临幸完了之后，杨坚还觉得不过瘾，便天天和该女子腻歪在一起。

按说在皇权社会，皇帝想宠幸谁，那是人家的自由和权力，谁也管不住，但这事偏偏就巧了。

首先是这个女人的来历很奇特,她刚好是尉迟迥的孙女。尉迟迥大家还记得吧,就是杨坚篡周后,起来反叛的那个前朝大将。

尉迟迥被杨坚所杀后,他家族的很多人也被杀了,但他这个孙女因为年龄小,就惩罚她到宫中干苦力。谁知道,这姑娘越长越好看,机缘巧合之下,竟然被杨坚给看上了。

杨坚心也挺大,杀了人家爷爷一家人,还临幸人家,也不怕这小姑娘哪天趁他不注意宰了他。

其次是,在此之前,杨坚虽贵为皇帝,但因为和独孤伽罗"情比金坚",他并没有宠幸过,或者说是没有明目张胆宠幸过其他女人。

这次也不知道为什么,杨坚偏偏就宠爱上了尉迟迥的孙女,并且毫不克制。

这让五十一岁的独孤老太醋意大发,然后这位独孤皇后办了一件非常剽悍的事情——她趁着杨坚去上朝,派人把尉迟迥的孙女给杀了。

虽说更年期的女人惹不得,但中老年成功男人也不是好惹的,可想而知,杨坚知道这事之后该多么生气。在清宫戏里,这时候皇帝肯定会把皇后打入冷宫,但杨坚并没有这么做,而是一个人生闷气。最后实在气不过,竟然找了匹马,离家出走了。

很多人讲到这一段的时候,都说杨坚之所以离家出走,原因是不敢得罪独孤伽罗,因为人家属于关陇集团,权势很大,杨坚得罪不起。

但实际上这种说法明显站不住脚。独孤伽罗他们家,在北周的时候,都被权臣宇文护给杀得差不多了。独孤伽罗还是靠着杨坚老婆的身份才没有被杀。独孤家早就败了,怎么可能在隋朝时,还势力大到皇帝都不敢得罪?权臣宇文护都能杀她全家,皇帝杨坚就没这权力了?

另外,那个关陇集团也是个比较扯的概念,虽然它对皇权有一定威胁,但根本没大家想的那么大,并且它也不是一个有凝聚力的团体。

杨坚为何气得离家出走，而没直接废了独孤伽罗，只有两个原因。第一是他们真有感情，几十年风风雨雨，杨坚还是爱老婆的。

第二个原因也很重要。杨坚一共就十个孩子（五男五女），而这十个孩子都是独孤伽罗生的。面对这种事，杨坚能怎么办？废了她？肯定不现实，十个孩子都不会愿意。

可以参考当年司马懿和张春华的例子。有一次，司马懿病了，张春华去照顾，司马懿不但不领情，反而对她破口大骂："老物可憎，何烦出也！"张春华听后，异常羞愤，要绝食自尽。

张春华的儿子司马师和司马昭，看母亲绝食，就跟着绝食。司马懿这才给张春华道歉。但出了门就对人说："老物不足惜，虑困我好儿耳！"

所以，关于历史的事，不能人云亦云，得好好翻翻史料。像杨坚这样的英主，怎么可能那么厕。独孤皇后之所以敢这么做，大概率就是仗着有儿子、女儿们给她撑腰罢了。

左仆射高颎和右仆射杨素，第一时间知道这事，于是，他们骑着马就赶紧去追。万一皇帝在路上出了差错，那可怎么办。

大家想象一下，五十四岁的皇帝骑马在前面飙，五十四岁的高颎和五十一岁的杨素骑马在后面追，那场面有多么搞笑。

三个人你追我赶，一直深入山谷二十里，后面两位才追上杨坚。俩人对杨坚是一阵苦劝，好话说尽，但杨坚仍然没有消气，还仰天长叹："朕贵为天子，却连自由都没有，哪个皇帝像朕这样命苦？"

高颎也觉得皇后太过分了，就随口劝了句："陛下，您得保重身体啊，岂能因为一妇人而轻天下？"

总之，这两位又劝了半天，杨坚的怒气终于下去了一点，但他仍然在山中待到了后半夜，才和高颎、杨素回宫。

看到杨坚那么晚才回到仁寿宫，独孤伽罗终于意识到了问题的严重性，连哭带爬向杨坚请罪。高颎和杨素也在一旁使劲劝他俩和解，折腾了快一宿，杨坚才彻底原谅了独孤皇后。

俩人虽然表面和好了，但这件事引发的后果却很严重。

没过几天，杨坚就又找了原陈国贵妇蔡荣华（年龄不详）和公主陈宣华（二十二岁）宠幸，而且仍然光明正大，明摆着要气死独孤伽罗。

独孤伽罗再也不敢说些什么，只能听之任之。但在此之后，她的心态便发生了严重的扭曲，觉得全天下所有对大老婆不好，或者她自认为对大老婆不好的男人都是"渣男"。

其中，第一个被她定性为"渣男"的人，就是对自己家忠心耿耿、不离不弃的高颎。

原来杨素将高颎劝杨坚时所说的那句"岂能因为一妇人而轻天下"告诉了她。

独孤伽罗听完之后，觉得"一妇人"这个词非常刺耳，而且凭什么"天下"比"自己"重要。所以，她觉得杨坚不爱自己了，全都是高颎的错。

这锅高颎背的是真冤，但又能怎样呢。谁让你不明白，情侣吵架时，旁人少劝的道理。另外，即便是劝架，也需要技巧啊。

夫妻二人吵架，外人劝架时，一定要遵循"劝和不劝分"的原则，因为如果以后人家和好如初，两人都会记着你的好。如果两人分手了，他们也会记着你的"努力"。

但你要是劝人家分手，最后人家却和好了，两人都会看你不顺眼。这就是古人说的"宁拆十座庙，不毁一桩婚"。里面既有劝人向善，也有为人处世的技巧。

另外，劝架时千万不能为了帮着自己的朋友，而诋毁对方。否则两个人和好后，你的脸往哪搁？

高颎很明显犯了第二个错误，而且还是当着政治宿敌杨素的面犯下这样的错误，被独孤伽罗这个醋坛子嫉恨自然理所当然。

紧接着，高颎又"被犯"了一个"错误"，啥叫被犯？就是独孤伽罗觉得是错误的错误。

前几年高颎的大老婆死了，当时独孤伽罗还非常信任高颎，便给杨坚说，帮忙再给高颎娶个大老婆。杨坚觉得很有道理，就去征求高颎的意见，高颎表示，谢谢皇帝和皇后的挂念，但自己年纪大了，身子骨折腾不动了。

独孤伽罗当时觉得自己真没看错高颎，他确实是个有情有义的汉子。但是，仁寿宫事件发生之后，高颎的小妾却生了一个儿子，本来是喜事，但到独孤伽罗那里却变成了"丧事"。

杨坚知道高颎晚年得子后非常高兴，要去给高颎贺喜，结果独孤伽罗却开始吹耳边风："当年陛下说给他娶个大老婆，他说不想娶，现在却生了个儿子，这说明啥？说明他当年是因为宠幸小妾，才不愿意娶大老婆的，你说说，这是不是欺君之罪？"

女人嫉妒起来，思维逻辑真的是让人想不通，这都哪跟哪啊？可见，无论怎样理智的女人，在面对爱情时都会变得糊涂起来。

从此之后，独孤伽罗是怎么看高颎怎么不顺眼，一心想把高颎给除掉。

第二个被她认为是"渣男"的男人，竟然是她的大儿子，当时的太子杨勇。

史书记载，杨勇十分好学，诗词歌赋样样精通，而且生性宽厚仁慈，温和厚道。杨坚登基之后，便被立为了太子，国家大小事务都会让他参与决断，在此期间他提出过很多建设性的意见，杨坚对他也是赞叹有加。

照这样的情况发展下去，杨勇继位肯定不是问题，而且人概率还会是一代明君，将隋朝这家"企业"继续做大做强。

但是，杨勇有个"小毛病"，就是宠爱小妾云氏，而不喜欢正室元氏。

在古代，这本来是一件司空见惯的小事，因为贵族之间的联姻基本都是政治的产物，婚姻双方根本没有主动权。俩人面都不用见，只要双方父母觉得门当户对，可以结成利益共同体，事就成了。这样的婚姻注定女方大概率不会受到宠幸。

独孤伽罗本来也不在意杨勇喜欢谁，从581年杨勇被立为太子，到595年，这十五年里，母慈子孝一片祥和。

但是仁寿宫事件发生之后，母慈子孝就变成了鸡飞狗跳。独孤伽罗开始觉得太子和他爹一个货色，是个彻头彻尾的"渣男"。

刚好，没过多久，杨勇的正室元氏因为不受待见，得病死了。独孤伽罗疑心病就越来越重，竟然开始怀疑是太子在背后捣的鬼，还派人暗中调查。

而且这几件事还被坐镇扬州的杨广知道了，从此便彻底激起了他的野心。一场改变隋帝国命运的夺嫡之争，就这样拉开了序幕。

回看590年到595年这段时间发生的事情，你会发现，冥冥之中，似乎有种神秘的力量在控制着一切。

1.高颎和苏威把李德林赶下台，以为终于获得了胜利，不承想却迎来了最大的对手杨素。

2.杨素恩将仇报，想除掉高颎，结果聪明反被聪明误，自己被骗到了岐山当了几年监工。苏威趁机又回到权力中心，高颎派再次大获全胜。

3.高颎想乘胜追击，对杨素一击毙命，但杨素却拉来了独孤皇后为自己顺利解围，并为高颎以后的悲剧埋下了伏笔。

4.杨素为修宫殿使几万民夫命丧黄泉，本是罪孽深重。但独孤皇后却聪明一世，糊涂一时，放弃了正义，选择了贪欲，到最后却害了自己。

5.杨坚杀了尉迟迥，但他的孙女却在几十年后，阴差阳错之间改变了大隋帝国的命运。

6.仁寿宫寓意"尧舜行德，则民仁寿"。结果却一点也不仁，也不寿，弄得民不聊生，还间接断送了杨家江山。

这种神秘力量是什么，古人已经帮我们总结为了两个字——报应。

报应，你站在封建迷信的角度看，那就是举头三尺有神明，种什么因就得什么果，老天是公平的。

但站在科学的角度看，它也是有一定道理的。

你的行为决定了事情的结果，你一直做好事，那么你周围的好人就会越来越多，汇集的正能量就越来越多。你一直做坏事，那么你周围的坏人就会越来越多，负能量也就日益增加。

也许你运气很背，正能量很多但依然生活拮据。也许你运气很好，负能量很多，但依然过得有声有色。但是量变引起质变，这种正负能量往往还能影响到下一代，总有一天它会结出相应的果实。

历史已经无数次证明这种规律的存在，也将继续证明它的存在。

十七、献王八，杨广要夺嫡

我们经常会遇到这样一种人，在某个时期之前和之后简直判若两人。

例如有些人，穷苦的时候，与人为善、乐于助人；有钱了之后，却为非作歹，不干人事。有些人婚前积极阳光、勤奋友爱；婚后却好吃懒做，甚至家暴频频。杨广就是属于这种前后判若两人的人。

在二十四岁（595年）之前，他大抵算得上一个有明君潜力的人。

年少时，他便酷爱诗词歌赋，写得一手好诗，但和大部分亡国之君的靡靡之音不同，他的诗大部分都大气磅礴，其中有几首诗，更是被人称赞为有曹操的风骨。例如下面这两句：

> 肃肃秋风起，悠悠行万里。
> 万里何所行，横漠筑长城。

杨广的好诗还有很多首，他在我国诗歌史上，有很重的分量。

杨广不仅有才，一开始他还很仁义。十八岁时，杨坚和几个儿子们去观看打猎比赛,很不巧比赛中途下了大雨,仆人们赶紧给皇子皇孙们拿来雨衣,但是杨广却不要,说将士们衣服都被淋湿了,还没穿雨衣,自己怎么能穿。杨坚看了很是欣慰,对他是从头夸到尾。

平陈战役中,二十岁的杨广作为总指挥,虽说只是摆设,军中大小事务都由宰相高颎定夺。但是,能够清楚地认识到自己的能力不足,而不盲目自大瞎指挥,其实也是一种能力。

江南平叛中,二十一岁的杨广作为扬州总管,配合另一位宰相杨素平叛,虽说没有在战争一线,但能做到粮草供应有度,也算是一种能力。

政治上,590年到595年这六年里,杨广也很有一番作为。

他命令把南陈的奸臣们全部斩杀,又命令将士们不得劫掠,把南陈的府库全部封存,金银财宝全部运回长安。既赢得了南方士族的好感,又让杨坚颇为感动。史书对他这一时期的评价是:"不好声色,作风简朴,礼贤下士,谦恭谨慎。"

既然杨广这么好,那上文为什么还说他"大抵"算得上一个有明君潜力的人?

这还得回到平陈战役之中。589年正月,隋朝名将韩擒虎、贺若弼攻入建康城之后,高颎在杨广的前面也进了建康。杨广急忙派人告诉高颎:"听说陈叔宝的皇后张丽华非常漂亮,请高公一定手下留情,交给我处置。"

高颎听到后,不但没有手下留情,还立刻斩杀了张丽华,并让使者对杨广说:"周武王灭殷商,杀死妲己。如今平定陈朝,不应该娶张丽华。"

为此杨广很不高兴,不过表面上还是相当客气,对手下说:"以后我会好好报答高公的。"当然,这个报答得加个引号。

从这件事上便能看得出来,杨广的几个性格弱点。

1.陈朝的灭亡绝对有张丽华的一份功劳,这样的女人杨广还想娶,这叫好色。

2.陈朝灭亡后，作为三军统帅，首先做的不是安抚将士、陈朝旧臣，而是想着一个女人，这叫不知轻重。

3.高颎对他好言相劝，却被记恨，这叫气量小。

事实上，这种性格陪伴了他的一生，并在他当皇帝之后越来越严重，最终才导致了隋朝的灭亡。

现在，我们继续回到595年。

在得知仁寿宫事件所引发的一系列反应之后，杨广很纠结。从平定江南到现在已经五年了，这五年里他励精图治、尽心尽力。对上，孝敬父母，连对父母派过来的使臣都毕恭毕敬。对下，对得起百姓，把江南治理得颇有成效，不仅赢得了江南士族的肯定，也得到了江南百姓的爱戴。

夸赞他的人越多，他就越觉得自己受到的不公越多。

都是皇子，凭什么出生得早一点就能成为下一任皇帝？而不是凭能力上位？

论武功，自己二十岁平定江南，二十一岁再平叛乱，而太子有什么？

论民生，这五年里江南年年丰收，人民安居乐业，而太子有什么？

太子除了有父皇杨坚的支持以外，好像什么也没有。凭什么下一任皇帝是杨勇而不是自己？

所以，他要夺嫡，他要让世人看看，他，杨广，一样有治理天下的能力，而且会比所有人都治理得更好。

但是，夺嫡就意味着血雨腥风，就意味着对不起父母和哥哥，就意味着会被载入史册遭万世唾骂。真的要这样做吗？

万一失败了怎么办呢？

被囚禁，被斩首吗？

退一步就能安安稳稳地度过荣华富贵的一生，进一步，就有一半的风险会死无葬身之地。

安逸还是风险？大道还是悬崖？

权力、不忿、道德、风险……所有这些在杨广的脑里子飞速地转动着。

他一会儿惊喜，一会儿害怕，一会儿愤怒，一会儿内疚。

实在是太难抉择了。

当一个人犹豫不决的时候，下一步肯定就是找人商量一下。杨广百般纠结之后，找来了心腹郭衍和宇文述。

郭衍，三国时期魏国名将郭淮的后代，就是那个在西边天天和诸葛亮、姜维干仗的郭淮。

传至隋朝已历九世，但他们家依然牛气。郭衍在北周就是将军、公爵。杨坚政变中，郭衍又站在了杨坚这边，又是打尉迟迥，又是打陈国。陈国灭了之后，他任江西总管，杨广是其直属领导。

宇文述原姓"破野头"，一听就知道是个胡人。他的祖先曾是鲜卑宇文部酋长的仆人，后来改为宇文姓。也不知道从哪一辈开始，他们家就开了挂，到他父亲那一辈，已经混到了大贵族——北周上柱国，和杨坚、李渊他们家差不多。

杨坚政变后，他也站在了杨坚这一边，又是打尉迟迥，又是灭陈国，屡立战功，是个影响了隋帝国后半段的大人物。

两个人见到杨广后，郭衍先开口说了话，但出的是个馊主意：必须争太子之位，如果事成，可夺天下；如果事败，也可以割据江南，百利而无一害，可以一试。

为什么说是馊主意呢，还记得杨坚篡权后，湖北安陆总管司马消难准备反叛时，谋士跟他说的话吧。

司马消难："反不反？"

谋士："反！"

司马消难："为什么？"

谋士："打不过还可以跑嘛，南边还有个陈国！"

司马消难："好，那就反了！"

然后司马消难就反了，结果跑到陈国后，陈国又被隋朝给灭了……

还没干，就想着跑的人，最后肯定成功不了。

正如兵法所言："军有归心，必无斗意。临战而思生，则战必不力。"

并且，在太平盛世，哪里有夺嫡不成功还能割据一方的案例？所以，郭衍这话等于白说，也就能给杨广增加点勇气而已。

幸好，杨广身边还有个脑子灵光的宇文述，他一张口，就提出了实操性很强的意见：

"大王现在身居扬州，距离京城太远，想得再多也没有用。大王可以用汇报工作的名义速速进京，见机离间'二圣'与太子的关系，则大事可成。"

停顿了下，他又接着说："臣愿意鞍前马后，与大王共同进退。"

看看人家这水平，前一句提出实操性很强的办法，紧接着就表忠心，让领导放心。这种人，不得到宠爱才怪。

但历史有时候也挺奇怪，宇文述在扬州拉开了杨广夺嫡的序幕，二十年后，他儿子宇文化及，又在扬州要了杨广的性命。

听到两位心腹的鼓励，杨广终于下定了决心，人生在世，不就是活个过程么，与其窝窝囊囊地憋屈一辈子，倒不如轰轰烈烈地干一阵子。于是，杨广立刻让人起草奏折，准备回京事宜。

过了几天，杨广又突然想到一个问题，怎么旗开得胜立刻赢得父母的欢心呢？好像只能送礼物，但是送什么礼物好呢？

如果是奇珍异宝，一向朴素勤俭的杨坚肯定要责备杨广。但如果礼品一般，又达不到让父母一见欢心的目的。

正在他左右为难的时候，只见宇文述提着一个木桶匆匆忙忙赶了过来。

见到杨广后，宇文述上气不接下气地说："大王，王八！"

杨广瞬间蒙了，心想："老述，你脑袋被王八咬了，敢骂本王？"但是等看到桶里的东西后，杨广态度一百八十度大转弯，哈哈大笑。

原来这桶里放着的，是一只王八，而且还不是普通的王八，而是一只绿毛龟，史书记载："龟千年生毛，是不可得之物也。"但其实没那么玄乎，就是龟背上长了水藻。

但在当时，这玩意儿可代表着吉兆，隋唐时还属于宫殿里的五大宝物之一。送给皇帝这样的礼物，实在是再合适不过了。

于是，杨广急忙带着老婆萧氏（原西梁公主）、宇文述等人，以及一只绿王八上路了。在路上，他们商量了几个对策：

1.杨广和老婆萧氏先去讨好杨坚和独孤伽罗，试探一下他们的态度。

2.宇文述去收买太子身边的人，找到太子的污点，给杨坚打小报告。

3.拉拢更多盟友，人多力量大。

4.让郭衍在江南暗中打造兵器，招募人马，万一事情不成，就发动兵变。

两个月后，他们便到达了京城，一切都开始按计划行事。

十八、嫉妒成狂，独孤皇后认定太子是"渣男"

到达京城长安后，杨广很快便打听到了太子杨勇的一个"污点"——太子府有一件镶满珠宝的铠甲。

这算污点吗？以绝大部分人的眼光看，都不能叫污点，贵为太子，有件珠宝铠甲又怎么了。但别忘了，杨坚是一个非常节俭的皇帝，宫中嫔妃都不能穿丝绸衣服，更何况珠宝铠甲。

杨广把"绿王八"献给了杨坚和独孤伽罗，俩人非常感动，觉得这"绿王八"是人间珍宝，它的出现，是老天爷对自己治理天下的肯定。

见"二圣"正高兴，杨广便趁机打哥哥的小报告："绿王八不足为奇，我在江南的时候，就听说太子那里有一件镶满珠宝的铠甲，那才是真正的宝物。"

杨坚一听，脸便阴沉了下来，立刻派人去调查。结果自不必说，于是，杨广把太子狠狠批了一通："朕以前穿过的衣服，还都留着，经常拿出来看一看，警诫自己，一定要勤俭节约，谁给你铺张浪费的胆子？"

太子听罢，连忙磕头认错，但是杨坚仍然没有消气，最后还莫名其妙来了一句："今天我赐给你一把腰刀，希望你能明白我的心意。"

杨坚啥心意？史书上没有记载。

但是显而易见，这是一个很危险的信号，因为在古代，皇帝赐给臣子刀剑，要么是代表着荣誉，例如尚方宝剑；要么代表着让臣子去死。

现在杨坚赐给杨勇腰刀，肯定不是代表着荣誉，但肯定也不会让他去死。

所以，我们可以大胆猜测，他大概是在告诫太子，别瞎胡闹，我既能捧得起你，让你做太子；也能压得住你，甚至可以让你去死。

可能很多人都会觉得杨坚有点小题大做，太过严厉了。事实上，这就是杨坚的性格，在此之后，我们还会经常看到，杨坚对每一个儿子都是又冷酷，又无情，铁拳随时有可能往儿子们脸上招呼，是一个标准的虎父。

杨勇战战兢兢地接受了训骂，不敢有半点反驳，他觉得几十年的父子情，肯定不会因为这一件事，而有什么改变。

是的，一件事改变不了杨坚的看法，但很多事呢？

看到太子被训斥后，杨广决定再接再厉，让"坑亲哥"的事业再上一层楼。

紧接着，他便又带着老婆萧氏天天去见独孤皇后，一面和老妈增进感情，一面秀恩爱，刺激老妈本就脆弱的神经。

这招实在是太厉害了，一把又一把的狗粮撒过来，独孤皇后很快就受不了了。

丈夫杨坚，不敢再惹。陈宣华和蔡荣华，她也不敢打。于是，她心中的怨气越积越多。

时间一长，独孤老太的心理开始越来越变态，只能将怨气往太子杨勇身上发泄。

她再次表示，严重怀疑太子大老婆元氏，是被小妾云氏给弄死的，可惜一直没调查出证据。

杨广知道自己的机会来了，赶紧给他妈出了个主意：他愿意替母亲收买太子身边的人，暗中收集云氏的罪证，好为死去的元氏讨回公道。

独孤老太竟然觉得这是个好主意。可见此时，她的心理已经变态到什么程度了。把自己的不如意，发泄到亲儿子身上，本就已不配作为人母了。现在，竟然又下作到去收买亲儿子的身边人。

于是，"黑产"一条链便形成了。

杨勇身边被收买的人，负责添油加醋打小报告。

杨广作为中间商，负责继续添油加醋向上传达。

独孤老太作为"三道贩子"，继续添油加醋，天天在皇帝杨坚旁边吹耳边风。

当然，杨勇这边也没有闲着，他很快就察觉到了"二圣"对自己态度的变化，又很快调查出了是杨广在背后捣鬼。

于是，他也找来了亲信明克让（著有《隋书本行》）、姚察（著有《梁史》《陈史》）等人，商量对策。

但是，这些人写文章虽然厉害，搞阴谋却很不在行。议论了半天，不知道如何是好。背后阴人的手段，这些文人看不上。无奈之下，杨勇只好让儿媳以回娘家的名义，去询问高颎如何应对。

高颎不愧为老狐狸，写了一张纸条，让女儿带了回去："江南水灾，情势紧急。"

把你赶出京城，看你还能闹出什么动静。杨勇立刻找人写奏折，上报皇帝杨坚。

事情果真如高颎所料，杨坚看到奏折后，立马把杨广打发了回去，主持大局。

杨广这下蒙了，刚刚有点进展，现在就回扬州，无疑是前功尽弃，万一回去后，杨坚驾崩了，杨勇登基，自己岂不是要完蛋。

但是，又不能不回，怎么办呢？他左思右想，终于想到一个办法。

他抱着独孤老太的大腿就是一通哭，表示自己在扬州时，就十分想念父母，好不容易回来一趟，想和父母多待一些日子。

经过这段时间的相处，独孤老太对杨广已经疼爱到了骨子里，看到杨广哭成这样，自己也禁不住老泪纵横。

杨广又趁机在独孤伽罗面前，狠狠地告了杨勇一状：

"孩儿不知犯了什么错，前几日，东宫人密报，让我回扬州，就是大哥的主意，他要趁机杀了我，请母亲一定要为我主持公道。"

独孤老太连派人调查一下都没有，转哭为怒，大骂道："我让你大哥娶元氏为妻，希望他能够振兴大隋基业，可是他竟然一味地宠爱云氏，让元氏跟嫁了猪狗一样。之前元氏被他毒死，谁知道他今天又想害你！"

独孤老太越骂越激动，又哭了起来，哭完接着又说："我还活着，他就敢为非作歹，我死后，他岂不反了天。为娘一定替你向父皇求情……"

好在杨坚此时还算英明，没有相信独孤老太的话，反而催促杨广快点离开。

杨广非常灰心，觉得大势已去，临走前又去找杨坚和独孤老太哭了几次，但却被杨坚骂了一通："大丈夫志在四方，岂能为一家团聚而放弃天下百姓？"

就这样，杨广走了，带着伤心和失望离开了京城。

杨广和太子杨勇之间的第一场较量，以杨广的失败暂时告终。

但是，就在杨广上路之前，宇文述又给杨广出了个主意。

他先是拍马屁说："大王以仁孝著称，才能盖世，数次领兵作战，深有大功。皇帝和皇后都很喜欢大王。"

接着他又给杨广打气."但是，废立之事，属于国家大事。想让皇帝和太子闹翻，不是一朝一夕就能成功的。"

最后，他又给出了解决方案："大王回扬州后，继续励精图治，我可以留在京城，当大王的耳目。我和杨素的弟弟杨约关系很好，今后，我会设法取得杨素的信任，让他也助大王一臂之力。"

这就是水平。截至目前，宇文述就出来了两次，但是人家每一次讲话，都能在三言两语之间，摆事实，讲道理，还给出了解决方案。这种水平，真让人难以望其项背。

不过，这还不是最有水平的，他下面的表演，才真的是让人拍案叫绝。

杨广走后，宇文述便天天去找杨约，用公款吃吃喝喝。男人嘛，再陌生的人一起喝两次酒，都能成为朋友，这俩人也不例外。

宇文述看到时机成熟，就把杨约叫到了家中喝酒。俩人喝得迷迷糊糊的时候，宇文述又把杨约带到了书房，让杨约替自己鉴赏一下最近收到的一些宝贝。

杨约顿时两眼放光，表示鉴赏古玩自己是个行家。

宇文述则表示坚决不信，他要能看出这些玩意儿的年代，就免费送给他，要是看不出来，那就罚酒一杯。

天下竟然有这样的好事，杨约不由得大喜过望，准备把宇文述猜破产。结果毫无悬念，他连续猜中了十几次，得到了十几件宝贝。

就在杨约得意忘形的时候，他终于意识到了问题好像没这么简单。

宇文述这才说出了真实意图："这些宝物都是晋王赏赐，让我送给杨公的啊。"

杨约不由大惊失色，表示自己承受不起，要退还给宇文述。但宇文述的回答堪称经典之中的经典，大家可以品读一下。

他先讲大道理："夫守正履道，固人臣之常致，反经合义，亦达者之令图。"

翻译一下就是：按常理出牌是对的，但是，出奇制胜，牛人也经常干。

接着他又吓唬杨约："自古贤人君子，莫不与时消息，以避祸患。公之兄弟，功名盖世，当途用事，有年岁矣。朝臣为足下家所屈辱者，可胜数哉！又储宫以所欲不行，每切齿于执政。公虽自结于人主，而欲危公者固亦多矣。主上一旦弃群臣，公亦何以取庇？"

意思就是说：自古以来，识时务者为俊杰。你哥很厉害，但是肯定也得罪了很多大臣。另外，当今太子也一直痛恨你哥瞎胡弄。虽然你哥和皇帝关系好，但是皇帝要死了，你哥咋办？

然后，他又给杨约指出了一条明路："今皇太子失爱于皇后，主上素有废黜之心，此公所知也。今若请立晋王，在贤兄之口耳。诚能因此时建大功，王必镌铭于骨髓，斯则去累卵之危，成太山之安也。"

翻译一下就是：你知道，当今皇后不喜欢太子（这个是真的），皇帝也有废立太子的心（这个目前为止还是瞎说）。假如你哥协助晋王，以后晋王当了皇帝，你哥还可以继续安稳地过日子。

第一段讲大义，古人都是这样干的，你们不要有心理负担。

第二段吓唬人，你们要不这样做，将来会死无葬身之地。

第三段指明路，来吧，晋王等着你们呢，你们要不干，等晋王登基了，弄死你们。

短短百十个字，又拉拢，又吓唬，又讲理，杨约很自然地就被宇文述糊弄住了，回去之后，就赶紧劝他哥站到杨广一边。

杨素在和高颎的争斗中，刚败下来不久，正愁无从下手，杨广便递来了梯子，于是，他二话不说便答应了。

但是杨素显然比杨约有脑子，他还留了一个心眼。不能只听宇文述一个人瞎说，万一是假的就不是坑爹了，而是会坑了全族。于是，他想了一条计策，准备测试一下"二圣"的态度。

一次，在群臣的宴会上，杨素故意提起了杨广，夸赞杨广智勇双全、谦恭仁孝，很像皇帝杨坚。

独孤老太一听提到杨广，便思子心切，又哭了起来，说道："你说得对啊，杨广真的很孝顺，每次听说皇上与我派的使臣到了扬州，他必定到边境迎接。一说要离开我们，他就哭着不想回扬州。他的妻子萧氏也很懂事，我派的婢女去了，她还经常与婢女们一起睡觉、吃饭，哪里像太子的小妾云氏，一点也不懂规矩。哎，只是可惜了，杨广这么好的孩子，还得时常担心会被人给暗杀了。"说完，独孤老太又哭了起来。

如果不是史书如此记载，谁敢相信，这是一个母亲当着群臣的面所说的话？

作为臣子，在两个皇子中间站队，情有所原。但作为一个母亲，怎么能如此偏心？

在群臣的宴会上，竟然说出这种话，这不是向所有大臣表明了自己的立场吗？这不是要置杨勇于死地吗？

独孤老太，你做的是否太过分了？

就算不看好杨勇，也没必要去恶意中伤他吧？

独孤伽罗被称为我国古代很有作为的皇后，她难道不明白，太子一旦被废，大概率就要被杀？即便不会被杀，也肯定要被囚禁终身，暗无天日。

明知太子的下场会如此惨烈，竟然还是如此偏心，这不是将亲儿子往火坑里推吗？

此事之后，全天下的人都知道皇后不喜欢太子了。于是，朝臣们开始纷纷站队杨广，这其中就包括苏威。

只有高颎、虞庆则、贺若弼、史万岁等一众老臣，仍然站在了太子杨勇这边。

但是，再多的老臣也比不过枕边风。

在独孤伽罗和杨素的不断挑唆之下，杨坚对杨勇的意见也开始越来越深。

可能会有人问，难道就凭独孤皇后和杨素不间断的谗言，就能改变皇帝杨坚的想法吗？

是的，真的能！别看"多劝几次"这种方法笨，但真的十分有效。

而刚好，杨坚又是一个比较听老婆话的男人。

据史书中记载，在仁寿宫事件之后，独孤伽罗跟疯了一样，开始嫉妒每一个人。满朝王公大臣，只要有谁的小妾生了孩子，独孤伽罗就会认为该大臣是"渣男"，然后劝说杨坚训斥他们，而杨坚大部分时间也都会同意。

"后（皇后）见诸王及朝士有妾孕者，必劝上（皇上）斥之。由是讽上黜高颎，竟废太子，立晋王广（杨广），皆后（皇后）之谋也。"

家里有个嫉妒成狂的疯子，还有人给疯子打配合，他俩做出什么举动，都不出奇了。

但是吧，杨坚也没有彻底地成为糊涂蛋，他还知道太子之位是国家的根本，不能轻言废立。

几番纠结之后，他想到了自认为很高明的方法——让神僧给五位儿子看相。

当年，杨坚让李德林为其算卦，得了天下。现在他找神僧给儿子们看相确定继承人。这样说来，杨坚倒也挺专一，始终不信自己，而是相信鬼神。

这位神僧神不神不知道，但肯定不傻。

这种局势下，明摆着是杨广占优。于是，神僧自然而然地站在了杨广那边。

但神僧真的很聪明，他们没有直接说杨广以后会当皇帝，而是说，杨广还将更加富贵。

比王还富贵的是啥？不用多说，就是天子。

所有人都在投机，母亲是个疯子，父亲是个不合格的疯人院院长，杨勇做了十五年的太子，瞬间变得岌岌可危。但也就是在此时，老天却向他露出了短暂的微笑。

十九、大隋三乱，老天间接救太子

老天第一次向太子露出微笑是在596年。

当年，并州（今山西太原）发生大蝗灾，西南羌和桂州相继发生了叛乱。

左仆射高颎趁机让主管天象的官员上书，天灾人祸同时出现，是因为太子之位不稳的原因。

杨坚这人一向迷信，到后期更是越来越迷信，所以觉得主管天象的官员说得很有道理，便搁置了废立太子的事情，立刻派人去赈灾和平叛。

杨坚让他的外甥李渊（后来的唐高祖）到太原赈灾；让上柱国王世积讨伐桂州；派第五名将史万岁讨伐西南羌。

一年之后，即597年，桂州叛乱很快被平定了。但是，西南羌和太原这边却出现了意外。

一个将史万岁往火坑里推了一把，一个将太子往火坑里推了一把。

史万岁在西南转战数千里，破西南羌族三十余部，俘虏了两万多人，西南羌首领爨翫（cuàn wán）被打得屁滚尿流，急忙给史万岁献上金银珠宝，表示愿意投降。史万岁大喜，立刻派人上报了杨坚，表示可以带上爨翫回京赴命，杨坚当即就同意了。

但是，爨翫听说要去长安时，立马不干了。云南四季如春，天高皇帝远，自己当土皇帝多好，去长安那不就是当人质么。

就在爨翫进退两难的时候，他的儿子爨宏达给老爹出了个建议：贿赂史万岁。

史万岁聪明一世，糊涂一时，可能也觉得天高皇帝远，杨坚不会知道此事，于是，史万岁就接受了贿赂，把爨翫给放了。

但是，好事不出门，坏事传千里。杨坚虽然不知道此事，在四川镇守的杨坚的四儿子杨秀却知道了。

杨秀也是个小财迷，没有第一时间上报杨坚，而是派人去找史万岁分赃。如果是贪污受贿老手，估计会给杨秀一些回扣破财免灾，剩下的则分给手下一些，自己留一部分。

但史万岁估计是第一次办这种事，他十分害怕，竟然当即决定，搞了个死无对证，把所有的钱财全部沉入了江底。只是不知道沉入了哪条江，不过估计当地会有民谣，有心的朋友可以去西南地区打听一下。

于是，杨秀和史万岁就这样结下了梁子。

结果史万岁刚刚撤军，第二年，爨翫就又反了。杨秀趁机将这件事报告给了杨坚。杨坚很生气，后果很严重，找来史万岁对证。

但是史万岁死鸭子嘴硬，就是不承认，气得杨坚要杀了他，他才赶紧下跪求饶。

宰相高颖和左卫大将军元旻急忙为他说情，杨坚这才饶了他一命，将他削官为民。不过一年后，杨坚又恢复了他的官爵，让他去西北当封疆大吏去了。

别说杨坚不会用人，其实对于皇帝而言，根本不在乎这种重臣贪财。例如秦始皇派王翦去打楚国时，出征途中，王翦连续五次派人回京，向秦始皇要赏赐。秦始皇才觉得，王翦这老家伙贪财，而不是贪权，值得信任。

但是，这件事给史万岁一个错觉，他以为杨坚不会舍得杀他。而这种错觉，让他后来付出了惨重的代价。

如果说史万岁是自作孽不可活的话，那么太原这边就有点邪乎了，好像是冥冥之中有股力量，非要把太子搞死不可。

李渊到达太原后就发现，并州蝗灾并不是要废太子所导致的，而是杨坚的第三个儿子秦孝王杨俊在当地不顾百姓死活，收放高利贷，大肆营造宫殿，才让蝗灾加剧的。

于是，他也不敢隐瞒，就将事实上报给了杨坚。

杨坚听后大怒，将杨俊召回了京城，削了他的官职，让他在王府反省。另外还有一百多人因此获罪。当然，必须包括那个乱说天象的官员。

杨俊被处理之后，更加堕落了，天天逛青楼。王妃崔氏心生嫉恨，便给杨俊下了毒，结果差一点把杨俊给毒死。

大臣们觉得杨俊有点惨，便向杨坚进谏，请求对杨俊宽大处理。

可是，杨坚不但拒绝了大臣们的请求，反而派人去向杨俊再次问罪："我努力奋斗，创此大业，定制法律，想让臣下遵守。你是我的儿子，却败坏了法律，你说，我该怎么惩罚你？"

杨俊听了之后，又惊又吓，不久便死了。

作为一位父亲，如果孩子因为自己死了，哪怕是间接地因自己而死，恐怕都会内疚不已。但此时的杨坚，已不是一位普通的父亲，而是一位苛刻的君王。

不知道他是真的冷血无情，还是要向大臣们表明，他对待孩子其实是一视同仁，想要废太子，并不是偏心。所以，杨俊死后，他只是象征性地哭了几声，便下令把杨俊的奢侈品全烧了。

独孤老太更是个大奇葩，亲儿子死了，也没见伤心，没见痛哭，甚至都没见失落，而是一心想着废掉太子。

她赶紧趁机向杨坚哭诉，杨俊腐败，杨勇也腐败，杨俊好色，杨勇也好色，杨俊的妃子人品很差，杨勇的妃子人品也很差。杨俊落了个如此下场，不知道以后杨勇会怎样。

于是，杨坚便又起了废掉太子的心思。

但是，就在这危急时刻，老天又一次向太子露出了短暂的微笑。

597年年末，刚刚被平定的桂州乱民们又反了。598年年初，位于东北的高句丽也开始动作频频，大肆侵犯隋朝疆土。

一时之间，再次狼烟四起。

于是，杨坚也没心思去废太子了。

他让亲信虞庆则为行军总管率军去平定桂州；第五个儿子杨谅为行军元帅，高颍为元帅府内史，周罗睺（还记得吧，原来陈朝投降过来的水军大都督）为水军都督，共计三十万大军，兵分两路进攻高句丽。

桂州叛乱再次被迅速平定，但是回军途中，虞庆则运气不好。他让内弟先去京城报捷，自己则率军在潭州临桂镇休整了一下。

哪知道这个内弟竟然与他的爱妾私通，给他戴了无数顶绿帽子。虞庆则的内弟到达京城后，先和虞庆则的小妾来了一番云雨。事后，他觉得老偷情也不是长久之计，不如把小妾长期占为己有。于是，他没有报捷，而是反咬一口，诬陷虞庆则谋反。

杨坚竟然以此为由，丝毫不念其功劳，让人把虞庆则带回京城给斩了。

虞则庆谋反被杀这事非常蹊跷，史书上记载的原因，就是内弟诬告，但事实并没有这么简单，我们可以分析一下。

虞庆则会谋反吗？显然不会！

因为他深知自己的军事能力，以及高颍、杨素、史万岁、贺若弼等人的军事能力。这些人都还活着，他谋个啥反？

另外，他本已经位极人臣，妻子、孩子都还在京城，一大把年龄了，又怎么可能谋反？

所以，他没有一点谋反的可能。

那么，杨坚相信他会谋反吗？

肯定也不相信。

第一，虞庆则是劝杨坚篡位的第一人，对自己一向忠心耿耿。

第二，杨坚太了解虞庆则的军事能力了。这人的军事能力极其一般，打突厥时，表现很糟糕，他最多也就能平定个小叛乱。

第三，杨坚派人将虞庆则带回京城，虞庆则二话不说就回去了。这种人，怎么会谋反？

所以，杨坚肯定知道虞庆则谋反是假。那么，为什么还要杀他？

这里只有一种可能，他支持太子。

因为，就在虞庆则被杀的同时，前一年平定桂州叛乱的上柱国王世积，也被人诬告谋反，被杨坚杀了，而他俩的相同点却只有一个——太子党。

所以，**杨坚是想用他俩的脑袋，向大家表明自己要废掉太子的决心——挡我者斩。**

好了，现在让我们再回头，看一下杨坚对高句丽的用兵。

在出兵之前，高颎极力反对出征，并提出了三点原因。

1.天高路远，运粮不便；

2.高句丽虽然国小，但兵马强壮，一时难以拿下；

3.高句丽可以安抚，不必动用武力。

但是杨坚在军事上，少有的犯了糊涂，他就是不听，强令出兵。

结果，598年九月，连敌人的影子都没有见到，征战高句丽的两路大军，便因为水土不服，加上瘟疫蔓延，死亡大半无功而返了。

杨坚的自尊心很是受不了，这一点隋炀帝杨广和他很像。于是，杨坚准备再次讨伐高句丽。这时候，高句丽国王高元见势不妙，赶紧上表谢罪，自称"辽东粪土臣元"，杨坚这才挽回了面子，取消了对高句丽的征讨。

桂州叛乱和高句丽被平定后，杨坚再一次升起废掉太子的念头。但是，**老天第三次向太子露出了短暂的微笑。**

599年正月，"大忽悠"长孙晟再次成功离间了突厥的几位可汗，导致沙钵略可汗的继承者都兰可汗和达头可汗又心生怨气，断绝了朝贡，开始不断派兵侵扰隋朝边境。

杨坚不得不再次将目光投向边境，令高颎、杨素进攻突厥。

高颎追击突厥七百多里，俘获了几万头牛羊和几千个战俘，大胜而归。但在攻打突厥的时候，发生了一个小插曲。

一次战役中，高颎军少，上书杨坚增兵。独孤伽罗急忙让人诬陷高颎谋反。但是这一次杨坚没有像对待虞庆则和王世积那样，而是选择了相信高颎，他准备再给高颎一次机会。

杨素在此次战役中，再次展现了杰出的军事能力。以前隋军和突厥在草原上打仗，隋军都是将战车放在外围，配合步兵和骑兵作战。但是杨素却认为，这只是防守的打法，应该主动进攻，双方骑兵对冲。

达头可汗知道杨素的打法后，迅速膨胀了："呦呵，你们敢和我拼骑兵？不给你翻掌甩脸一马蹄，你都不知道我突厥骑兵的厉害。"

于是，达头可汗急忙率十万精锐骑兵与杨素展开了大对决。结果可想而知，遇见杨素那种不要命，不对，是不要士兵命的打法，谁能受得了？达头可汗被杨素一顿爆捶，损失惨重，自己身负重伤逃得一命。

在一连串的军事胜利之后，天下终于重归平静了。没有外患，也没有内忧。杨坚在独孤伽罗和杨素的撺掇下，又一次将目光转向了太子杨勇！

而这一次，杨勇再也没有老天的眷顾了。

599年正月初，杨坚命令杨广由扬州返回京城，开始帮助杨广树威。

令人啼笑皆非的是，599年正月二十八日，杨坚的外甥李渊生了一个儿子，取名"李世民"。

599年二月底，杨广前脚刚到京城，杨坚后脚就将太子杨勇的护卫换成了老弱病残。此时，废掉太子已是秃子头上的虱子——明摆着。

但是宰相高颎再一次挺身而出，向杨坚上书进谏。

杨坚将高颎召入皇宫，他看着眼前这位跟随自己至少二十年，战功赫赫、忠心耿耿的老臣，语重心长地问了句："太子无德，神僧说杨广必有天下，你说朕该如何是好？"

高颎知道杨坚已下定决心，如果他现在反对，很可能落得和虞庆则、王世积一样的下场。但是，他还是决定最后一搏，因为他的良心告诉他，不能换太子。

于是，他长跪不起，声泪俱下："长幼有序，怎么能因此废了太子啊。"杨坚沉默了很久，最后，还是挥了挥手，让高颎退下了。

杨坚给高颎的最后一次机会，高颎就这样给放弃了。当年六月，杨坚罢免了高颎的一切官职，令其回家养老。**贺若弼和刑部尚书薛胄、民部尚书斛律孝卿、兵部尚书柳述等人向杨坚求情，但杨坚却将贺若弼等众多官员，全部交由刑部问罪。**

高颎被罢官之后，太子杨勇已是噤若寒蝉。他知道，自己离被废已经不远了。

被逼无奈之下，他也只好迷信一把，按照道士所说，在后园做了间简陋的平民小房，房中摆了张用蓬草做的小床。他天天穿着粗布衣服，脸也不洗、牙也不刷，就坐在床上祷告，希望能够感动老天，或者是感动自己的亲生父亲、母亲。

这招很迷信，但是竟然真的起了作用。杨坚听说太子如此凄惨之后，竟然心生了一丝悲悯，他突然觉得对不起这个儿子。

昨天这个儿子还是意气风发、鲜衣怒马，现在却是心惊胆战、蓬头垢面。杨勇做了近二十年的太子啊，有什么大错吗？好像除了"好色"和做过一件珠光宝气的铠甲之外，并没有犯过其他大的错误，难道真的要废了大儿子吗？

杨坚越想越觉得对不起儿子杨勇，于是，他准备找一个人去看看太子。

伍

风云突变

二十、杨坚驾崩，大隋皇室乱成一锅粥

在这个决定历史转向的时刻，如果太子杨勇运气好的话，杨坚可能会找一个太子党。如果杨勇运气一般的话，杨坚可能会找一个中间派。

但是，偏偏杨勇的运气坏到了极点，杨坚想了一圈，找了一个自己最信任的人——杨素。

杨素接到命令后，大喜过望。在去东宫的路上，他又想到了一计狠毒的计策。

杨素来到东宫，下人向杨勇做了禀报。杨勇立刻换了衣服，系好腰带，规规矩矩地站在正堂里面等待杨素。

但是，杨素故意拖延时间，半天不进正堂，想以此来激怒杨勇。最终，杨勇还是上当了，他看到杨素之后，面露不满，并抱怨了一下。

杨素要的就是这个效果，他退出东宫便将这些话做了大幅度修改，汇报给了皇帝杨坚，并得出结论："杨勇已经心生怨恨，恐怕还会发动政变。"

杨坚彻底地失望了，他下令在太子入宫的路上安排了大批探子，防止太子发动兵变，无论路上发生什么事情，都要随时报告给杨素，再由杨素上报给

杨坚。

杨广见状，又上去狠狠地"踹"了自己大哥一脚。他又买通了杨勇的亲信姬威，让姬威把有关太子的负面秘密全部告诉杨素。

独孤伽罗也没有闲着，她也狠狠地坑了亲儿子一把，史书记载："皇后又派人观察东宫，细小的事情都能听到汇报，夸大事实，无中生有，污构杨勇的罪过。"

在这几个人的全力坑害之下，杨坚每天都能收到大量有关太子的恶劣新闻，例如：

太子杨勇养了很多马，所以，图谋不轨；

太子曾经见到一棵大树，让人做成了弓箭，所以，图谋不轨；

太子曾经指着皇后的侍女说，等杨坚死后，皇后身边的侍女都是他的。

……

墙倒众人推，到后来，就连史官也来凑热闹了，太史令袁充向杨坚进言："我观察天象，皇太子应当废除了。"

在这个由母亲和弟弟构陷的肮脏世界里，在这个父亲想把亲儿子除之而后快的沉瀣人世间，却有一批忠义的大臣们做了最后一搏。

599年冬至，左卫大将军元旻，驸马、兵部尚书柳述，名将史万岁等一批大臣，冒着以后被清算的危险，集体到东宫朝见了太子，他们想让杨坚看到太子的努力，太子的人心所向。

但是，他们的营救行动，却没有赢得太子父亲、母亲的半点宽慰，反而又给了除掉太子的借口——太子结党！

但这件事，也让杨坚看到了废立太子还有很大的阻力。为了克服这些阻力，他想再给杨广树立一次威信。

第二年四月，杨坚组建了个豪华出征阵容，令杨广、杨素、长孙晟一队，杨谅、史万岁一队，再次分兵打击突厥。

杨坚给杨广配置了两个猛人，很明显就是要保证万无一失，让他树威。

但是，出人意料的是，太子党史万岁这边却先行立功，很快大获全胜。而杨广那边却迟迟没有进展，隋朝第二文武全才杨素，意外地发挥失常了。

好在大忽悠长孙晟开了挂，给杨广献了一计："突厥人打仗，到哪都是喝泉水，我们可以在泉水上游投毒，保证毒死他们。"

杨广赶紧让人照办，毒药很快起了作用。长孙晟充分发挥了"趁你病，要你命"的精神，乘胜出击，斩杀突厥千余人，俘百余人，牛马上千头。

两路大军凯旋后，所有人都很高兴。杨广立了功，杨坚的目的达到了。史万岁、长孙晟也得到了相应的封赏。

但有两个人却很不高兴，一个是杨勇，因为大军刚刚凯旋，当年十月，杨坚便下令，废太子及太子的儿子们为庶人，大部分支持太子的人都被贬或被杀。

另一个人是杨素，因为他觉得又被史万岁抢了一次功劳。

于是，杨素趁机诬陷史万岁私下拜访废太子，杨坚再次听信了杨素的谗言，让人将史万岁押到朝堂上问罪。

被捕前，有人劝史万岁，太子已不可救，你只要好好认罪，指不定就能逃脱一命。但他却天真地以为，上一次他有错在先，杨坚却没有杀他，这次自己刚刚立了新功，即便支持太子又能怎样。

于是，在朝堂上史万岁据理力争，但结果却是杨坚怒火中烧，将史万岁活活打死在朝堂之上。

出塞北，下江南，平叛乱，战敌国，征战沙场一辈子，所向无敌，立下赫赫战功的隋朝第五名将，就此陨落。有多少敌人想取其首级而不能，可惜，他没有死在战场上，却死在了自己效忠了一辈子的人手上。

这大概是一位将军最大的悲哀，也是对一位忠臣最大的嘲弄吧！

十 月三日，杨坚立杨广为太子，令其在大兴居住。当夜，大兴地震，长安大风雪。

601年，杨坚命杨素为尚书左仆射，苏威为尚书右仆射，杨达（武则天的外公）为纳言，杨昭（杨广的长子）为内史令，大赦天下，改元"仁寿"。

但是他们老杨家，好像和"仁寿"这俩字有仇，当年仁寿宫建成之后，做的第一件事就不仁不寿，这一次又是如此。

正在四川镇守边疆的杨坚第四子杨秀，听说哥哥杨勇被废之后，立刻上书为哥哥打抱不平。杨广害怕四弟掀起什么风浪，便将对付杨勇的方法，又在杨秀身上使了一遍。

杨广先是暗中派人到四川打听杨秀的过失，然后让人不断地上书杨坚诬告杨秀，例如：

1.杨秀容纳不法之徒，交结异端分子，只等杨坚死后就反叛。

2.杨秀妄称自己可以当皇帝，四川出现了龙，就是证明。

3.杨秀对人说，长安有妖孽，杨坚和杨广不久就会死翘翘。

总之，不管有的没的，所有的脏水都往杨秀身上泼。

功夫不负有心人，杨坚听得多了，再次全部都信了，又开始讨厌起杨秀来。602年，杨坚将杨秀召回长安，交给了刑部问罪。

大臣庆整劝说杨坚："皇上，您一共五个儿子，大儿子杨勇已被废为庶人，三儿子杨俊已经死了，现在又要治四儿子的罪，您的儿子已经不多了啊！何必弄到这个地步？蜀王杨秀生性耿直，如今被您重责，恐怕他会自杀啊！"

杨坚听后，不但没有悔悟，反而觉得庆整是在侮辱他，五个儿子，竟然有三个不成器。于是他恼羞成怒，竟然让人在朝堂之上，把庆整的舌头给割了下来。

杨广见状又是一阵狂喜，转过头，用先前踹完大哥的脚，又狠狠地踹了四弟几脚。

杨广又让人偷偷制作木偶，写上杨坚和杨谅（杨坚五子）的名字，捆上手，用钉钉在心上，然后把木偶埋在华山下，再让杨素装模作样挖出来，诬告

·

是杨秀干的好事。

这么离谱的说辞，漏洞比长安都大的胡言乱语，杨坚居然也信了。

华山多大？别说埋几个木偶，就是埋几吨金子，不告诉杨素坐标，让他挖十辈子也挖不出来。

再说了，杨秀一直在四川，回京后都被关了起来，怎么去埋木偶？他为什么不埋在四川峨眉山，非要埋在华山，华山比峨眉山灵？

再退一步讲，杨秀为什么只写了杨坚和杨谅的名字，为什么不写杨广的名字，不应该是写杨广才对自己最有利吗？

所以，很多人都怀疑此刻杨坚的脑子已经彻底糊涂了。但实际上，杨坚可能只是在用一个错误，来掩盖另一个错误。

废掉太子后，无疑让杨坚承受了巨大的政治压力和道德压力。为了让他人信服自己废掉太子是对的，他不得不向世人证明自己的公正性——对待每一个不争气的儿子都一样的心狠。所以，他必须一直狠下去。

接着，杨广又以杨秀的口吻写了篇檄文，大概意思是："朝中有逆臣贼子，专门糊弄俺爹，俺爹看着是个皇帝，但其实啥都不懂。我在四川，兵强马壮，现在就去讨伐这些龟儿子。"然后把这篇"檄文"放在杨秀的文集之中，上报杨坚。

杨坚一看，哎哟，"龟儿子"三个字用得特溜，不用说，肯定是在四川待久的杨秀写的。

不过，杨坚还有一点善念，没有真把杨秀给杀了，而是将他囚禁了起来，不得与妻子儿女相见，并贴心地派了两个"獠婢"伺候他。

杨秀就这样被关到了618年，宇文化及杀了杨广之后，又将其杀害。能死在杨广的后面，也算是一点点安慰吧。

回到602年，这一年还发生了一件大事，独孤皇后终于死了，享年五十八岁。

怎么评价这个女人呢？

杨坚称帝，有她的功劳，隋朝鼎盛，也有她的辛苦，但她嫉妒剽悍，就因为"好色"就否定儿子和忠臣，不可不称之为"昏"。

恰如唐朝魏徵所说："文献（独孤皇后）德异鸤鸠，心非均一，擅宠移嫡，倾覆宗社，惜哉！《书》曰：'牝鸡之晨，惟家之索。'高祖之不能敦睦九族，抑有由矣。"

亦如《中国历朝通俗演义》作者蔡东藩先生所言："试观尉迟女之一经召幸，即被独孤后殴死，妒悍如此，尚能知大体乎？"

独孤皇后死后，杨坚如脱缰的野马一样，再次天天和陈宣华、蔡荣华腻歪在一起。在她们的不懈努力下，两年后，604年七月，杨坚终于油尽灯枯，一病不起。

史书在这一段写得特别有意思：

> "宣华夫人陈氏、容华夫人蔡氏俱有宠，上颇惑之，由是发疾。及危笃，谓侍者曰：使皇后在，吾不及此"。

杨坚病重，立刻下诏让杨广入宫服侍。过了几天，杨广看着老爹快驾崩了，就假传圣旨，把皇宫的侍卫交由心腹宇文述和郭衍负责了。

万事俱备之后，杨广终于露出了他的真面目。有一天，他来到了后宫，刚好看见陈宣华在后宫散步，便想把这姑娘按倒在地宣泄一番。但是，杨广一个不小心没有按住，让陈宣华给跑了。

陈姑娘挣脱后，赶紧跑到杨坚床前，叫醒了连喘气都困难的杨坚。

杨坚听了之后，双眼一瞪，一口老血喷了出来，大呼："畜生何足付大事，独孤诚误我！"随即，他便让女婿兵部尚书柳述去找前太子杨勇，打算废掉杨广。

可惜为时已晚，现在他的周围全是杨广的人。柳述被捕入大理寺监狱，后被流放广东。其夫人兰陵公主为其求情，以死相逼，但杨广不为所动，反而勒令兰陵公主改嫁。几年后，柳述在广东中瘴毒而死。

当天，杨坚就在无限的悔恨之中驾崩了。

杨坚终究是死了，怎么去评价他呢？

可以这样说，杨坚绝对是一代雄主。

治理国家时，他事必躬亲，兢兢业业，勤劳节俭。

对内重用人才，制定法律，爱惜百姓，使得人民安居乐业，天下人口由继位之初的三千万左右，上升到了四千五百万左右。另外创立三省六部制、科举制，更是功在当代，利在千秋。

对外，他南平南陈，统一天下，使动乱了三百多年的中华大地，再次实现了大一统，功不可没。又北击突厥，使被欺负了几百年的中原王朝，再次抬起了头颅，教化四夷，扬我中华神威。

所以，无论是文治还是武功，杨坚都能称得上是一代雄主。

虽然他在私德方面有些瑕疵：欺负北周孤儿寡母以得天下，这叫得位不正；晚年听信妇人、溺爱杨广、残杀忠良，并使父子不能相认，儿子们自相残杀，不能不称之为糊涂；但是人无完人，他死之时，留下的是一个强大的王朝，一个人才济济、蒸蒸日上的王朝。从秦朝到清朝的四百多位皇帝里，能做到杨坚这样雄才大略的又有几个？

所以，他可能不是一位好父亲、好领导，但绝对是一位可以名垂千古的雄主。

不过，这样一位雄主，在死后却没有得到片刻安宁，杨广并没有立刻发丧，而是决定暂时隐瞒杨坚去世的消息，利用尸骨未寒的老爹，干了两件缺德的大事……

二十一、杀兄囚弟，杨广登基

杨广终于如愿以偿地盼到了父亲驾崩，但是，当他看到眼前那具冰冷的尸体的时候，他的内心仍然有所触动。

他想哭，那毕竟是抚养自己长大成人的父亲，从今往后，整个帝国的重任都将落在他的肩上，举目四望，他再也没有可以依靠的人了。一种莫名的孤独感突然袭来，深入骨髓。

但是，他又想笑，就是眼前这个人，就在刚才，又差一点毁了自己的前程。痛苦、兴奋、罪恶、雄心，一连串的情绪在他的心中轮换交替，让他有点不知所措。

就在他不知道如何处理乱七八糟的情绪的时候，他突然又想到了两个人，一个是被父亲关了整整四年的大哥杨勇；另一个是杨广五兄弟中，唯一一个还在世，并且还手握重兵的五弟杨谅。

他们两个现在怎么样了？自己登基后，他们会不会谋反？或者是有人打着他们的旗号谋反？

不行，无论怎样，他们的存在都是一种潜在的威胁，现在就必须解决这两个后患。

于是，杨广埋起了刚刚还五味杂陈的情绪，伪造了两份诏书：一份让宇文述和郭衍带着去见被囚禁的杨勇；一份让车骑将军屈突通（后来唐朝凌烟阁二十四功臣之一）去并州（今山西太原）召杨谅回朝。

此时的杨勇正斜靠着栏杆，远眺着逐渐暗淡的夕阳，痴痴地发呆。他一直在等自己的死期，从他被废的那一天开始就开始等待，只是没有想到，他足足等了四年。

这四年对他来说太漫长了，每一分每一秒都是煎熬。他不明白，为什么亲生父母会对他痛下狠手，他不明白，亲生弟弟为什么会如此狠毒。

他一直期盼着，来生可以生在一个普通的人家，家里不必富裕，哪怕是贫穷也好，只要父亲和母亲不再对他存有偏见，只要兄弟不再把他往死里相逼，只要一家人能相亲相爱就好。

所以，当杨勇看到宇文述和郭衍向自己走来的时候，他终于露出了久违的笑容。

来吧，终于要离开这个肮脏的世界了。但是在死之前，他又问了宇文述一个问题："我的儿子们、孙子们一起走吗？"宇文述张了张嘴，但什么话也没说出来。

一阵沉默之后，杨勇没有吵闹，很平静地说了一声："哦，我知道了。"

604年七月，杨勇被缢而死，其长子宁王杨俨被毒杀，其余子孙被发配岭南，路上亦全部被杀。

那天，夕阳很美，世间万般寂静。

和杨勇坐着等死不同，杨谅这边早有了准备。

自从三哥杨俊被囚禁而死，大哥杨勇被废掉太子之位，四哥杨秀又被囚禁之后，他就知道早晚会轮到自己。

于是，杨谅在被父皇杨坚封为并州总管之后，便想了两个办法以自救：

　　一个是劝告父亲杨坚，突厥仍然很强大，太原为边陲重镇，应当加强防备。杨坚同意后，他便积极修筑城墙、制造兵器、招纳亡命之徒和对朝廷不满的南朝旧臣，如王頍（kuǐ）、萧摩诃（前文中被陈叔宝戴绿帽子的南朝大将），来增强自己的实力。

　　另一个是和杨坚约定，为防止突厥人伪造诏书，以后所有诏书应当加密。

　　但杨广不知道诏书还要加密这事，所以，当杨谅看到杨广的诏书之后，便知道了父亲已经驾崩，大事不好，开始起兵造反了。

　　此时，杨谅所管的范围颇大，西到华山，东到渤海，南到黄河，北到燕山，共计五十二个州，基本相当于北齐旧地，在他看来是兵强马壮，可以一战。

　　自古以来，所有造反的人干的第一件事肯定是开会，会议上也有一套标准的流程。

　　第一步，一般是有人劝说不能反，然后被杀掉以震慑人心。

　　第二步，一般是谋士出来给出计谋，如果是成功的造反，主公都会按照谋士的战略一步一步来。如果是失败的造反，主公肯定不会听谋士的计划。

　　第三步，一般为宣布为什么造反，鼓舞士气，杀牛宰羊祭天地。

　　杨谅造反的流程自然也不例外。

　　先是总管司马皇甫诞出来劝杨谅："我的王啊，你不能反，你干不过你哥。"然后皇甫诞就被抓了起来。

　　之后是王頍提出了一个纲领性的建议：

　　上策，大王带着手下精锐直接去攻打长安，因为他们的家属都在函谷关以西，所以，他们肯定会拼尽全力。

　　中策，占据北齐旧有疆域（杨谅的管辖地），可以派老家就是函谷关以东的将领，搞定各地不听话的长官。

　　杨谅正在犹豫不定，另一位大将裴文安却提出了反对意见：

　　"知道秦始皇是怎么统一全国的吗？八个字：我的，我的，全是我的。大王造反就得学秦始皇啊，长安会是我的，关东也会是我的，为啥不全面出击？我愿意当先锋，打死杨广那小子。"

杨谅听后大喜，所以，没有用王頍提出的上策和中策，而是选择了他没提到的下策，分散兵力，全面出击。

但老实说，不论是用上策、中策还是下策，杨谅都没有一点赢的机会。因为打仗拼的并不是口头上的战略，更重要的是临阵指挥的将领、人心所向，以及后方供应的粮草。而在这三点上，杨谅全部没有胜利的希望。

1.将领方面

杨谅阵营为：裴文安、纥单贵、王聃、大将军蠕蠕天保、侯莫陈惠等等，不用记他们的名字，史书上就出来了这一回。

杨广阵营为：隋朝第二文武全才宰相杨素，第一文武全才高颎、第三名将贺若弼还都没死，可以视为替补。

2.人心所向

杨谅发布檄文，杨素要谋反，我要清君侧。

这种理由，看似可以，但跟老百姓有啥关系？自古以来，老百姓根本不管谁当皇帝，朝堂上有没有奸臣，他们只管这个皇帝、大臣能不能让自己活下去。

能让自己活下去的，就是好皇帝、好大臣，让自己活不下去的，就是无道的昏君和奸臣。

而此时杨广这边，还没给杨坚发丧，天下人还不知道杨坚已经驾崩，并且人民还安居乐业，根本不愿打仗，所以，在所有人的眼里，杨谅才是那个乱臣贼子。

3.粮草方面

杨谅暂时能调动的只是山西一省，山东诸省虽然也归他管，但他一造反，不一定都听他的。

杨广这边，至少能调到天下三分之二的粮草。

中国两千多年的封建王朝中，在太平盛世，藩王起兵造反成功的也就明朝朱棣这么一例。

但他成功的原因是多方面的，既有朱元璋把能打的功臣都杀完了的因素，也有朱棣是当时最能打的因素，但最重要的是朱允炆神助攻的因素。

即便是这样，朱棣还打了足足三年，才得以险胜。而杨谅造反时，那么多名将都还活着，仅此一项他就不可能成功。别说杨谅造反了，就是李渊造反也没有赢的可能。

《孙子兵法》说："多算胜，少算不胜，而况于无算乎？"杨谅很明显属于少算或无算，所以，从一开始，他就注定了失败。

杨谅派了四路大军，三路向东，去搞定不听话的地方官。一路让裴文安为先锋，第一步从蒲津渡过黄河，第二步攻打长安。

但是，当裴文安率领大军距离渡口一百里左右，第一步还没有走完时，杨谅便尿了，觉得往长安打就是找死，于是下令停止进军，让人去把黄河上好不容易才搭起来的浮桥给拆了，退到黄河边上的蒲州城驻守。

裴文安赶紧去劝杨谅："兵贵神速诡密，本想出其不意。结果您却下令退兵，这样肯定要完啊！"但是杨谅不听，而是分兵把守各个要道，准备割据山东（太行山以东）。

杨广这边接到杨谅造反的报告后，急忙派杨素带领五千骑兵前去平叛。杨素不负所托，顺利渡过黄河，很快就攻下了第一道防线蒲州。稍事休息后，又集结了四万大军，一路北上，进攻太原。

杨谅又派大将赵子开，在灵石县附近建立了第二道防线，但是，一个回合下来，赵子开便被斩了。

杨谅大惊失色，亲自率领主力在汾阳县（今汾阳市）北建立了第三道防线。不料天降大雨，后方粮草运输困难，杨谅又临时决定跑路。王頍赶紧拉住了杨谅的马缰，劝他说："杨素孤军深入，人困马乏，大王率领精锐部队，亲自出击，一定能取得胜利。而今见到敌人就逃，显得我们也太㞞了吧，大王可千万不能逃啊。"

但是，杨谅不听不听就不听，还是带着兵马逃到了太原南边的清徐县附近，建立了第四道防线。杨素紧追不舍，逮着机会就发动了进攻。杨谅不得不调转马头与杨素大战，结果一战下来，杨谅军死了一万八千多人。

杨谅再次逃跑，钻进了太原城，没过多久，便出城投降了。从造反到结束，也就一个多月，好像从西安走到太原也得一个月。

杨广这次很有同情心，没杀杨谅，而是对大臣们说："我五个兄弟，就剩两个活着的了，还是饶他一死吧。"然后把杨谅和其儿子全部囚禁了起来。

但是，很神奇的是，第二年，杨谅便死了，享年仅仅三十岁。要说不是被杨广阴死了，还真不敢相信。

在搞定了两个兄弟之后，杨广长长地舒了一口气，他终于可以安安稳稳地坐上皇帝的宝座了。

当年八月，杨广在长安登基。

他坐在龙椅上俯视着天下，不由得升起了一种前所未有的自豪感：

十岁时，父亲轻而易举地获得天下；

二十岁时，自己率领五十多万大军平定南陈；

二十一岁时，他坐镇江南，再次平定叛乱，并把南方治理得井井有条；

三十岁时，自己又领军和突厥干了一架，大获全胜，并获得太子之位；

三十四岁时，坐拥天下，又平定了弟弟的叛乱。

自己想干的事，没有一次不成功的，而这所有的成功又都是如此轻而易举。

他不明白，父亲治理天下时，为什么每天都要兢兢业业，如履薄冰，总怕哪里做得不好，有愧天下。

他觉得，那是父亲能力不行，不像自己年轻有为，意气风发。

他慢慢地产生了一种错觉：

治理天下不过尔尔，天下的亿万臣民不过是我手中的一颗颗棋子。我让他们生，他们才能生；我让他们死，他们不得不死。好像普天之下，没有什么事，是我搞不定的。凭我的才能，一定可以超过历代帝王，什么秦皇汉武，他们都将被我的光芒所掩盖。

我要让所有人都看到，我的皇位名正言顺。

我要创造一个最辉煌的朝代，一个属于我的时代，即便是千年之后，也要所有人以我为荣。

我，杨广，所做的事情，将超越之前所有的帝王，也将让之后所有的帝王无法超越。

不信，等着瞧吧，大隋，我来了！

二十二、巩固权力，屠刀挥向关陇贵族

杨广立下超越秦皇汉武的雄心壮志之后，便浑身充满了干劲儿。

在一个幽静的晚上，他坐在偌大的宫殿之中，拿起了一本书——《史记》。他想再次看看秦皇汉武到底做了什么，竟然能赢得千秋万代的尊崇。自己一定要向他们学习，而且一定要超越他们。

于是，他拿起了一张纸，龙飞凤舞地记下了秦皇汉武的功劳。

秦始皇做了什么？

1.统一六国。自己灭了陈国，已完成。

2.书同文，车同轨。时代变了，没法搞，很可惜。

3.统一度量衡。好像可以搞一搞，度量衡也该变一变了。

4.修长城。必须搞，长城都快破成土堆了。

5.北击匈奴。必须搞，继续打突厥，西北的吐谷浑，东北那个契丹和高句丽。

6.南平百越。必须搞，不仅要打越南，还要打琉球啥的。

7.巡幸天下。这个太喜欢了，既能公款旅游，又能体察民情，当然，更重要

的是能到处抖抖威风。

汉武帝做了什么？

1.打击匈奴。前面说过了，必须搞。

2.巡幸天下。原来牛气哄哄的皇帝都喜欢巡幸天下，所以，这个必须加大力度搞。

3.打通西域。必须搞，西域和中原已经断开几百年了，是到了该连通的时候了。

4.大兴水利。必须搞，哪个明君都得搞。

就这些？好像就这些！

杨广重新将这张表单看了好几遍，就像一个老地主在观察自己的土地一样，在心里盘算着收成。他左想右想，觉得这些还是有点容易。不行，不能总是跟在他们的后面走，我一定要做一些他们没有做过的事情。

杨广又想了很久，终于恍然大悟，又列出来了三条。

1.他们做过的事情，只要我还能做的，就一定要做到史无前例。虽然不能在时间上超越他们，但一定要在规模上超越他们。记住这一条，后面你将经常看到杨广的大手笔，其规模和程度绝对超出大部分人的想象。

2.秦皇汉武虽然武力值超高，但是他们没有或者极少御驾亲征。而历史证明，我能够亲自领兵打仗，而且每战必胜。以后，这种御驾亲征的精神必须发扬光大。

3.秦皇汉武"不仁"，他们不知道体恤民情，没有一个人把"仁"字挂在口头，所以，我要施行"仁政"。

至此，杨广终于满意了，看着眼前刚刚列出的表单，他心满意足地笑了。完美，实在是太完美了。

当晚，杨广兴奋得翻来覆去睡不着觉，在心里默念了无数次：我一定要将这些统统完成，如此，我就是秦皇、汉武、白起、王翦、卫青、霍去病、孔子的魔幻结合体。我必然能成为千古一帝，受千代，不对，应该是万代的敬仰……

新的一天终于开始了。

杨广坐在龙椅上，看着朝堂下的大臣们，心生豪迈。他觉得自己终于掌握了至高无上的权力，没有人敢不听他的命令。于是，他连续下达了几条命令，但令人奇怪的是，其中的几条命令却被大臣们反驳了回来。

杨广很生气，但是后果却一点也不严重，因为这些大臣的势力盘根错节，很多人他都不能治罪。否则，轻则被大臣们联合抵制，重则帝位动荡不安。

这样的例子还少吗？从东汉末年至今这三百多年里，大大小小出现了三十多个王朝，而其中的大部分王朝都是被权臣篡了天下。就连他治理下的大隋，都是父亲杨坚篡了北周，而北周又是篡了西魏。

所以，他必须立刻削弱大臣们的权力。但是，削权又谈何容易？

这帮大臣之间都有千丝万缕的联系，不是直系亲戚就是旁系亲家，俨然一个利益共同体。一千多年后，史学家陈寅恪给隋唐时期这一帮可以左右皇权的贵族集团起了一个名字：**关陇贵族集团**。

为了让大家搞明白后续的事态进展，我们需要岔开一小段，讲一下这个关陇贵族集团到底是怎么回事。

第一，什么叫贵族？

现在的人都特别喜欢谈贵族。好像贵族离自己很近，蹦跶蹦跶就能够着一样。

但其实，这是一种很严重的错觉，是一些人的自我膨胀、自我安慰罢了。

历史上的贵族是什么样的？

简单来说，就是每个朝代里拥有王、公、侯、伯、子、男等爵位的那帮人。政治上爵位可以世袭，经济上有封地，有专营，而且还不用交税。

注意，假如一个人属于统治阶级，但是没有爵位，这人可不是贵族。太守很牛气，但是没有爵位，他就是一打工的。

打个比方。将一个国家看成一个公司的话，那么，爵位就相当于公司的股份。拥有了股份，你就是贵族，哪怕你不干活，公司也得给你发钱，听你的意见。但是没有这股份，哪怕你是总经理，那你也是打工的，一天不干活，就没有工资发。

所以，大家别动不动就贵族贵族的，你是统治阶级吗？你有啥地位可以世袭的吗？啥都没有，那么贵族就和你没关系。

第二，隋之前有哪些贵族？

站在贵族集团的角度看，我们的历史，就是按下一个贵族集团，浮起另一个贵族集团的历史。

春秋战国就不说了，贵族太多，咱从秦末开始，简单地说一下。

秦末时期群雄并起，项羽代表着六国贵族集团的利益推翻了秦朝，成为盟主。但是在分蛋糕的过程中，由于分配不均，被代表中下层地主利益的刘邦钻了空子，联合了部分六国贵族将项羽给赶下了台。

西汉建立后，帮助刘邦开国的功臣们便形成了新的一帮大贵族，如跟着刘邦白手起家的沛县爷们和叛变项羽的六国贵族。但是，经过刘邦、吕后、文帝、景帝、武帝的一通杀戮，这帮开国大贵族又被干掉了一大半。

但是，汉武帝这位老人家，在削藩的同时，又首创了盐铁国家专营、卖官鬻爵这些搞钱的"政策"。

从此，西汉一朝，有钱便能当官，当官便能搞钱的风气更加肆无忌惮。在一百多年的官商大肆勾结之后，到西汉末年，全国各地又出现了无数个大豪族。

什么叫豪族？

豪族和贵族在经济实力上相似，他们都很有钱，但是在政治上不太一样，豪族不一定都有爵位。说白了，其实就是一个大土地主。

东汉开国皇帝刘秀就是靠南阳邓家、阴家和河北耿家、刘家等几个大豪族起的家。比如南阳新野邓家，史书记载"家田七百余顷"（七万多亩），轻轻松松就能拉出来一支几万人的队伍。

东汉建立之后，中国历史上最仁慈的开国之君刘秀几乎没有屠杀功臣。所以，东汉末年，这些豪族们的子孙大部分还都成了贵族。例如灭了蜀国的邓艾，就出生于南阳新野，和东汉开国大将邓禹有着千丝万缕的联系。

一直到西晋灭亡，这些从汉武帝末期开始，延续了几百年的北方贵族们才被少数民族杀得七七八八。但有部分贵族过了长江，帮助司马睿建立了东晋，其中前期最大的贵族就是琅琊（山东临沂）王氏，也就是王羲之他们家。

王家的权力有多大呢？一句话"王与马，共天下"，东晋开国皇帝司马睿基本上就是被他们王家给逼死的。

多说一句，陶渊明也是贵族，他的曾祖陶侃，从小吏干到了荆江二州刺史、都督八州诸军事，最后被封为了长沙郡公，他的权力大到完全可以篡位，但他只是想了想，最后并没有这样做。

第三，隋朝的关陇贵族是怎么来的？

北方的那些贵族不是被剁了嘛，之后呢，北方的局势基本上就是战火纷飞一百多年，一直到拓跋鲜卑建立的北魏统一北方才算基本消停。

北魏建立后，首任皇帝拓跋珪把都城从内蒙古迁到了山西大同，结果拓跋鲜卑前脚刚走，草原上便出现了权力真空，柔然就崛起了，老在边境捅北魏刀子。

拓跋珪就在内蒙古一带建立了几支专门防御柔然的部队，名字叫北镇，慢慢地就发展为了大名鼎鼎的"六镇"。

"六镇"每个镇中都有军队，有百姓，最高军事长官自己筹备粮草，任免官员，俨然成了六个小朝廷。

北魏孝文帝改革，把都城又从大同迁到了洛阳，将拓跋鲜卑上层进行了全面的汉化。历史书上说这样有利于民族团结，但还有一个影响书上没说，就是拓跋鲜卑上层汉化之后，和下层的文化认同便断裂了。

上层觉得下层没文化，是蛮夷，历史上，只要是汉化的少数民族，都会立刻觉得没被汉化的少数民族是蛮夷，这也是件很神奇的事情。

所以，这些拓跋鲜卑的上层不管"六镇"首领建立多大的军功，都认为他们是蛮夷，不让他们融入上层。

下层觉得同样是鲜卑人，凭什么你们在洛阳吃香喝辣，我们却要在内蒙古喝西北风。于是，上层和下层的矛盾越来越大，结果六镇趁农民起义，也发动了叛乱，一通乱杀之后，北魏就变成了西魏和东魏，西魏和东魏又分别被权臣篡了位，变成了北周和北齐。

在这一通乱杀的过程中，六镇军事长官和关陇地区的大地主们慢慢地整合到了一起，就变成了关陇贵族集团。北周的时候，皇帝封最大的几个贵族为"八柱国"，杨坚的老婆独孤伽罗她爹独孤信、李渊他爷李虎都属于八柱国。而杨坚和李渊的先祖又都是六镇中武川镇的军人。

所以说，杨坚篡北周，其实就相当于关陇贵族集团换了一个盟主，只是君主变了，其他贵族基本没变。

其实，现在很多国家都是这种贵族共和的情况，例如美国、俄罗斯、韩国、日本等等。

还有一点要注意，古今中外，任何一个贵族集团都不是铁板一块。相反，大多时候都是你争我斗，而且都会斗得你死我活。隋朝也不例外，之前的高颎、李德林、杨素不就是嘛。

不过，虽然这个贵族集团内部斗争很厉害，但是那些老贵族们经过几十年，乃至上百年的积累，每一家实力都很强大，假如几家联合起来，就很有可能重复杨坚夺权的历史。

于是，杨广在被大臣们驳回几条命令之后，便暗暗地下定了决心，一定要铲除这帮老骨头。

很快，他就想到了一个"绝妙"的办法——迁都洛阳。把你们这帮关陇大贵族带到洛阳，看你们还敢不敢折腾？

当然，迁都洛阳还有其他方面的考虑，例如政治上加强对山东、江南等地区的控制。经济上，关中地区因为生态环境恶化，粮食产量锐减，还经常遇到大旱，例如594年，关中大旱，杨坚不得不率领百官到洛阳"就食"。而从南方运粮到关中又特别艰难，需要经过三门峡，水路艰险，陆路又损耗巨大。

但是，对于杨广来说，迁都最大的意义，毫无疑问就是削弱关陇大贵族的实力，把权力牢牢地握在自己手里。

两年之后，洛阳刚刚修建完成，他便扬起了对关陇大贵族们的屠刀。杨素、高颎、贺若弼，一个也逃不掉。

二十三、血洗忠良，名臣陨落

604年十一月，杨坚登基三个月之后，便开始了学习秦皇汉武的第一步——巡游。

而且是带着大部分嫔妃和朝中的文武大臣巡游，而这一巡，就是十四年，一直到618年他在扬州驾崩。

杨广巡游的第一站就是洛阳，他要着手迁都。

在洛阳，他改年号为"大业"，大赦天下，接着又大封功臣。

宇文述、郭衍被任命为禁卫军将军，杨素被任命为"尚书令"，其儿子杨玄感、弟弟杨约、叔父杨文思、杨文纪等人全部位列公卿。

大家还记得"尚书令"这个官职吗？在介绍三省六部制的时候我们讲过，尚书省老大叫"尚书令"，但因为尚书令的权力太大，一般不作任命，由尚书省老二左仆射代行老大权力。现在的杨素，终于超越了他所有的对手。

更让杨素高兴的是，他又要见到老上司高颎了，而这一次，自己为尚书令，高颎则为太常，杨广将高颎从庶民提为了太常，一个管礼仪祭祀的虚职。

仇人相见，分外眼红，但对杨素这个逆袭者来说，更多的却是胜利者的喜悦，每次在朝堂上看到高颎在自己下面，一种莫名其妙的自豪感便油然而生。

但是，正所谓物极必反，杨素高兴得太早了，就在他走向权力顶峰的同时，死神也正在向他一步步靠近。

604年十一月，杨素呈报上来了一条不大不小的消息——陈叔宝死了！

杨广先是有点惊讶，随后内心又生出了无限的感慨。

569年，自己刚刚出生，父亲杨坚还是个大臣，而陈叔宝就被封为了陈国的太子。

582年，自己还是个普普通通的皇子，陈叔宝已贵为一国之君，君临天下。

可是，陈叔宝却穷奢极欲、宠幸佞臣、不思进取，短短几年之内，便被自己率五十多万大军灭了国家，成了隋朝俘虏。从高高在上的皇帝，到异乡他国的囚徒，人生最大的落差，也不过如此。

而自己却披荆斩棘，步步为营，终于从皇子成为君临天下的帝王，人生之辉煌也不过如此。

如今，自己刚刚当上皇帝，他便在恰当的时间死了。两个人，一起一落，天上地下，人生之无常，大概也只能如此罢了。

就在杨广不断感慨的时候，杨素的提醒打断了他的沉思："陛下，还请您给他一个谥号。"

杨广想了想说："好内远礼曰炀，去礼远众曰炀，逆天虐民曰炀，好大殆政曰炀，薄情寡义曰炀，离德荒国曰炀。**就给他赐个谥号'炀'吧！**"

讽刺的是，杨广十几年后也被人赐了谥号"炀"，如果他泉下有知，不知道会做何感想？

在感慨完陈叔宝之后，杨广突然有了种危机感：当年灭陈，不到一个月就攻入了建康。现在迁都洛阳，洛阳好像也不太安全，东边就是平原，地势太开阔了，万一以后有人造反怎么办？于是，他又向杨素表达了顾虑。

杨素说，天子圣明，天下太平，现在哪里会有人造反？但是，以防不备，可以把洛阳城墙建得高高的，边上再放几个大粮仓，即便有贼人造反，洛阳也能撑到勤王的部队到来。

虽然杨素拍了马屁，但是杨广仍然很不满意，这种防御措施谁都能想得出来，哪是自己这个千古一帝干的事？

于是，他让人拿来了一张地图，在地图上画了一个圈说："按照这张图，围着洛阳挖条沟吧！"

杨素接过地图，傻眼了。这条壕沟，从山西的龙门（今山西河津）开始挖，向东到山西晋城、河南汲县、河南新乡、开封、襄阳再到今天陕西的商洛，几乎围成一个圈，大概九百公里。什么概念呢？北京到上海直线距离大概为一千公里。

一上来就是如此大的手笔，见惯了大世面的杨素也惊呆了，他已经隐隐约约地看到了眼前这位皇帝的本性。

接着杨广又问杨素："仁寿宫修了两年，洛阳需要几年？"

杨素看着手中的地图，知道眼前这位爷非同一般，鼓起勇气答道："一年半。"

杨广的脸突然变得阴沉，大声问道："那在洛阳旁边再建一座比仁寿宫还大的宫殿呢？"

杨素被皇帝的怒吼震住了，顿了顿后说："只需一年！不过需要至少二百五十万民夫。五十万挖沟，二百万修城！"

"能按时完工就行，二百五十万人不是问题，下令全国征调吧！"杨广终于会心地笑了。

杨广随即下令，杨素为包工头，杨达（武则天的外公）为副包工头，宇文恺为总工程师，开始营建东都。

辞别杨广，走出行宫，杨素不由得倒吸了一口凉气，这位爷，狠！不过，杨素的斗志也被激发了出来——和我玩狠，谁都不行，管你是不是皇帝。

从605年三月正式动工，到606年正月洛阳建成，杨素仅仅用了十个月的时间，便建成了当时世界上最宏伟的城市以及最奢华的宫殿。

史书上没有记载洛阳城的面积，但却记载了宫殿的面积，其周长有十几里，比现在的北京故宫还要大。

宫殿的旁边还有个"西苑"，周长二百里。苑内有一湖三山，湖的周长也有十几里，山的高度在四十米以上。苑内还分为十六个小院，每个院子由一位四品美女管理，冬天树叶和花落了以后，就用丝绸做成假花和树叶绑在树上。

规模如此之大，内饰如此之豪华，可想而知，这一次要死多少人。史书记载："东都役使促迫，僵仆而毙者，十四五焉。"也就是说，至少死了八十到一百万民夫。

但是死人对于杨素和杨广来说，又有什么大不了呢，只要能提前完工就行了，比所有人狠就行了。杨素因为修建东都有功，又被拜为太子太师。

权力至极，荣耀至极。但是，到这里就结束吧！

杨素杀的人实在是太多了。从敌人到士兵，从百姓到同僚，所有人在他眼里要么如同草芥，要么如同阶梯，不是将他们焚烧取暖，就是将他们踩在脚下向上攀登。古往今来，杀人如麻似他者，又有几人？

刚刚获得至高无上的荣耀之后，杨素便病了。杨广终于等到了对关陇大贵族们下手的最好时机。

于是，杨广一面派人去询问杨素的病情，一面又对太医表达了想让杨素赶紧去死的愿望。

很快，这话便传到了杨素的耳朵里。身在病床上的杨素一声叹息，像无数开国功臣一样，终于体会到了"狡兔死，走狗烹"的悲凉。

位极人臣，功高震主的下场，往往就是不得好死。

于是，杨素拒绝服药，几天后，杨素病死于府中，享年六十二岁。死之前，他给劝他吃药的弟弟留下了最后一句话："像我这样的人，还有活下去的必要吗？"

人之将死，其言也善啊！

后世关于杨素的评价堪称两个极端，王夫之评价他："素者，天下古今之至不仁者也。"郑观应却评价他："……古之所谓将才者……杨素……"

只有曾国藩的评价最为贴切："古来如李斯、曹操、董卓、杨素，其智力皆横绝一世，而其祸败亦迥异寻常。"杨素有大功，但过失也超乎寻常。

杨素死后，杨广立刻乘胜追击，将许多江南贵族提拔了上来。先是封了陈叔宝的第六女陈婤（zhōu）为贵人，并让之前流放的陈氏子弟全部回到洛阳，给予高官厚禄。

之后又任命了出生于扬州的亲信来护儿为右骁卫大将军，任命南陈降将周罗睺为右武侯大将军，进一步掌握军权。

一切准备妥当之后，杨广又决定对另外几个关陇大贵族动手了。

607年夏天，杨广准备到西北榆林旅游，顺便搞个阅军仪式吓吓突厥那帮人。

但是，去榆林之前，杨广又觉得榆林也不安全，万一出来个二愣子造反怎么办。

于是，他又拿起了地图，画了两条线，交给宇文恺说："洛阳建好了，是你的功劳，朕很满意。现在还要劳累你，按照这张图，再去修条长城，拓宽驰道。"

宇文恺拿着地图，觉得长城也不过七八十公里，挺短的，驰道只是拓宽，也没啥问题，便欣然领命去了。但是到达现场后，宇文恺只想骂人。

因为要修的那段长城，周围全是沙漠和荒山，而要拓宽的道路是太行八陉之一，需要工人们一点一点地在山上凿岩石。

领导动动嘴，下属跑断腿，宇文恺只得一边骂一边干活。

宇文恺先是征调民夫一百二十万，开始了伟大的砌墙工程，一年之后，长城完工，大概死了六十多万民夫。

他又征调北方十几个市的成年男子去开凿太行山，修驰道，具体死了多少人，史书上没有记载，但估计也不少，因为那条路就是在山上挖石头，修隧道。

就在宇文恺在北边砌墙、凿山，死了那么多人的时候。高颎和贺若弼等一群老臣们，终于看不下去了。他们纷纷跑来劝杨广：

1.大业元年（605年），陛下修建东都洛阳征调了二百五十多万民夫，死伤大半。

2.大业元年，陛下为修通济渠又征调了一百多万民夫，也是死伤大半。

3.大业二年，陛下巡幸扬州，建造大小船只两千余艘，征调纤夫八万多人（仅杨广一人，所乘的龙舟就需要一千零八十个纤夫，皇后的船需要九百个纤夫），通济渠两岸又派几十万骑兵护驾，所过州县的赋税都征到几年以后了。

4.如今，天下百姓已经疲敝，陛下又要巡幸榆林。巡幸榆林也罢，又让修长城，开驰道。再这么折腾下去，这不是要亡国吗？

杨广听完后，觉得老臣们的劝说很有道理，但很可惜他偏偏是一个不讲道理的人，而且他正好想除掉这些大臣。

于是，杨广借机以诽谤朝政的罪名将高颎、贺若弼、礼部尚书宇文弼等人全部处死，其中，高颎的子孙全部被流放边疆。另外，苏威等一批大臣也因连坐被免了官职。

高颎就这样死了。

二十七年前，尉迟迥叛乱中，是他挺身而出，挽狂澜于既倒，扶大厦之将倾，说出了那句："让我去吧！"

从此，一个从来没有打过仗的文人，开启了波澜壮阔的一生。对内，辅佐杨坚开创了开皇盛世，对外南灭南陈，北击突厥，战无不胜、攻无不克。

高颎一世功勋，称他为"隋朝第一文武全才"，绝不为过。两代忠良，从父辈开始便忠于独孤家和杨家，其心日月可鉴。可是，最后还是死在了所效忠的人手里。

贺若弼死了，当年他的父亲因言获罪，被逼自杀时，用铁锥将他的舌头刺得鲜血淋淋，让他以后谨言慎行的画面仿佛就在昨日。

可惜，贺若弼谨慎了一生，最后还是没有逃脱因言获罪的魔咒。父子黄泉下相见，又该如何相拥而泣？

呜呼哀哉！

至此，隋初五大名将全部死亡，除韩擒虎较早去世，得以善终之外，其他四个人无一善终，全部死在了自己所效忠的主子手上。

这件事告诉我们，在权力面前，没有对错，唯一的错，可能只是你的权力不够大，没有大到对方不敢对你下手而已。

把关陇大贵族们搞定之后，杨广看着朝堂上战战兢兢的大臣们，不由自主地笑了，任你再大的贵族，在我面前，也不过如一根鸿毛，捏死你们，轻而易举。看以后谁还敢再乱提意见？

但是，将这些人全部赶下去之后，杨广很快又发现了另一个让人头疼的问题——没有能人干活了！

于是，杨广很无奈地又把苏威给提拔了上来，不过，杨广极大地削弱了他的权力——同时提拔了宇文述、虞世基、裴蕴、裴矩四人为宰相。

其中，苏威、宇文述属于关陇贵族，虞世基属于江南贵族，裴矩属于关东贵族，裴蕴出生于关东，但他在江南做过官，所以，兼有江南和关东两重贵族属性。

一朝五个宰相，导致每个人手中的权力都非常有限，一切决断都必须取决于杨广。

至此，在经过将近三年的经营之后，杨广终于大权独揽，以后再也没有羁绊，他终于可以大胆地、更加疯狂地去实现他赶超"秦皇汉武"的梦想了。

陆

大隋伟业

二十四、巡幸塞北，威震天下

高颎、贺若弼等一批重臣被杨广残杀之后，杨广终于牢牢地掌握住了所有的军政大权。

他没有时间，也没有心思回头看一眼那些忠臣们的鲜血，而是继续了他的榆林大游行。

游行的大体路线是从洛阳一路向西到达长安，再一路向北到达榆林，之后再一路向东跨过太行山到达河北涿州，再一路向南回到洛阳，等于围着山西转了一圈。

直线距离差不多是两千公里，也就是北京到上海一个来回，注意，这只是直线距离。

这一次，杨广依然是带了无数后宫佳丽、朝中文武百官以及几十万骑兵、步兵。

如果说上次这么大的排场巡幸扬州，是为了"衣锦还乡，耀武扬威"的话，这一次巡游塞北，多多少少还真的带了点震慑北方少数民族的作用。

为了让北方少数民族觉得这几十万人不是去揍他们，杨广先派大忽悠长孙晟去做了先导，向各个少数民族讲解一下民族政策：

大家都是大隋的子民，过几天皇上要来体察民情，大家该扫街的扫街，该刷墙的刷墙，该交通管制的管制，该搞欢迎仪式的抓紧排练。谁要敢掉链子，我就把他从瘸子再"忽悠"成植物人。

但是，草原上的汉子们从来没有过迎接圣驾的经验。

所以，启民可汗等一群少数民族领导（原来的突利可汗）听完长孙晟絮絮叨叨一大通之后，两眼睁得溜圆，一个劲儿地嘿嘿赔笑，也不见行动。

长孙晟一声苦笑，竟然忘了这帮人啥也不懂。但他又不好意思直说人家邋遢，这就跟说别人牙上有片韭菜一样，让人难堪。

不过这事难不倒大忽悠，他想点拨一下这帮人："启民可汗啊，我咋闻着你帐篷外的草那么香呢，有啥秘方，说说呗？"

启民可汗是个标准的老实人，不知道这是反话，他一脸迷茫地对着空气使劲儿吸了两口，回了句："我咋没闻见香呢？"

长孙晟忍住了笑："你趴到地上，再猛吸几口，好好闻闻。"

启民可汗也没动脑子，还真趴到地上猛吸了两口，结果差点被牛、马、羊的屎尿味给呛死。启民可汗急忙站了起来，咳了两声，还很天真地问长孙晟："不香啊，不信你闻闻？"

遇见这种老实人，长孙晟实在是憋不住了，哈哈大笑："天子所到的地方，诸侯都会刷墙修路，家里拾掇拾掇，你这里有这么多草，我觉得那肯定是特别香，不然你也不会留啊！"

让除草就直说呗，还绕了这么大一个圈子，启民可汗既恼火又尴尬，这不是欺负老实人吗？

但是一想到几十万隋军就在后面跟着，也不敢说什么，只能忍气吞声，赶紧拔出佩刀亲自割草。其他各少数民族首领见了，有样学样，也干了起来，不一会儿，就把周围的草原给薅秃噜了。

草割完以后，启民可汗也受到了启发，长孙晟不是说天子到的地方，诸侯还得修路嘛，咱也顺带把路给修了。

于是，他又下令全国人民开始修路，从榆林到涿州，修了一条长三千里，宽百米的大路。史书上说宽百米，实在太夸张了，估计是写这一段的史官没有见过草原，看到一望无际的草原，还以为是突厥人把地给捋平了呢！

杨广听说长孙晟戏弄启民可汗这事之后，对长孙晟大加赞赏，封他为右骁卫将军。但是，没过多久，长孙晟便到地下和阎王爷一起吹牛去了，享年五十八岁。

后世历代史学家，对长孙晟的评价都极高。有的说他的功劳"过于卫霍用百万师矣"。还有的说，他能和班超相提并论，"以夷攻夷，为中国制夷之上策，汉班超之所以制匈奴者在此，隋长孙晟之所以制突厥者亦在此。"

但是，很可惜，这样一位传奇人物，知道他的人并不多。

事实上，在他之后，整个隋唐再也没有这样的人才。例如，接替他继续忽悠突厥的裴矩，水平明显差了很多。

几年之后，杨广又要去塞北耀武扬威，结果被突厥给阴了，差点回不来。那时候，杨广还在怀念长孙晟："若长孙晟在，朕何至于此！"

几个月以后，杨广终于带着几十万游行联队，在榆林见到了启民可汗。为了抖威风，他准备给这帮少数民族上一节土木工程课——连夜把宇文恺给他打造的，可容纳几千人的大帐篷给搭建好了。

第二天一早，启民可汗等一大群少数民族首领，看到平地起个如此大的帐篷，下巴都快惊掉了，估计就跟很多人第一次看见皇宫时的那种感觉一样。

杨广看着他们惊愕的表情，得意地笑了。

于是，杨广让人宰牛杀羊、大摆宴席，胡吃海喝，民族联欢了半个月。大帐篷的糊弄效果很突出，启民可汗当即表示突厥和大隋比起来就是落后，愿意带着全民族汉化，连衣服也穿汉人的。

这马屁拍得真是恰到好处，滴水不漏，杨广高兴了，一挥手就赏了启明可汗两千匹布（宽约一米四，长约两万六千米）。

杨广看到一个大帐的效果就这么好，便又动了歪心思，下令宇文恺抓紧再造一些可移动、可拆卸的宫殿。

史书上没有记载这些宫殿的尺寸，但应该不会比大帐小太多。因为当时少数民族的人在十里外便能看见这些宫殿。这大概是世界古代史上最大的可移动房子了吧。现在的房车，在它面前就是班门弄斧。

杨广就带着几十万人和无数间这样的大房子，在内蒙古和山西晃悠了几个月，凡是看见杨广一行的人，伏地就拜。君临天下，教化四夷，大隋的威名已传遍了整个草原。

当年年底，杨广终于溜达到了涿州（北京附近）。他又开始大宴群臣，胡吃海喝了，但在宴会上发生了一件看似很小的问题，却点燃了隋朝灭亡的导火索。

当时我国东北部有三个比较大的少数民族：突厥、契丹和高句丽。突厥和契丹的老大，都跟着杨广屁颠屁颠地转悠了几个月，但高句丽国王就是爱理不理。

为啥不来呢？因为高句丽国王高元觉得憋屈。

当年隋文帝杨坚派宰相高颎他们率领三十万大军去揍高句丽，高元还没有看见隋军便吓得半死，赶紧自称"辽东粪土臣元"上表谢罪。

但是，没想到隋军运气不好，刚一到东北，就水土不服，得了瘟疫死伤大半。高元知道隋军运气这么背之后，后悔不已，觉得自己也太尿了，一国之君当得窝囊。

于是，这次杨广出巡到了涿州，高元为了面子，异常强硬，就是不去朝拜。这时候，启民可汗又在一旁煽风点火："陛下，您是不知道高元有多无礼，以前派使臣出使我们突厥，当面骂大隋，我想去揍他又揍不过，您可得好好收拾收拾他。"

杨广本来就不高兴，一听这话，也没派人听听乙方的意见，立刻就怒了。当即写了一封信给高元："你小子赶紧过来，不然朕和启民可汗立刻领兵去教训你。"

但是，没想到高元这次是真硬气，死活就是不去。

天子之怒，伏尸百万，流血千里。杨广自登基以来，还从来没有哪个国家的国王，敢这样对待大隋，还不被痛扁的。

越南曾经不服，杨广派部队攻进了他们的国都，把国王赶到了海里喂鱼。

契丹曾经不服，杨广仅仅派了一个人，便斩杀了几万契丹士兵，俘虏了几万契丹女人，让他们差一点灭族。

琉球曾经不服，杨广又派部队，攻进了琉球首都，烧了宫殿城池，还把琉球王子抓到了洛阳受审。

现在，一个小小的高句丽，竟敢一而再，再而三地挑衅大隋，不灭高句丽，怎能彰显国威？

于是，杨广当即下令，准备征讨高句丽事宜，其手笔之大，史无前例，整整准备了四年之久（608—611年），具体过程我们后面再讲。

还有四年才征讨高句丽，就让他们先在那里准备着吧。

现在，我们再回过头来看一下，这几年杨广还干过哪些丰功伟业。这不是反讽，后面三篇所讲的，确实是丰功伟业。

如果杨广能止步于此，其功绩绝对会彪炳千秋，以往的残酷、无情、不惜民力，也将淹没于尘封的历史之中。

二十五、征服三国，大业盛世初成

前面我们讲了很多杨广不好的地方，但老实说，杨广其实是一个很复杂的人，尤其是看《炀帝纪》的时候，你会在恍惚之间，觉得他是一个挺仁慈、挺伟大的皇帝。我们举几个例子：

1.杨广每次巡幸天下时，所写的诏书完全就是一个仁君所为。

例如巡幸江都前，他对外的诏书说："朕未得亲临各地，询问民间的疾苦。常常忧虑那些隐居不仕的人尚未被举荐，受冤的人还不曾申冤，四方有作恶犯法的事，责任在朕身上，所以日夜叹息，恐惧充满胸怀。"

2.虽然杨广巡幸各地时花费巨大，但他都给当地人民做了补偿。

例如，第一次巡幸扬州便免了扬州地区五年的徭役，所经之地都免除一到二年的徭役。在他登基的第二年，还免除了全国各地一年的租税。

杨广巡幸时，还不许任何人损害庄稼，如果因为修路占了谁家的田地，还一定要"从优酬偿"。

在京城办个大的庆祝宴会，还让人给京城每家每户都发放十石米。

3.虽然杨广喜欢打仗，但对士兵的家属也做了较大的补偿，例如他曾下令免除阵亡士兵家属十年的徭役。

4.杨广对古代帝王、圣贤也很"照顾"。例如他下诏说，他看到古代帝王们的墓地都荒芜了，内心无比凄凉。所以，要给自古以来的每一个帝王陵墓，都配置十户守墓人，并免除这十户人家的杂役。

他让主管官员找到了孔子的后裔，将他封为绍圣侯；还要求寻找周、汉、魏、晋等朝代皇帝的子孙，也给予适当的安置。

5.杨广对老弱病残也有照顾，曾经几次下诏免除这些人的徭役，给他们钱财、粮食、药品等，甚至还规定，黄河以北凡年满九十的人，册令授予太守官衔，满八十岁的人，授予县令官衔等等。

总之，杨广在仁政方面还是有所作为的，没有一味地残暴到底。

当然，他的这些作为和铺张浪费比起来，只是九牛一毛。

例如，他巡游全国时，各地往往需要提前收取几年的赋税才能满足他的需求。提前收了几年的税收，再免除一年赋税，又有何用？

他那么爱打仗，士兵都死在了战场上，再免除人家十年兵役，又有何用？

所以，只列出他施行的仁政，你真的会觉得他是一位仁君。但如果你了解背后的原因，就会知道，他的仁政就好比砍了别人一只脚，又给了别人一根拐杖一样可笑。

但是，在武力方面，杨广的确有不小的功绩。可以说除了征讨高句丽之外，杨广无一败绩，创造了一番至今看来都能让人顶礼膜拜的伟业。

602年，也就是杨广当太子的第三年，当时，交州（今越南河内）俚族首领李佛子发劲了叛乱，攻占了越王故城。

事情传至长安，杨坚也没太在意，任命了一个叫刘方的将军。刘方带了一千多人，就去找李佛子打了一架。

刘方名字很普通，但他的领军水平一点也不普通。此人带兵不仅法令严肃，军容齐整，还很知道聚拢人心。哪个士兵病了，刘方都会亲自慰问，和战国时的吴起有点像。所以，他的部下战斗力都很强，平叛过程也顺利得难以想象。

刘方带着一千多人一路高歌猛进，直奔李佛子老巢，压根就没遇到像样的抵抗。李佛子只是在家门口附近组织了两千多人，准备抵抗一下。

一千多人比两千多人，前者仰攻，后者居高临下，按理讲后者赢的概率很大。但是，刘方显然不讲道理，只讲拳头。三下五除二就把这两千多人搞定了，然后就冲到了李佛子的大营前。

一般情况下，这时候带兵将领都会吆喝："冲啊，抢粮、抢钱、抢女人！"但刘方并没有借势进攻，而是选择了一个损失最少的方法——劝降。在他看来，交州山高路远，杀了叛军很容易，但是想让这个地方长久地稳定，就需要收买人心。如今兵临城下，李佛子一定会投降，即便他不投降，他手下的人也会杀了他投降。

果然不出刘方所料，李佛子看到劝降的使者后立马就跪了，随后被刘方派人押到了长安。

平定交州叛乱之后，朝中大臣觉得这仗打得实在太没意思。于是，他们联名上书杨坚，反正闲着也是闲着，那不如再去打一下更南边的林邑吧，听说那边有不少宝贝（时天下无事，群臣言林邑多奇宝者）。

因为闲着没事，就去打个仗，灭个国，由此可见，当时大隋的国力是有多强大。

可是，对外不能这么说啊，总不能发个檄文给林邑国王说：其实我不想去揍你，奈何手太痒，心太闲，控制不住吧。

于是，杨坚让大家找个理由再去揍林邑。大臣们赶紧翻阅各朝史书，很快就找到了一些强有力的证据——林邑自古以来，就是中国领土。

林邑国王听着，你们这地方，秦朝时为象郡象林县，东汉时为马伏波将军的辖区。东汉末年，你们趁着中国内乱，竟然造反了，这叫不忠不义。南齐时，虽然你们又回归了祖国的怀抱，但我大隋建立后，你们竟然又分裂祖国领土。大隋再大，但是一点也不多余，所以，我们现在要出兵收复故土，识相的赶紧投降吧！

可惜的是，檄文刚发布，还没等刘方出发，杨坚便驾崩了。

杨广继位之后，605年正月，便迫不及待地下令，让刘方率领了一万多人和几千罪犯，继续去灭林邑国，不，应该是去收复故土。

当时的林邑国王叫梵志，百姓呢，史书记载是："深目高鼻，发拳（卷）色黑。俗皆徒跣，以幅布缠身……人皆奉佛，文字同于天竺（印度）。"和现在印度的苦行僧简直一模一样。隋唐时，管这种人和黑人统一叫作"昆仑人"。

这也从另一方面说明了，现在的越南人绝对是中国人的子孙。

既然林邑国的人不爱打仗，那战斗力就可想而知了，所以，这场轰轰烈烈的灭国战役很快就结束了。

战役从当年正月打到了三月，刘方连战连捷，几乎没有遇到过什么像样的抵抗。就是在快到达林邑国首都的时候，梵志亮出了撒手锏——大象军。刘方第一次见到这种庞然人物，根本不知道怎么应对。他让人试着砍了两刀，结果却惊讶地发现一点儿用都没有。于是，隋军只好退了回去。

但是没过几天，刘方就摸清了对方的致命缺点——智商不太行，做啥事不太过脑子。于是，刘方命令士兵在一块平地上挖了一些坑，再用草盖上，然后派出一小股部队去挑衅林邑军，并立下军令：只许败不许胜。

林邑军看见隋军撤退，自然和往常一样，也没有过脑子，赶着大象就急忙追，三个月了，赢一次不容易啊。

结果就是林邑军大象成群结队地往坑里掉。林邑军阵脚大乱，刘方又急忙命令弩兵射击没掉到坑里的大象，虽然大象皮糙肉厚，但是也经受不住弩的射击啊！大象们转身就朝对方冲了过去，林邑军大败。

当年四月，刘方就带领军队攻入了林邑的都城，林邑国王梵志打仗不行，但是跑得倒很快，一溜烟就跑到了海岛上。

刘方也很无奈，那破地方，蚊子大，蟑螂多，当时很不宜居。于是，刘方在林邑首都，找了几块石碑，写上了此次出征的原因和过程，就班师还朝了。

但是，在回朝的路上，刘方一不小心染了病，在途中便病逝了。杨广追封他为上柱国、卢国公。

林邑国王梵志见隋军远去，又跑了回去，上书隋朝谢罪，以后年年纳贡，不过就送了一些鸟玩意儿，是真的鸟，五色鹦鹉和白鹦鹉，会说人话，古人对这玩意儿都很稀奇。

这是杨广登基后的第一场灭国性军事胜利。

如果说林邑国被打有点无辜，那么，北方的契丹就纯粹是自己作死了。

契丹显然是不知道，这时候的大隋正闲得慌，愁着没事干呢。他们竟然自以为，趁着杨坚刚死，可以薅一把大隋的羊毛。于是，他们跑到营州（今辽宁朝阳）过了一把抢劫的瘾。

杨广收到战报后，忍不住内心的激动，他终于有事做了。

但派谁去呢，杨广小小地感叹了一声。

就是这一个小小的感叹，却改变了一个人的命运，也为中国历史增添了一段传奇。

"臣愿意为陛下分忧！"掌管诏书的通事舍人韦云起站了出来。

韦云起，生辰不详，长安人，以前因为性格耿直怼过驸马爷，杨坚觉得这位小伙很有种，就提拔他为通事舍人，成了皇帝旁边整理诏书的十六个人之一。

由此可见，他只是皇帝身边一个小得再也不能小的人物，像他这样的人，大概率会被淹没在历史的长河之中，生来死去，不会留下一点痕迹。但是很明显，韦云起不想碌碌无为地度过一生。

杨广用狐疑的眼光看着他，问："你领过兵，打过仗吗？"

"没有。"

"你知道契丹骑兵的厉害吗？"

"不知道！"

"大胆，你是在戏弄朕吗？"

"臣愿独自前往，不带一兵一卒，如果战败，定以死谢罪。"韦云起声音不大，但铿锵有力。

杨广被眼前这位年轻人坚定的决心震慑住了。一个人，无论身份有多么卑微，过往有多么不足道，当他将生死置之度外的那一刻，当他明知不可为而一往无前的那一刻，他都将成为一个伟大的人，一个值得任何人尊敬的人。

于是，杨广写了一封诏书交给了韦云起，半信半疑地说："带着诏书，去突厥借点兵吧。"

韦云起就这样，一个人带着一份诏书和必胜的决心，义无反顾地离开了洛阳，一路北上！

数月之后，他终于见到了突厥的启民可汗。启民可汗看着眼前这位风尘仆仆的小伙子，觉得十分可笑。

什么，借兵去打契丹？

什么，你是个书生，没带过兵？

太可笑了，启民可汗感觉碰到了一个千年不遇的傻子。但是，任凭启民可汗和大臣们无情地嘲笑，韦云起始终一言不发，抬起头颅，紧紧地盯着对方的眼睛。

过了一会儿，启民可汗被这双坚毅的眼睛看得有点发毛，他终于停止了嘲笑，大帐内一片死寂的沉默。

突然，韦云起大喝一声："可汗是在嘲笑我大隋天子不能识人吗？可汗是在嘲笑我大隋无人可用吗？"

启民可汗惊呆了，彻底被韦云起的气势震住了。他明显地感受到了眼前这位书生必死的决心，否则不会有如此大的勇气，敢在这里训斥自己。

启民可汗顿时对韦云起刮目相看，立刻收住了笑容，为刚刚的失礼道歉，大摆宴席，为韦云起接风。第二天，启民可汗便给了韦云起两万突厥骑兵。他能感觉到，在这样的人的带领下，此战必胜。

从来没带过兵的韦云起，就这样一下子从书生转换为了将军。

但是，韦云起没有一点生疏，而是像一个久经沙场的老将一样，将这两万骑兵分为二十个营，再分为四路一同进发。每一营相距五百米，鼓响就行军，角响就停止前进，没有公事，两营之间不得有任何联系。

但是突厥骑兵都懒散惯了，打仗从来都是一拥而上，或者集体溃散，没有那么多纪律可讲。很快，一位突厥将领就违反了军规。韦云起二话不说，竟然亲自操刀，把这个突厥将领给斩了。

一个没有打过仗的书生，一个刚刚领军的外人，竟然上来就砍了一个将领，万一军队发生哗变怎么办？万一人家的兄弟姐妹过来报仇怎么办？

韦云起，你的胆子也太大了啊。但这还没有完，他又让人拎着这个人的脑袋传示了三军。突厥兵见过愣的，但也没见过这么愣的，于是全军上下，一片肃杀。自此以后，其他突厥将领拜见韦云起时，都吓得两腿发颤，不敢抬头。

接着，韦云起又使了一招"假途伐虢"的计策。

进入契丹境内之后，韦云起传令三军，不能告诉任何人，营中有隋朝人，否则斩立决。见到契丹人之后，他又让人告诉契丹人，这两万突厥人是去和高句丽做生意，只是路过此地。

契丹当时连文字都没有，更没学过历史，所以，根本就不知道啥叫"假途伐虢"。于是，就没有对韦云起做任何防备。

就这样，这两万大军一路走到了距离契丹大营仅有一百里的地方。但是，韦云起还是没有发起进攻，为保险起见，他又下令调转马头，全部南下，再次迷惑契丹人。

契丹人脑子是真简单，压根就没想过突厥兵也会玩阴谋。于是，仍然没有丝毫防备。当夜，韦云起便又率大军返还了回去，在距离契丹大营几十里的地方稍作休整，黎明时分，他终于下达了总攻的命令。

一时间，战鼓四起，压抑多日的突厥骑兵疯了一样向契丹大营冲了过去，肆意地挥舞着屠刀，犹入无人之境。几个小时之后，战果出来了：俘虏契丹男女四万余人，牲畜不计其数。

但在处理战俘的时候，韦云起的手段非常残忍。女人和牲畜一半给了突厥，一半带回了隋朝，男人全部斩杀。

自古便有"杀降不祥"的说法。战神白起如此，项羽如此，前面提到的韦孝宽如此，韦云起自然也逃脱不了这样的命运。在唐朝时，他受到弟弟的牵连，也没有得到善终。

但不管怎么说，此时的胜利是辉煌，契丹自此对隋朝服服帖帖，再也没有侵犯过隋朝边境。韦云起也因此青史留名。但是不知道为什么，后世只知道唐朝的王玄策一人灭了印度，而不知道隋朝也有个韦云起一人灭了契丹。

也许在未来的某一天，韦云起的事迹也会被大家所熟知吧。他是一个不应被遗忘和埋没的人，一个应当被铭记和尊敬的人，一个有瑕疵但又伟大的人。

这是杨广登基后的第二场灭国性军事胜利。

灭了契丹之后，609年，杨广又派出了使节去招降琉球（今台湾）。

使臣看到琉球国王欢斯渴刺兜之后，给他普及了一下初中历史知识——这块地，自古以来就是中国的。

三国的时候，这块地就已经是东吴的了，后来东吴归晋，你们趁机跑了，现在祖国又强大了，你们赶紧回来吧。

但是欢斯渴刺兜却是"球独"一枚，拒绝了和平统一。

于是，第二年，杨广就派了一万人，又在东南亚各国征召了几千人，组成了联合国舰队，在隋将陈棱（隋末名将，以后还会出现）和张镇周的带领下，浩浩荡荡地就向琉球出发了。

上岛之后，琉球人估计没见过现代化武器——铠甲、弓箭、战马啥的，他们还以为隋军要来做生意，竟然主动跑了过来，搞了个欢迎仪式。

正所谓伸手不打笑脸人，陈棱和张镇周一脸蒙圈，也不好意思打人家。于是，他们又派了一个懂琉球语的"昆仑奴"去宣讲解放政策：

只要欢斯渴剌兜归降，承认琉球是大隋领土，可以让欢斯渴剌兜继续当国王，年年纳贡就行了。

哪知道欢斯渴剌兜死活不愿意，还自以为军事实力很强，表示要率着岛军反攻大隋。

既然这样，还有啥话可说，那就打吧！

没有任何悬念，不到一个月，隋军便攻入了琉球都城，欢斯渴剌兜被斩，宫殿被烧，王子也被押回了洛阳受审。另外，还俘虏了一万七千多王公贵族和琉球士兵。

琉球在时隔几百年后，终于再次回归到了祖国的怀抱。所以说，统一是大势所趋，别做无谓的抵抗了。

这是杨广登基后的第三场灭国性军事胜利。

最后这场战争的过程是不是很无聊？

这场战争确实没什么好写的，因为琉球和大隋的力量悬殊实在是太大了，还不如越南中部那一块，史书上只能一笔带过。

所以啊，统一大势，浩浩荡荡，弹丸之地，千万不能自不量力，高看自己。不过说句老实话，虽然这三次军事胜利政治意义都很重大，表明了琉球自古以来就是我国领土，越南曾是我国领土，但从现实意义上讲，它们对大隋王朝的影响并不大，因为战争规模实在是太小了。最少时，隋军只出动了一个人，最多时隋军也才出动了一万人，战争结果更是毫无悬念，是大国收复故地的降维式打击，战胜是应该的，如果战败了，才值得大书特书。

这三场胜利和下面即将创造的胜利相比起来，绝对是相形见绌的。在下一场战役中，杨广将把大隋的荣光，推向历史的最高峰，他也即将迎来万邦来朝的一片盛世！

二十六、东征西讨，重连"丝绸之路"

605年夏，大隋王朝的西北重镇张掖，来了一位五十七岁的老头。

该老头在府衙内，简单地吃了几口早饭，便带着几个仆人走街串巷去了。只见他走在街上，每见到一个西域商人，便详细地询问对方的来历与见闻，一连数日都是如此。

习惯了察言观色的商人们，一眼就看出来这个老头来历不凡，非富即贵。但他们不知道的是，眼前这位竟然是大隋王朝的民部侍郎——裴矩。令裴矩也想不到的是，半截身子都已经入了黄土的他，竟然会在此成就丰功伟业，名垂青史。

裴矩，547年出生于被毛主席称为"千年荣显"的山西裴氏家族。虽然家世显赫，但小裴矩的幼年生活并不快乐，因为他出生没多久，身为太子舍人的父亲就病逝了，他不得不跟随母亲，投奔了伯父裴让之。

裴让之也是北齐大臣，位列三公，不仅政绩出众，诗写得也很好，给小裴矩树立了一个很好的榜样。所以，小裴矩事事都向伯父学习，从小就勤奋好学，写得一手好文章。

但是好景不长，在裴矩七岁的时候，伯父裴让之也去世了。于是，他只好跟随母亲回到了娘家。好在裴矩没有因为环境的改变，而放纵自己，他依然勤奋好学，刻苦努力。

得益于祖辈世代高官的积累，二十多岁时，裴矩便在北齐混了个一官半职。但是，又是好景不长，三十岁的裴矩便第一次尝到了被灭国的滋味，自己的国家北齐被北周给灭了。

原北齐官员死的死，伤的伤，逃的逃，裴矩也没例外。三十岁的中年男人，上有老，下有小，压力正是最大的时候，但他却失业了。

一时间，裴矩心灰意冷，不知道如何是好。如果照此发展下去，他们裴家估计到他这一代，就要衰落了。

但是，老天眷顾，或者说，他从小养成的刻苦努力的品质，以及写文章的能力挽救了他。

北齐灭亡后不久，当时还是北周大臣的杨坚，偶然之间看到了裴矩写的文章，对他的文笔大加赞赏。于是，便将他纳为了自己的秘书，很多大事都与他商议。

杨坚登基后，裴矩也受到了重用。不过，受到重用和名垂青史还有很大的距离，中华几千年的历史中，有无数个功在当世的大臣，都被淹没在了历史的长河之中。

裴矩在杨坚的手下，兢兢业业地干了十三年，其中有什么功劳，史书上只字未提。

直到590年，四十二岁的裴矩才开始有了第一次逆袭的机会。

那时候江南刚刚解放，杨坚让裴矩巡抚岭南，但是走在半道，高智慧等人便在江南发动了叛乱。我们之前的文章讲过，杨坚令杨素、史万岁等人率大军前去平叛，这两个人都立了大功。但是在这场平叛中，立大功的还有一人，就是裴矩。

他带着几个随从到达江西南康后，发现江南已经乱成了一锅粥。如果是普通人，第一反应肯定是向朝廷要兵要粮，甚至还要将。

但裴矩显然不是一个普通人，他太想有所作为了。

于是，他什么也没有要，而是从各个县召集了三千个基本没有打过仗的地方保安，就直奔战场了。

领着三千保安的裴矩，竟然以摧枯拉朽之势，转战数千里，将叛军从江西一直打到了越南，安抚岭南二十多个州。

一个从来没有打过仗的文官，带着一群保安，竟然能建立如此大的功勋。隋唐英雄遍地走，真的是名不虚传。

捷报传回长安后，杨坚连连称奇，裴矩因战功卓著被封为了喜县公，任民部侍郎（民部二把手）。

没过多久，杨坚又让裴矩去协助大忽悠长孙晟去忽悠突厥。裴矩再一次发扬了勤奋好学的精神，很快就将突厥的情况了解了个大概，但是，也仅此而已。在突厥问题上，只要有长孙晟在，他永远只能是配角。

裴矩就这样又当了十几年的配角。

杨广登基后，裴矩已经五十八岁了，在那个平均寿命只有三十多岁的年代里，五十八岁的裴矩终于迎来了人生最辉煌的时刻。

他不愿继续落于人后，他不愿意家族的荣光由他衰落，他要赶超伯父，也坐三公之位。于是，他像一个热血少年一样主动请缨，要以老朽之躯，去建设祖国的大西北。

有这样一位老骥伏枥的老臣为自己分忧，杨广自然不会拒绝。于是，便有了文章开头的那一幕。

经过一年多的详细调查和编纂，这位五十八岁的老头，竟然写了一本我国历史上最重要的西北历史文献——《西域图记》。

书里不仅详细介绍了西域四十四国的险要、酋长、姓氏、家族、物产、典章制度等等，还画出了三条丝绸之路的具体走向，为现在研究古代丝绸之路，提供了重要的参考。

只是很可惜，此书已经散佚。有人可能会说，书都没了，你怎么知道这书写的什么内容，把它的价值吹这么高？

不急，现在的人没机会看到，但是以前有人看过啊，例如《隋书西域传》就大量引用了此书的内容。

在写书的同时，裴矩还把目光转向了河西走廊上的吐谷（yù）浑。

吐谷浑是鲜卑人的一支，当时控制着河西走廊。西域各国和大隋王朝做生意，他就卡在中间，要么赚差价，要么吃、卡、拿、要分利润。

看到吐谷浑这么混蛋，裴老头胸中便燃起了为民请愿的熊熊烈火，准备请这群人吃个瘪。

但是怎么解决呢？再去征调三千保安，和吐谷浑在马背上死磕？好像不太现实。一大把年纪了，上马下马都够呛，怎么亲自领兵打仗？

就在左右为难之际，裴矩突然想到了从长孙晟那里学到的本领——忽悠。于是，一场针对突厥和吐谷浑的忽悠便开始了。

裴矩先派人到吐谷浑伏允可汗那里忽悠：东突厥早就投降大隋了，但是西突厥却一直没有投降。所以，大隋皇帝派我来张掖，就是准备去打西突厥。听说西突厥经常把你按在地上摩擦，你看咱们要不要一起给西突厥来个联合双打？

敌人的敌人就是朋友，吐谷浑伏允可汗以为天上掉了张大馅饼，马上就要翻身农奴把歌唱，于是，也没过脑子就同意了。

谁知道裴矩在背后玩了个阴的，得到伏允可汗的回复后，他便让商人们四处宣扬这条消息。不过话给反过来了，不是大隋要联合吐谷浑，而是吐谷浑要联合大隋。这真是人嘴两张皮，想咋说咋说啊。

西突厥听说要被大隋和吐谷浑联合双打后，立马就尿了。

于是，他们立刻派人到大隋举办了隆重的投降仪式，然后又很纯情地向大隋表达了忠心："大哥，小弟想帮您收拾吐谷浑，您看行不行？"

裴矩表示，大隋早就看不惯吐谷浑了，谁知道这货竟然敢挑拨大隋与突厥之间的深厚友谊，这种小人必须收拾。

于是，608年，突厥铁勒部率十万骑兵，对吐谷浑发动了突然袭击。

吐谷浑伏允可汗大败而逃，竟然还是朝着东边的大隋跑的，一边跑还一边喊："大哥，咱们不是说好一起去打西突厥的么？现在他来打我了，你管不管？"

到这个时候了，还不知道裴矩在背后玩了阴的，估计吐谷浑的情报部门和外蒙的海军差不多，都是摆设。

杨广得知吐谷浑要投降的消息后，高兴得大腿都拍红了，连忙派将军宇文述带了几万大军前去接应，但是在接应途中竟然出现了问题，让煮熟的鸭子飞了半只。

不是情报泄露，也不是隋军水土不服，而是伏允可汗看见，接受投降，就来几万大军，这哪像是受降啊，分明是来趁火打劫。于是，他调转马头，又带着残兵败将们往西跑了。

宇文述得知情况后哭笑不得，道喜却遇到了奔丧，只能追呗。

从西宁追到了青海湖，总算是给追上了，宇文述本来还想跟伏允可汗和和气气地讲解一下民族政策，但是，伏允可汗估计是跑缺氧了，一头蒙圈，也没人给递个氧气瓶，让他吸吸。

当时，伏允可汗的脑了是相当不清醒，扭过头，也不听宇文述唠叨，拿起砍刀就要干仗。

既然这样，那就没啥好说的了。追得正欢的隋军对着伏允可汗的屁股就是一顿猛踹——斩杀其众三千多人。

伏允可汗继续跑，宇文述继续追，在丘尼川这地方又给追上了。隋军又对着伏允可汗的屁股猛踹了一脚——俘虏其王公贵族二百人。

宇文述这边大胜之后，裴老头那边还没有满足，估计他在张掖吃了一年哈密瓜，然后上瘾了。于是，他又上书杨广，让大将薛世雄（隋末名将）和东突厥启民可汗一起去把伊吾（今哈密）也给灭了。

灭人国，杀人放火这事，杨广这位爷能不干？他很快，就下了道诏书，听从了裴矩的意见。

启民可汗本来就不想去，但是畏惧隋朝国威，只好装着答应了。但是，在正式出兵的时候，他耍了个滑头，说自己得了痔疮，天天血流成河那种，骑不了马，去不了。

听说启民可汗得了痔疮，去不了，隋将薛世雄反倒很高兴，省得有人跟他抢功劳了。不是薛世雄心理变态，高傲自大，而是他有那资本。这位老哥出生于将门世家，史书说他从小就凶狠好斗，跟没骗过的公牛一样爱惹事。

长大后，他又跟随北周武帝、隋文帝南征北战，战功卓著。本来他就看不起突厥人。于是，薛世雄独自领着几千隋军，开启了一场茫茫沙漠苦行军。

此时的伊吾国王在干吗呢？

马照跑、舞照跳。不是他不知道隋军要来揍他了，而是他认为隔着茫茫沙漠，鸟都不一定能飞过来，更何况是一支部队？

伊吾国王的想法没有错，隋军很快就认识到了大自然的威力。没过多久，疾病便开始在人群中流行，士兵一个个倒下，但是前方还有多远，却没有一个人知道。

人最害怕的不是前路太远，难以到达，而是害怕根本不知道前方在哪儿，看不到任何希望。

薛世雄终于意识到启民可汗为啥得了痔疮，但是，难道就这样灰溜溜地回去吗？

薛世雄不甘心，他手下的大隋将士们更不甘心。大隋自开国以来，何曾有过一败？隋军所到之处，哪一仗不是战必胜、攻必克？

北边，四战突厥，每战必胜，让强大的突厥从此俯首称臣。

东北，韦云起一人灭一国，让契丹不敢再犯隋境。

南部，万余人灭林邑，把他们的国王赶到了海上。

东南，又万余人灭琉球，把他们的王子抓到洛阳。

西边，宇文述不久前又大败了吐谷浑。

这些国家，哪一个不比小小的伊吾强大？他们能做到，我薛世雄和这群将士们凭什么做不到？壮士出征，最差的结果不过马革裹尸，兄弟们倒下了，活着的人更应该去完成他们未竟的事业，前行，一定要到达伊吾、建功立业。

此刻，虽然这几千名隋军已经筋疲力尽，看似弱不禁风，但他们毫无疑问，已是最强大的军队。

因为上下同心者远，上下同心者大，上下同心者强，上下同心者胜。

天助自助者，功成有梦人。终于，在一个风沙弥漫的下午，他们看见了不远处的伊吾城。隋军像几千匹饿狼，两眼放光，随时准备对眼前的猎物发动致命一击。

但是，让人奇怪的是，从小就凶狠好斗的薛世雄，这一次竟然没有趁人不备，杀人灭国，而是选择了和平招降。

也许，和平比战争更能击破人心。

此刻伊吾国王，刚喝完葡萄酒，正酩酊大醉。但得知隋军远道包围了城池之后，酒便吓醒了一半。他不由得感叹道："隋军真乃神兵天降！"然后，他就出城投降了。这国王当的，也挺有意思。

薛世雄受降之后，又下令在汉代旧伊吾城东筑了一座新城。然后让银青光禄大夫王威带了一千多名士兵把守，自己凯旋了。

回京后，薛世雄被杨广任命为正议大夫。617年，在平定窦建德叛乱时，被窦建德打败，只率了几十人逃跑。逃跑后，他觉得有愧朝廷，不久抑郁而死，时年六十二岁。王威这个人，在李渊起兵时，会当配角经常出现。

至此，在裴矩的苦心经营之下，这条中断了近三百年的丝绸之路，这条连接着东方与西方的大动脉，终于开启了新的篇章。

但是，辉煌仍然没有结束，一年之后，在杨广的御驾亲征下，这个辉煌将达到了史无前例的高潮。

大隋的荣耀，也将达到顶峰。

二十七、御驾亲征，拓疆四千里

609年年初，杨广到塞北军事大游行了一年之后，刚刚回到洛阳，便收到了一条战报：去年被突厥和大隋联合双打过的吐谷浑伏允可汗，竟然好了伤疤忘了疼，带兵攻打张掖去了。

打你，你还敢还手？杨广相当生气，啥也别说了，再去揍他。不过，这一次杨广准备来个狠的——亲率十万大军西巡河西，顺带御驾亲征。

为啥说是顺带御驾亲征？因为除了十万大军外，杨广还带了嫔妃宫女等一大群人，并且在路上走走停停，一会儿接见一下西域各国使者，一会儿又大宴群臣，搞个联欢派对，完全把打仗当成了自驾游。说白了，杨广压根就没把吐谷浑放在眼里。

大军出征，最忌讳的就是主将轻敌冒进，当年刘邦一统江山后，志得意满，轻率地带领几十万大军去打匈奴，结果就被困在了白登山七天七夜，差点一命呜呼。

伏允可汗虽然不一定看过历史书，但肯定知道主将轻敌就意味着失败的道理。所以，他集中了全部兵力，准备对隋军来一次大屠杀，以报去年被踹了两脚之仇。

五月二十四日，隋军与吐谷浑军队终于在西宁附近相遇，伏允可汗准备趁隋军远道而来，士兵疲惫之机，给予隋军迎头痛击。所以，他第一时间就带着全部家当，对隋军发起了总攻。

哪知道，隋军完全出乎伏允可汗所料，因为隋军虽然跑得远，但是一点也不累。相反几个月无聊、乏味又慵懒的行军，让隋军将士个个手痒得很，正想着搂草打兔子，给单调的生活增添点愉悦的色彩呢！

于是，很神奇的一幕就出现了。

看见吐谷浑大军冲来，隋军全军上下哇哇大叫，比吐谷浑军还兴奋，好像对方才是走了千把里路的军队。后面还有皇帝在看着呢，此时不冲，更待何时？于是，隋军呼喊着，大叫着，挥舞着手中的长刀和马鞭发起了反冲锋。

吐谷浑骑兵一下子蒙了，这和他们设想的剧情完全不同，他们还以为遇见了一群神经病，见过愣的，没见过这么不要命的。所以，还没等隋军冲到跟前，伏允可汗调头就跑。

结果就是吐谷浑仙头王被围，率领男女十余万人投降。

紧接着，隋军和去年一样，继续追击，踹伏允可汗的屁股。六月初二，伏允可汗又被追上，士兵被斩杀无数，自己仅带了几个随从逃跑了。

事实证明，在运气面前，什么样的技巧都不值一提。

至此，原吐谷浑的大部分领土都归大隋所有。史书记载，其东西长四千里，南北宽两千里。

大胜之后，杨广极为高兴，一时兴起，写下了气势磅礴、被后世人评为有曹操之风的著名五言诗《饮马长城窟行示从征群臣》：

肃肃秋风起，悠悠行万里。

万里何所行，横漠筑长城。

……

千乘万旗动，饮马长城窟。

秋昏塞外云，雾暗关山月。

此诗是何等豪迈气魄，奔放粗犷，虽然时隔千年，我们依然能从中感受到杨广当时的旷达之情，以及大隋武力的独霸天下。

隋军在取得伟大的胜利之后，没有班师回朝，而是一路向西，朝着张掖继续行进。因为那里还有二十多个国家的国王、大臣、使者，正在等待着杨广。他们要为大隋天子，以及这支胜利之师接风洗尘。

更重要的是，他们还要和杨广一起，为这条中断了几百年的丝绸之路，举办一场声势浩大的盛宴，以贺重生。

于是，杨广带着大军，马不停蹄地赶去赴宴了。但是，灾难就此降临。也许是因为这场胜利来得太过容易，几天之后，老天便给了这支威武之师以最残酷的惩罚。

六月初八，也就是隋军取得大胜之后的第六天，当这十万大军抵达扁都口，马上就要到达张掖的时候，老天突然变脸了——刚刚还炎热无比的夏天，突然间风雪肆虐，白雪皑皑，达数尺之深，几十摄氏度的气温，瞬间变成了零下十几摄氏度。

面对突如其来的天灾，可怜那群还穿着单衣的隋军将士，根本没有丝毫准备。一个又一个年轻的小伙子倒下了，化作了一座又一座丰碑，守卫着大隋的边疆。只是片刻之后，这些丰碑就将被大雪掩埋，放眼望去，白茫茫的一片，真干净。

杨广看着一个又一个离去的生命，无奈地一声长叹：呜呼哀哉，难道天命如此？

时间在一点一点地流逝，隋军在成批成批地死去。就在那危在旦夕的一刻，张掖城里的援军终于到了。在他们的帮助下，杨广一行终于逃离了冰雪地狱，但是清点之后，他们惊讶地发现，十万大军竟然仅剩下了一万多人，就连杨广的姐姐也被活活冻死了。

辉煌与地狱、顶点与低谷，仅仅相隔几天而已，命运就是这么残酷无情。

但是由不得杨广伤心太久，他必须马上扔掉刚刚经历过的苦痛，以不怒自威的国君威严，去接见那二十多个国家的国王和使者。

二十多个国家的首脑，经过几天的友好协商，一致同意建立全面合作、共同发展、面向未来的隋西关系，共同维护丝绸之路的安全，为人类命运共同体，做出应有的贡献。

会议期间，为了表达诚意，高昌等国在没有受到任何威胁的情况下，竟然主动要求献给大隋上千里土地。虽然大隋再三拒绝，但是，这些国家首脑仍然执意要给，最后实在是盛情难却，大隋只好勉强同意。

实在是匪夷所思，匪夷所思！

在"其乐融融"的会议过后，杨广便在张掖举办了一场长达一个多月的贸易盟会。聚集至此的各国商人绵延十几里，天下宝物，尽在其中。

这是中国历史上，第一个大统一王朝的君主巡视河西走廊，也是世界历史上第一个"万国博览会"。至今，敦煌莫高窟还描绘有当年的盛况。

从此，江南的丝绸、茶叶，可以通过杨广所修建的大运河运至洛阳、长安，再由此辗转西方，直达欧非。一条黄金之路，一条和平之路，一条连接着东西方的文明之路，畅通了！

隋朝的国运、杨广的丰功伟绩，在此全部达到了高峰。不得不承认，这个史无前例的辉煌属于大隋，也属于杨广。

无论杨广前期有多么骄奢淫逸与暴虐，杀兄囚弟也好，滥用民力也罢，在这一刻，在杨广威震塞北、征服三国、重连丝绸之路、拓疆数千里的这一刻，杨广之伟大、大隋之伟业足已耀烁古今，媲美汉武。

如果此时杨广能突然驾崩，那么，我们的历史上将会多一个伟大的、雄韬武略的帝王。

但是，大隋就像一个被诅咒了的王朝，一切荣光，一切伟业，也就到此为止了。

因为刚刚创造了无数伟业的杨广，马上又狗尾续貂，给这个辉煌续上了一副沉重的枷锁。

609年十一月，杨广从河西走廊回到洛阳后，又开始"作死"了。

他下令以后西域商人可以直接到洛阳进行贸易。为了在西域商人面前摆个酷、耍个帅，他又一拍脑门，想了个馊主意：

从610年正月十五开始，在洛阳举办为期半个月的盛大欢迎仪式，洛阳街道上所有的树都给裹上绸缎，所有商人都必须盛装卖货，所有饭店对西域人一律免费，当然，朝廷不报销。另外，在洛阳的主要街道上，每天再举办上百场大戏，再派一万多名乐师一齐奏乐。

一切极尽奢侈，一时间民怨四起。

在这个败家子的使劲折腾下，一场本来具有伟大意义的，可以见证历史的事件，硬是被搞成了劳民伤财的闹剧。

但是，闹剧仍然没有结束。盛会过后，杨广又下达了一个脑袋被夹过的决定：大隋的西北各郡要对西域各国全力扶贫。西域没有的，大隋要给，西域有的，大隋还要给，而且要免费给。

从此，西北各郡人民开始生活在水深火热之中。不久之后，一个个本本分分、勤勤恳恳的农民，便被逼成了一群群到处煽风点火的乱民。

但是，闹剧仍然没有结束。属牛的杨广却像属哈士奇一样，不把家里闹翻个天，决不罢休。

四十三岁的杨广要二下扬州，再来一场声色犬马。不必多说，又是八万名纤夫拉船，十几万骑兵在两岸护卫，所过之处，提前征收多年赋税，百里之内百姓纷纷叫苦不迭。

就这样，杨广在扬州玩了将近一年，终于累了，百无聊赖的他觉得又该干点正事了。

611年正月，杨广下令启程，直奔涿州，亲自督办征讨高句丽的各种事宜。**压死骆驼的最后一根稻草，终于来了。**

现在是时候看一下，608年到611年，杨广为征讨高句丽都做了哪些准备了：

1.在涿州修建临朔宫作为行辕，以便日后亲自指挥对高句丽的战争。打仗之前，还想着修宫殿享受，只能一声叹息！

2.征调一百多万民夫，修建从洛阳到北京的永济渠，以便将来运送粮草。

3.永济渠修通后，把江南多余的粮食全部运往北京。

4.全国范围内征召部队，大约一百一十多万，全部集中到北京。

5.全国范围内收缴铁器，打造兵器，兵器有不合格者立斩。

6.山东建造三百艘大船，河南建造五万辆大车，以便水陆并进。

……

另外，所有的工程都必须加快进度，按期完成。其结果就是修建永济渠时，死伤过半，男人不够用，就开始征调女人。造船时，因为任务重，时间紧迫，将近一半工人连日泡在水里，导致下身腐烂而死。

永济渠修通后，杨广又征调了六十万民夫，江南的大部分船只和大部分马车，分水路、陆路将粮食运往北京。

车辆不够了，又开始征调人力推车。结果就是两个人推一辆车，粮食还没运到目的地，便被民夫吃完了。于是，民夫只能畏罪潜逃，变成乱民。

这还没完，611年秋天，就在杨广到达北京，督办征讨高句丽的各种事宜不久，老天给了本已疲敝的大隋又一痛击，或者说是老天给了杨广一次严重警告——黄河泛滥了。

河南、安徽、山东三十多个郡被淹，田里颗粒无收，百姓四处逃荒，饿殍遍野，甚至还出现易子而食的现象。

611年十月，位于河南三门峡的砥柱山又发生了崩裂，堵塞黄河河道，黄河水逆流而上数十里，关中平原又被淹没了一大片。

但凡脑子正常一点的君王，或者是但凡有一点爱惜民力的君王，此时做的第一件事肯定是赈灾。

但是，在这种迫在眉睫的时刻，杨广竟然不顾国内百姓的死活，也不怕激起民变，仍然坚持大肆搜刮粮食，运往北京，为征讨高句丽做最后的准备。

"天地不仁，以万物为刍狗；圣人不仁，以百姓为刍狗。"也许，杨广是把自己当成了"圣人"，把百姓当成了"刍狗"吧！

既然不被当人对待，只能像狗一样卑贱地活着，那就拼个鱼死网破吧！

于是，当年大隋王朝全国各地便燃起了起义的烈火，如山东的王薄，河北的窦建德，瓦岗的翟让、单雄信、徐世勣，济阳的王伯当等人，纷纷揭竿而起。

但是，他们现在的力量还很弱小，再过几年才是属于他们的时代，这些我们后面再讲。

现在，请让我们细想一个令人疑惑的问题：

杨广为什么拼了命也要攻打高句丽，除了好大喜功，除了要挽回自尊，除了把百姓当"刍狗"之外，难道就没有一点高尚的理由吗？

三征高句丽

二十八、为什么隋炀帝一定要灭了高句丽?

在讲这个之前,我们先仔细思考一个问题:侵略战争真的是错的吗?

要回答这个问题,必须要分成两个方面:就国家而言,他方侵略我方,他肯定是错的;我方侵略他方,那也是他方有错在先,我们叫"自卫反击"。

你必须这样看"侵略战争",没得选。

因为这不是一个道德问题,也不是哲学问题,而是生存问题。

为什么这样说?

这得从源头上看。

生命是如何诞生的?单细胞生物是如何演化成复杂生命的?

以上两个问题都有很多的假说,在科学界尚未形成定论。但是复杂的生命是如何进一步演化,并延续至今的,科学界早已形成了共识——弱肉强食,适者生存。

也就是说,现在地球上所存在的八百七十多万种生物,没有一个是靠和平共处、请客吃饭演化而来的。它们是八百七十多万种"双手沾满了鲜血"的物种,它们是八百七十多万种踏着失败者的尸体而勇往直前的物种。

它们之所以今天还有资格活在这个地球之上，是因为它们的祖先，在一轮又一轮的大规模杀戮中战胜了对手，脱颖而出。

人类只是这八百七十多万生物中的一种，所以，人类的进化史和所有生物的进化史一样，也是一条充满了血腥的杀戮史。

五万年前，现代人类的祖先开始走出非洲，他们在之后的四万年里，灭绝了弗洛勒斯人、尼安德特人。

他们又把北美四十七个属的物种，灭绝了三十四个属；南美六十个属的物种，灭绝了五十个属。澳大利亚二十四种体重超过五十公斤的大型动物，灭绝了二十三种。

他们把一切对人类有严重威胁的其他人种和动物统统杀死之后，才让后人有了时间和精力去思考人与人的关系、人与物的关系、人与自然的关系，这才有了道德、哲学、神学，才诞生了人类的文明。

也就是说，没有前期的杀戮，就没有后期的所谓的文明。

铺垫这么多，就是想告诉大家，生命的战场，从来不是输了还能重来的竞技场，而是一个个只有你死我活的斗兽场。

只不过，人类的文明诞生之后，这种斗兽场换了一种方式而已。

由原来个体与个体的对抗，变成了部落与部落的对抗，再变成了民族与民族的对抗，之后又演变为了国家与国家的对抗，若干年之后也许就是文明与文明的对抗。

但是，无论形式怎么变化，其对抗的本质从来没有丝毫变化，还是几十亿年前的那八个字——弱肉强食，适者生存。

四大文明古国为什么只剩下了中国一个？中华民族为什么能延续至今？中国为什么能从黄河两岸巴掌那么大的地方，变成一个九百六十万平方公里的大公鸡？

不是因为我们是礼仪之邦，不是因为大家觉得古文明不易，都对我们照顾有加，而是我们的祖先靠着铁和血争来的。

现在我们经常说，我们是爱好和平的国家，的确没错。

那是因为我们的祖先，在和平成为主流之前，已经为我们打下了足够的生存空间，才使我们不必像他们一样，去开疆拓土，为生存而战、为中华民族的绵延不息而战。

更是因为，现在我们有了更加"文明"的手段，能为自己的国家和民族去赢得发展空间，而不必再去明着打打杀杀。

这些"文明"的手段与之前的手段相比，只是没有"明着"死那么多人而已。但你只要稍微留心一下，就能看到"文明"手段的背后是一样的残忍血腥。

一次人为的经济危机，就能把弱国数千万人民几十年积累的财富，瞬间洗劫一空。让弱国数千万人民，世世代代都没有尊严地活着。

所以，如果生命的世界只有一条真理的话，那么这条真理肯定还是"弱肉强食、适者生存"，过去、现在、未来都不会发生任何改变。

只不过现在的人类为了掩盖生命的残忍，给这条真理，披上了一件叫作"文明"的外衣而已。

所以，不要去责怪祖辈们的对外战争，没有他们的流血和付出，哪有我们现在的幸福生活？

那么，别国侵略我国，为什么就必须说他错了呢？

很简单，他们是要杀了我们，一个要杀了我们的人，他能没有错吗？

现在，我们再来看隋炀帝为什么一定要灭了高句丽？

其实咱们老祖宗已经把原因说得特别清楚了，一句话："国之大事，在祀与戎。"翻译一下就是：国家主要的事就两件：祭祀和军队。

很多人说这里的"祭祀"是古人迷信，祭祀代表着君权神授，代表着统治的合法性。

这个不假，的确如此。但是，这个"祭祀"实际上还应该包含另外一个意思，古人还认为祭祀能够使国家风调雨顺，国富民强。

总之大家知道那个意思就行了，用官方一点的话说就是，**国家的大事就两件：财政安全和国家安全。**

你想一下，是不是这个道理，如果还不理解，我们的历史上，刚好就有这两个方面的典型例子。

财政有保障，但国家安全没保障的是哪个朝代？

宋朝嘛，国家富得流油，但是军队战斗力比意大利还渣。最后的结局就是北宋变南宋、南宋变元朝。苟延残喘那几百年，还天天被北方政权欺负。

那么，国家安全有保障，但是财政匮乏的又是哪个朝代？

明朝末年嘛，军队战斗力依然很厉害，关宁铁骑打清朝骑兵一点也不怵。但是财政收入不行，拆东墙补西墙都不够用。

最后，就是因为发不出军饷，军队都不听中央指挥了才完的。电视剧《大明王朝1566》把这一点讲得非常通透，为了那几百万两白银，把皇帝、严嵩、张居正他们愁的从第一集愁到了最后一集。

财政安全没保障，国家安全也没保障的就是大清末年和民国，干啥啥不行，被人家欺负了一百多年。中国也从一个世界大国，沦为了一个半殖民地国家。

所以，国家安全和财政安全非常重要，从这两点考虑高句丽的事情，就能明白了。

先讲国家安全。

假如你穿越到了古代，成了一名国家的君主，你会不会去攻打邻国？

你可能会说，自己比较爱好和平，不会去打。但是我们都知道，古代的抗灾能力特别差，稍微有点天灾人祸，国家就容易发生动荡。

那么，现在问题来了，假如你的国家发生了大旱，百姓生活不下去了，你该怎么办？

现在你的面前只有两个选择：

要么带着人民去打其他国家，抢他们的粮食。

要么等着人民造反，把你推下台。

你会选择哪一个？

当然，你也可能会选择自己下台，以谢天下。

但是，我们把问题反过来，假如邻国遇到了天灾，你所在的国家又很富有，你能保证他不派兵过来抢吗？

假如你又恰好处于春秋时期，周围有几十个国家呢？你敢保证他们都不来抢你的吗？

《左传》里有句话说的非常对，"匹夫无罪，怀璧其罪。"所以，一个国家只可能有两种命运：**要么吃掉别人，要么被别人吃掉。**

所以，中国历史几千年来，无论是谁建立了政权，第一个目标，都是统一中原。第二个目标，都是打服周围所有的国家，让他们对中原王朝没有实质性的威胁。

秦汉、魏晋、隋唐、元明清，个个如此。

杨广为什么要打高句丽，就是因为周围的国家突厥、契丹、吐谷浑等国都服了，只有高句丽太突出，始终不服，而且它还咄咄逼人。

不是杨广非要打它，而是换作任何一个中原皇帝，都会打它。

那么，这里还要再引申出来一个问题，中原王朝对朝鲜半岛的统治力，为什么始终都比较弱呢？

主要原因就是财政问题。

朝鲜的山地太多，平原太少，以古代的生产力，种地养不活多少军队。驻军多了，还要从内地调粮，得不偿失。驻军少了，有叛乱时，又不好镇压。而且中朝之间还有个长白山，运粮、行军都很不方便。统治这地方财政上不划算。所以，历代中原王朝的态度就是，只要你服我，我就懒得理你。

朱元璋对这一点认知就非常到位："朕视高丽不止一弹丸，僻处一隅，风俗殊异，得人不足以广众，得地不足以广疆。"

越南中部、琉球和朝鲜类似，也是这个原因，中原王朝不是必须去统一它们。

其实我国国内也有很多类似的地方，例如明朝之前的贵州、云南等地，也是因为穷，虽然它们名义上归中央统治，但历代王朝基本施行的都是羁縻（mí）政策①。

明清两代，才开始对云南和贵州施行"改土归流"，就是不承认原来的土司了，地方长官得让中央任命。

为什么会出现"改土归流"呢？

一个主要原因就是明朝的时候红薯和玉米传到了我国，云南和贵州原来不适合种地的地方，竟然可以种地了，能养活更多人了，中央加强对这两个地区的统治，在财政上划算了。

其实，我们还可以从反面上看财政安全的重要性，即：**只要是有利可图的地方，老祖宗都帮我们给占领过了。**

比如河套地区，"黄河百害，唯富一套"，周围全是荒原和沙漠，但这一块却是绿洲，被称为塞上江南，原来被匈奴占着，但是秦朝时候，秦始皇就派蒙恬率十万大军给占了，并迁徙了三万户到那里戍边。

还有甘肃和新疆，放眼望去全是荒漠，但是老祖宗还是把它们给纳入了中国，为啥？其中一个主要原因就是通过丝绸之路，中原王朝的丝绸、茶叶、瓷器、香料等等，可以运到西方，赚取大量钱财。

例如，史书记载，丝绸被运到罗马后，成为罗马人狂热追求的对象。价格最高时，一斤丝绸价值六两黄金（约六万人民币）。以至于罗马帝国黄金大量外流，迫使元老院制定法令，禁止人们穿丝绸。

---

① 这些地方的长官都是当地的大地主土司，不由中央任命。

所以，甘肃、新疆等地，就相当于中原王朝的聚宝盆、财政银行，是必须统一的。

西北还有一个地方非常典型，就是伊犁，它周围降水量都在四百毫米以下，就这一块在四百毫米以上，加上还有伊犁河，也非常适合农耕，能够提供财政收入。所以，唐朝时就都被中国人给占了，还调拨了大批常备军进行驻防。

套用现在吃货们所说的一句话：凡是可以吃，但中国人不吃的，肯定是不好吃。以此来形容咱老祖宗对领土的观念就是：

在古代那种经济条件下，凡是可以占领，但中国人没有占领的地方，大抵都是些不好的地方。

以上是站在国家战略角度，解释为什么杨广一定要灭了高句丽。现在我们再从法理的角度讲一下，以免又有人认为这是侵略，败了活该。

高句丽所占那块地，自古以来就是中国的领土，大家不要不相信，这是真的。

这故事得从商朝讲起。商纣王骄奢淫逸，结果不得民心，周武王姬发就趁着纣王大军东征，京城空虚的时候，在背后踹了他一脚，灭了商朝。

但是纣王他叔箕子不愿意投降，就带了五千人从河南出发，一路往东北溜达。

刚灭了商朝，周朝也没实力派远征军去打箕子，但是为了恶心箕子，姬发就想了个馊主意：箕子跑到哪儿，他就派个人过去，下道诏书把箕子封到哪儿。

天天看着这种嘴炮，箕子觉得很恶心，就想离姬发越远越好，于是，一路就跑到了朝鲜半岛北部。没办法再跑了，再跑就进海里喂鱼了，于是，就在那里建立了个国家，史称"箕子朝鲜"。

箕子朝鲜很能熬，周朝灭了它还在，秦灭了它还在。刘邦统一天下后，把陪自己从小长到大，又是替自己扛刀子，又是替自己挨骂的小伙伴卢绾封到了燕国当燕王，燕国也就是北京附近。

后来刘邦不是大杀异姓王嘛，卢绾也是异姓王，他害怕也被刘邦杀了，就造了反，但事情很快就败露了，卢绾就跑到了匈奴。卢绾手下有个叫卫满的人，带了一千多人跑到了箕子朝鲜。

箕子朝鲜国王好心收留了卫满，结果却是引狼入室，一年之后，卫满就反了，灭了箕子朝鲜，建立了"卫氏朝鲜"。

扶余和高句丽又是怎么回事呢？这俩都是中国东北少数民族濊貊（huì mò）建立的。他俩原来都属于扶余国，后来扶余一位太子不受老爹待见，就跑到了南边，建立了高句丽。

卫满灭了箕子朝鲜之后，认清了国际形势，知道不是汉朝的对手，就向汉朝称了臣，年年朝贡。

但是，他孙子"右渠"是个二货，右渠当上国王之后，不知道汉朝有多强大，以为自己很强大，就不朝贡了，而且还挖汉朝的墙脚，招收汉人流民，不让其他小国去汉朝进贡。

碰巧右渠的运气十分不好，遇到了神挡杀神、佛当杀佛的千古一帝汉武帝。

汉武帝当时一心想打匈奴，也没把这事放在心上，就派了个叫"涉何"的大臣去劝右渠老实点。但是右渠很固执，就是不听，派了个大臣护送涉何回大汉。

涉何也是个暴脾气，走了一路气了一路，觉得太没面子了，刚到两国边境，就把这大臣给杀了。这等于是二货碰见了二货啊。

汉武帝知道这事后，非常生气：好好说话不行吗，你怎么能杀人家大臣，不应该杀他全家吗？

然后汉武帝就任命涉何做了辽东郡东部都尉，专门针对朝鲜。右渠气不过，就率兵突袭了辽东郡，又把涉何给杀了。

为了几匹汗血宝马就敢发兵六千里，跑到中亚灭大宛国的汉武帝怎么可能忍受这种闷气？于是，汉武帝派了五万大军兵分两路，就把卫氏朝鲜给灭了。

并在那里设了四个郡，长官都由大汉中央直接任免。

最近几年，在汉四郡发现了几千座汉代墓，墓葬的风格，里面的东西和当时汉朝的一模一样，也能说明这里在当时绝对属于汉朝领土。

王莽篡了西汉后，天下群雄并起，这四个郡也要搞独立，割据了一方。刘秀统一天下，建立东汉后，又把这四个郡给收了回去。

东汉灭了之后，就到了魏晋南北朝，中原地区不断混战，这时候原来那个位于中国东北的高句丽就变强大了，灭了扶余国，还灭了四郡。

所以，从商朝到隋朝，朝鲜半岛北部的政权全部都是中国人建立的，并且西汉、东汉在那里设郡的时间将近四百年。这块地自古以来就是绝对属于中国的领土。

朝鲜半岛北部的政权，什么时候不再是中国人建立的呢？

668年，新罗联合唐朝，灭了高句丽。之后，唐朝在此设置安东都护府。676年，唐朝将安东都护府迁至关内，随后朝鲜人才逐渐统一朝鲜半岛。到元朝时，还有近一百年，朝鲜再次由中国开始统治。

也就是说，从周到唐，大概有一千七百多年的时间，朝鲜半岛北部都属于中国。

所以，杨广以及后来的唐朝派兵去打它，绝对是名正言顺，这叫收复故土，如果当时有联合国的话，那也不能指手画脚对不对？

所以，杨广去打高句丽，无论是站在国家安全的角度考虑，还是站在法理的角度考虑，都是绝对正确的。

但是杨广的问题在于，他没有站在财政安全的角度考虑问题。征讨高句丽需要那么大的工程吗？

后来唐朝攻打高句丽，用兵最多时不过三十五万。但是杨广竟然征调了一百一十多万军队和几百万后勤人员，而且还是在国内已经出现饥荒和叛乱的情况下，一而再，再而三地征讨高句丽。

当年，隋灭陈时，进攻前采用的是不断骚扰南方的方法，让陈国疲于奔命。进攻时，当时武力值最高的几个名将，还全部采用了突袭的战术。这才有了一举灭掉陈国的壮举。

但现在呢，杨广不仅没有设计疲敝高句丽，还在四年之前，就已经敲锣打鼓地告诉了人家，你给我等着啊，我真的来了。

给敌人留了足足四年的准备时间，这该是多么愚蠢的方法。

但是杨广的愚蠢还不止于此，后面我们还会看到，他一而再，再而三地犯下各种低级的错误。

尽管如此，老天还是给了杨广无数次胜利的机会，只是直到最后，他也没有抓住一次机会。

二十九、首征高句丽（一）

612年正月初三，当全国人民还在过春节走亲戚的时候，杨广却没有心思听家长里短的唠叨，而是亲率一百一十三万隋军，对外号称两百万，从北京向辽东出发了。

这是一次空前绝后的用兵，自秦到清，两千多年的时间里，除了杨广之外，再也没有任何一个帝王，调动过如此庞大的军队。

秦灭楚不过六十万，苻坚征晋不过八十万。当然这些兵力都有夸张的成分，但是据专家们考证，此次出征的隋军至少也有七十到八十万人，而且还不包括后勤人员。

所以，无论从哪个角度看，这次出兵，都创造了历史，当然，这并不是一个什么好的历史。因为出征的人数太多了，很多时候打仗最重要的不是武力，而是后勤。如此庞大的部队千里远征，对于任何一个国家而言，都是难以承担的财政负担，更重要的是，征讨高句丽这条路，在当时还特别难走。

我们现在从北京去东北，沿着渤海湾的京哈高速一脚油门就到了，沿路平坦无比，还可以一边开车一边看海。但是南宋以前，这条路是基本没法走的，想从华北到东北，必须翻山越岭走山路。

自古以来，从华北到东北只有四条路，我们按时间顺序说一下：

1.商周到唐朝，主要走的是中间的卢龙道。从河北卢龙县出发，经滦河到承德，从承德走二百里山路到平刚（凌源），然后再顺着大凌河到柳城。

燕国大将秦开打东胡，西汉霍去病拿下匈奴左贤王庭，曹操北征乌桓、隋炀帝三征高句丽，都是走的这条道。

现在走高速，全程是一千里稍多一点。如果在古代，不能遇水搭桥，遇山开路，估计得有一千五百里远。

还记得我们以前说的古代运粮效率吗？千里运粮，一百斤粮草，只能送到前线五斤，够一个士兵吃两天，也就是《孙子兵法》里所说的"食敌一钟，当吾二十钟"。七八十万人的后勤补给，每天的消耗就是天文数字啊。

不过，这条路尽管不好走，但沿途的河流还不少，比征吐谷浑、西域时的那些沙漠强太多了。只有曹操征乌桓时，遇到了二百里找不到水的情况。不知道他是走错道了，还是史官们故意搞的"春秋笔法"，把行军写得苦不堪言，以凸显曹操最后的胜利是天命所归。

2.宋辽时期，主要走最西边的古北道，从北京沿潮河到古北口，再走一段陆路到滦平，再沿滦河到承德，再到平刚（今辽宁凌源），再沿老哈河北上到辽国的中都大定府（今内蒙古赤峰）。

不过，这条路兴起时间不长，辽国被金给灭了之后，这条路就从主干道又变成了辅路。

3.南宋（金）到元明清，才开始走最东边的傍海道，也就是现在的京哈高速。这条路很早之前就有，但是南宋之前走起来就跟过草地差不多，海水一涨潮，就会把这条路淹个七七八八，别说大车能不能通行了，就连人走在上面都危险。

另外，等你好不容易走到辽东时，你还会发现，路的尽头还有一个"南北千余里，东西二百里"的大辽泽（相当于爬雪山、过草地中的草地）在那里杵着。等你再深一脚浅一脚地渡过大辽泽，不用开打，基本上就可以去阎王爷那里报到了。

后来金国为了加强对华北地区的统治，这才下了血本，不断地修缮了傍海道，这条路才真正成为辽西走廊的扛把子，一直延续到了今天。明清之后，那个大辽泽也慢慢地消失了，傍海道就成了绝对的王者。

4.第四条路是一条不经常走的路，名叫无终道，从无终（河北玉田县）出发，经卢龙沿青龙河—大凌河北上到白狼城，然后再到柳城。

因为青龙河下游跟猪大肠一样，曲曲折折特别难走，所以这条路虽然从商朝开始就存在，但一直就没起过啥大的作用。

综上所述，相信大家应该已经看出来了，杨广发动如此多的军队去打高句丽，其实已经为隋朝后来的败亡埋下了伏笔，即便他能打下高句丽，后来大隋帝国也极有可能因为不堪重负的财政问题而崩溃。

但当时的杨广并不这么想，在他的眼里只有胜利，不惜一切代价的胜利，粮草不够了就重新搜刮，百姓们也不过一大堆草芥而已。

杨广把这百万大军分为了两路。陆路由自己为总指挥，共率左右二十四军，以及禁军十二卫，进击辽东城（今辽宁辽阳市）。水路由大将来护儿为总指挥，率军大约十万，从山东威海出发，渡海直攻平壤。

一场史无前例的大战，即将拉响。

但是在大军出发前，志在必得的杨广以为，这次出征会和两年前亲征吐谷浑一样，异常顺利。

上一次把吐谷浑打得太惨了，差一点灭了人家的种。所以，杨广这一次决定仁慈一些，不能让高句丽人民以为，隋军是在欺负他们。于是，他便下了一份很神奇的诏书：

1.高句丽国王高元昏庸无道，天天鱼肉百姓，百姓们都生活在水深火热之中，我们是正义之师，是去解救高句丽子民的。

所以，隋军将士都要爱护花花草草，不要乱杀无辜，更不要抢功。只要敌人愿意投降，咱就要停止进攻，优待俘虏，给他们好吃好喝伺候着。

2.为了保证顺利接收降将，朕再给你们每个军派一名慰抚使，专门接受高句丽投降，他们代表着朕，不受你们各个将军的管束。

3.所有的军事行动，都要得到朕的指示。

以上三条，大家可以先细细地品味一下，能否从中看出漏洞。

杨广的这份诏书里，其实有三个非常明显的漏洞。在之后的战役中，高句丽军正是充分利用了这三个漏洞，才得以取得最后的胜利。

漏洞一：敌人投降，隋军就要停止进攻。

在杨广的概念里，好像没有诈降这么一说。他完全就没有考虑到，万一高句丽人诈降怎么办。

可能杨广认为，隋朝自开国以来，只有忽悠别人的份，把突厥给忽悠瘸了，把吐谷浑给忽悠拐了，但是从来没有被其他国家忽悠过。所以，在他的印象中，高句丽人和突厥、吐谷浑一样，都是大老粗，不会忽悠。

但是，杨广显然忘了一件事，高句丽可不是没有文化的国家啊，从周到汉再到隋，那里的统治者可都是中国人啊。

所以，杨广这条命令，等于是开战之前，就给高句丽军穿上了一件厚厚的防弹衣。

漏洞二：军队里没有唯一的权威。

任何一支有战斗力的部队，作战时都必然有且只有一个权威。主将说进攻就进攻，说撤退就撤退，哪怕主将是错的，下属也必须无条件执行。正所谓，军令如山、军人以服从命令为天职。

但是杨广却给每一支军队都派了一名慰抚使，而且他还代表着皇帝，不受主将的管束。更可怕的是，这些受降人根本不懂军事，就是一文官。

假如在战场上，主将判定敌人是诈降，但是慰抚使却认为敌人是真心投降，军队应该听谁的？肯定是慰抚使的啊，因为他代表着皇帝。

而且这种情况百分之一万会发生，因为主将和慰抚使的业绩指标不同。考察主将功劳的是攻城略地和杀敌数量。考察慰抚使功劳的，却是接收投降的敌军人数。

两个人存在天然的对立关系。主将杀人越多，慰抚使可能接收的投降敌军就越少，得到的功劳就越低，反之亦然。

所以，慰抚使哪怕知道敌人大概率是诈降，他也会抱着试一试的态度下令停止进攻。万一敌人真的降了，他便有功劳。至于隋军的胜败，和他又有什么关系呢？那是主将应该考虑的问题。

漏洞三：所有的军事行动都要请示杨广。

如果杨广时刻在第一线，那么，各军的所有军事行动，都请示他也行。但是，杨广这位爷，虽然是御驾亲征，但因为兵力太多，他距离前线实际上很远。

史书记载，这一百多万大军按顺序出发，首尾相接，一字排开。从第一军出发，到最后一军动身，竟然用了四十多天。也就是说，前军都快到达前线了，后军还在北京刚刚动身。

战场上瞬息万变，战机更是稍纵即逝，如此远的距离，等请示完了，黄花菜不但凉了，估计都已经生虫了。

一份诏书能犯下如此大的三个错误，也是千古未有。由此可见，杨广的军事能力是多么令人担忧。

事实上，此次征讨高句丽，应该算是杨广第一次真正意义上的指挥战争。

灭陈时，五十多万大军，由高颎这位大隋第一文武全才统一调度；打突厥时，有杨素那位大神和长孙晟那个大忽悠撑场面；打吐谷浑时，有突厥和宇文述先对吐谷浑来了一次联合双打。

杨广基本上都是挂了一个空名，蹭一点经验值而已。但是，这些胜利却使他不断膨胀，自以为天下无敌，对自己的军事能力有了极其错误的认知。

但是，即便如此，老天依然马上给了杨广一次胜利的机会——给他添了一员猛将。

猛将麦铁杖

麦铁杖，广东人，是一个颇具传奇色彩的猛将。

不过，他的传奇色彩不是说他一直都很光彩照人；相反，他年轻的时候，是一个人见人烦的混混。

他的主营业务是打鱼，副业是做贼，不是那种江洋大盗，而是小毛贼。

但是他并没有时迁那样的技能，长相猥琐、身段灵活、会学猫狗叫等等。相反，他长得五大三粗，臂力过人，怎么看怎么像李逵。

所以，他这个贼当的并不怎么成功。在一次偷窃的过程中，他想学同伙来个屋顶跑酷，结果却把别人家的屋顶给踩塌了，没过多久，他就被广东刺史给捉住了。

如果放到现在，他肯定会被关几年，也许在监狱中能搞一出监狱风云。但是，麦铁杖"臂力过人"这一特点不仅救了他一命，还让他迎来了人生又一春。

捉住他的那个广东刺史估计是个二货，当时，陈国的最后一任国君陈叔宝发布了一条招聘广告，想在全国范围内找几个为自己打伞的人。广东刺史脑子一抽，认为麦铁杖臂力过人，肯定适合给皇帝打伞，于是就推荐了他。

给皇帝身边推荐一个贼，这脑回路也太奇葩了，可见这位广东刺史有多么不靠谱，这官八成是买来的。

麦铁杖很意外，没想到一夜之间，自己便从一个小毛贼变成了皇帝身边的人。按道理讲，遇到这种天上掉馅饼的机遇，就应该改邪归正，老老实实上班了。但是，他却贼性难改。

当然，他还没有胆大到偷皇宫里的东西。他只是白天给皇帝打伞，下班后就跑到一百多里外的镇江继续偷东西，第二天，还能按时上班。这次很神奇，连续偷了十几次，竟然没有被逮住。

不过，不幸的是，他被人看到了，李逵的长相去当贼，谁见了也会过目不忘啊。于是，很快，他的素描就被官方给画了出来。

有一次，镇江刺史到南京向陈叔宝汇报工作，一抬头，看见皇帝后面举着伞的麦铁杖，都不敢相信自己的眼睛——那人怎么那么像画上的那个贼。

于是，镇江刺史趁麦铁杖下班后，便把这事告诉了陈叔宝。

陈叔宝当然不信了，谁能想到广东刺史会推荐一个贼在自己身边？谁能想到这个贼一晚上能跑二百多里？

但是吧，不信又不行，万一麦铁杖真的是贼，那就太可怕了。于是，有大臣给陈叔宝献了一计。

等第二天麦铁杖这一群卫兵下班的时候，陈叔宝发布了一条悬赏公告：朝廷有急报给镇江刺史，谁能当晚送去，并不影响第二天上班，便给予重赏。

麦铁杖想都没想，就接了这活，而且还完成得保质保量。

得，这下铁证如山，麦铁杖是怎么也逃不掉了。但是，狗屎运又一次降临在他身上。

陈叔宝虽然很昏庸，但他觉得麦铁杖也是个人才，杀了挺可惜的。于是，陈皇帝只是口头警告了麦铁杖几句，便放他回家了。

都说大难不死，必有后福。麦铁杖连续两次撞了狗屎运，再没后福的话，就太说不过去了。

陈国被隋灭了之后，麦铁杖便去投了隋军，在杨素的帐下当了一个小兵。

江南高智慧叛乱时，有一次，隋军需要派人到河对岸刺探一下敌情，麦铁杖挺身而出，对领导拍着胸脯说，自己以前当过贼，经常干偷鸡摸狗的事，最适合刺探情报的活儿。

领导看着麦铁杖的长相，表示他干偷鸡摸狗的事，有一定可信度，但不被人发现，一点也不可信。但是，麦铁杖说的不容置疑，最终还是打动了领导。

事实证明，领导的眼光还是很准的，麦铁杖实在不适合干偷鸡摸狗的事，刚到对岸，由于目标太大，就被逮住了。

麦铁杖又一次玩砸了，但是臂力过人的特点，又救了他一命。只见他夺过敌人手中的大刀，连杀十几人，趁着敌人惊慌失措的时候，赶紧跳到河中又游回了隋军的军营。

在无数次的失败之后，麦铁杖终于意识到，自己根本就不是当贼的料。从此之后，他不再和时迁抢业务，开始干起了李逵的工作。

事实证明，这个世界上没有垃圾，只有放错地方的资源。

麦铁杖很快就熟悉了冲锋陷阵的操作手法，业务能力提升飞快，没过多久，就引起了杨素的注意。平叛结束之后，杨素还专门给麦铁杖请了功。

但是，因为麦铁杖是个大老粗，杨坚就没有让他当官，只授予了仪同三司的待遇（相当于一品的俸禄，但没权力）。

杨广登基之后，这位猛将才开始大放光彩。在平定杨谅的叛乱中，麦铁杖每次都身先士卒，极其勇猛。事后被授予了柱国大将军的职位，并派到地方当上了太守。

治理地方没文化是真不行，于是，麦铁杖便开始向吕蒙学习，续写了"士别三日，当刮目相待"的励志故事。没过多久，他不但识了字，还熟悉了各种法令制度，甚至还学会了玩文字游戏。

一次，他到京城开会，一个叫窦威的官员嘴贱，知道麦铁杖没文化，就想戏弄他一下，当着同事们的面阴阳怪气地问："麦是什么姓啊？"

麦铁杖想都没想说："麦和窦（豆）一样，没有啥差异，有啥奇怪的？"一句话让满朝文武对他刮目相看。

从此之后，杨广也对他宠幸有加，此次征讨高句丽，便把先锋的重任交给了他。

四十多天行军之后，麦铁杖终于在辽河与高句丽军短兵相接了。工程队队长宇文恺迅速组织士兵开始搭建浮桥，准备渡河。

但是，当浮桥马上搭建完成的时候，高句丽大军却到了，准备将浮桥烧为灰烬。麦铁杖立刻组织全军上下前去抵抗，但是一通激战下来，因为对岸敌军众多，隋军渐渐不支。

眼看就要功亏一篑，麦铁杖拿起大刀就往外跑，准备亲自上场迎敌。这时候，他的军医拉住了他："将军为一军统帅，怎么能亲自出战？万一遇到不测，将群龙无首啊！"

麦铁杖怒目圆睁，答道："大丈夫自有天命，当战死沙场，岂能老死妇人怀中？"

然后他又转过头对三个儿子讲："父亲我久蒙国恩，今天此去，应该是凶多吉少，我若战死，你们以后，一定也要尽忠尽孝！"

说罢，麦铁杖拉过战马，提起长刀，头也不回地向敌军疾驰而去。在离对岸数米远的地方，麦铁杖用尽力气，对着坐下战马狠狠一抽，战马受惊，一下子就跳到了对岸。

麦铁杖趁敌军正在犹豫，连杀数人，为后面的隋军打下了一片空地。隋军看到老大如此凶猛，自然是士气大振，个个奋勇向前，最后终于杀退敌军，占领了河岸。

但是麦铁杖却没有看见这一幕，就在将要胜利的时候，一支流箭射中了冲在最前面的他，随后，麦铁杖就被高句丽军活活砍死了。

麦铁杖死了，但是他的勇气却鼓舞了全部隋军将士。在他死后，隋军带着愤怒，带着为主帅报仇的信念，屡战屡胜，一鼓作气打到了辽东城下。

随后宇文述带着大军赶到，几十万部队将辽东城团团围了起来，连续不断地发起了总攻。

很快，辽东城城墙被硬生生地砍出了一道豁口，胜利触手可及，近在眼前。

高句丽军第一次诈降

就在这最后关头，高句丽守将却举起了白旗，表示愿意投降。隋军士兵杀得正眼红，根本不理会敌军，大喊着为主帅报仇的口号，继续向城中勇猛地冲了过去。

但是，当他们一只脚踏入城中的时候，背后却响起了阵阵鸣金之声。士兵们你看着我，我看着你，不敢相信自己的耳朵。

这时候，有人问："是要撤退了吗？"

"不是！"

"不是！"

"兄弟们，继续冲啊，为主帅报仇！"

没有人相信这是撤退的命令，他们仍然勇敢地往前冲着。

但是，又是一阵金属的击打声，响亮而刺耳，响彻了整个战场。他们的愤怒僵持住了，迈出的脚步僵持住了，刚刚还在沸腾的血液迅速降到了冰点。他们不知道为什么，为什么马上就要胜利了，却要撤退。

但是军令如山。

回去吧，回去吧，也许还有机会。

原来隋军的慰抚使，看见辽东城竖起了白旗，便急忙下令鸣金退兵。他要建功立业，哪管隋军将士死活。

马上要胜利的隋军撤了下来，但是，他们很快就发现被骗了，辽东城只是诈降而已。

隋军前线主帅宇文述，令人快马加鞭，将这个情况汇报给了后方的杨广。但是，出人意料的是，杨广并没有处罚下令鸣金退兵的慰抚使，沉默便等于默许。

隋军将士一个个心如寒冰，但是遇到这样一位愚蠢的皇帝，又能怎样呢？

几天之后，宇文述再次下达了全军总攻的命令，但是历史再次重演了，当隋军又一次快要攻破辽东城的时候，背后再次响起退军的钟声，事实又一次证明隋军被耍了。

一鼓作气，再而衰，三而竭。连续两次撤退，隋军将士哪里还有再攻城的勇气。于是，上百万隋军就这样，在辽东城下待到了当年六月。

六月十一日，杨广见辽东城久攻不下，便亲自到辽东城下督战。不过，他没有反思自己，反而是对着将士们一顿臭骂。

此时，如果杨广能够恢复正常心智，下定决心，不再对高句丽仁慈，鼓舞士气之后，再让全军拼命攻城，估计还有成功的可能，历史也许就会改写。

但是杨广又一次放弃了胜利的机会，他下达了一个更匪夷所思的命令，而这个命令，直接葬送了三十多万大隋将士的生命。

三十、首征高句丽（二）

杨广见辽东城久攻不下，便将围攻的大军分为了两个部分：

一部分由杨广亲自统率，继续围攻辽东城。

另一部分约三十万人，由宇文述和另一位大将于仲文一起率领，越过高句丽各个城池，穿过鸭绿江和来护儿率领的水军，一起夹击一千多里外的平壤。

宇文述大家都已经很熟悉，于仲文有必要给大家介绍一下，他也是一位战功赫赫的老将，其作战特点是善于用计，弱点是他已经很老了——此时已经六十七岁。

隋文帝篡位的时候，他舍妻弃子，真的是把老婆和三个儿子都扔给了敌军，自己独自一人跑到了京城，坚决站在了隋文帝这一边。

得知老婆儿子全部被杀害后，他异常愤怒，带着几千人就冲到了前线，每战必身先士卒，连续干翻了十几万叛军。再后来灭陈、打突厥都有他的份，战功卓著。杨广登基之后，又非常器重他，这次打高句丽，让他节制诸军。

杨广派这两位老将出马远征，可以说是很会用人。但是，这仍然是一次极其冒险的军事行动。深入敌境一千多里去攻打人家的首都，中国历史上成功的寥寥无几，为大家所熟知的仅有两次：

一次是曹魏灭蜀汉，262年，邓艾率三万魏军，行军七百多里，以奇兵出阴平小道，直抵江油，再捣成都，刘禅出城投降。

一次是朱棣夺皇位，1402年，朱棣率大军从北京出发，直捣南京，建文帝不知所踪。

但是这两次成功，都有特定的因素在里面。

邓艾出的是奇兵，蜀汉军队毫无准备，恰好他又遇到了刘禅这位不成器的主，所以才创造了奇迹。如果刘禅有他爹一半的能力，邓艾早就被扔到岷江里喂鱼去了。

朱棣是有内应，得知南京城空虚，才敢于赌上一次性命。如果没有内应，建文帝能守南京半年，朱棣肯定被打得渣都不剩。

为什么大家都不愿意跳过城池去打敌人的大后方？

因为古代打仗，必须一个城池一个城池地攻克，不能用"蛙跳"战术。

为什么不能用"蛙跳"的战术？

很多人以为，打仗拼的只是武力值，谁会用兵，谁就能获胜。但是，了解军事史的人应该都知道，战争还有一个非常、非常、非常重要的点：后勤！

大多数战争，打的都是后勤。没有粮草，军队两三天就会哗变。

你率领大军绕过敌军一个城池很容易，但是你的运粮队怎么办？被劫了粮道怎么办？你的伤员怎么运回后方？你的弓箭、铠甲怎么补给？

那么派重兵护送运粮队行吗？

答案是不行。

如果这样，等待你的结果只有一个：粮草还没有运送到前线，就被运粮士兵吃完了。

因为，古代运送粮草的效率非常低，千里运粮，一百斤粮草，送到前线可能就只有五斤，也就是《孙子兵法》里所说的"食敌一钟，当吾二十钟"。

如果在敌人的地盘上运粮，白天你的运粮队要时时刻刻观察敌情，四面派出探子，到前方打探消息，只有确定前方平安，才能前行。

晚上安营扎寨时，你也不能仅仅只搭几顶帐篷，因为会有敌军突袭。所以，你还得挖壕沟，设警戒，派人占据有利地形。

这样的话，只能是走走停停，本来轻装上阵一天能走四十公里，现在只能走二十公里。

如果敌人再派一点军队去骚扰你，那你就只剩下仰天长叹的份了。而且敌人派兵骚扰你是必然的。

所以，绕过多个城池，把战线拉一千里，你的粮食根本就没有运送到前线的可能，一点都没有。

宇文述、于仲文都是久经沙场的老将，自然明白这个道理，所以，他们力劝杨广，不能如此打仗。

但是，杨广的自尊心不允许他这么做。从小到大，他没有失败过一次，从来都是说灭哪个国家，就灭哪个国家。五十多万军队就能灭了陈国，这次总共一百多万军队，怎么可能灭不了一个小小的高句丽？

他太渴望成功了，于是，咱们"战功赫赫""英明神武"的杨广皇帝，就想了个馊主意。既然唯一的担忧就是怕人劫粮道，那么三十多万大军就自带一百天的粮草（平均每人三百斤）吧。

出发前，杨广又特别叮嘱了宇文述和于仲文一句话：如果能抓住高句丽国王高元或者宰相乙支文德，一定要活捉他们。

但是，他这句话忘了跟另外一个人说了，这个人就是尚书右丞刘士龙。

刘士龙是干吗的呢？他不过是个小人物，是一个死脑筋的书生，但是他却担任了一个重要职务——慰抚使，也就是每个军中专门接收投降、不受主将管束的那个人。

宇文述和于仲文见皇帝如此固执，无奈之下，只好率领大军出发了。

刚开始，隋军在东北平原上行军，粮草有马拉，有车推，士气还挺旺盛。但是，强渡辽水进入长白山之后，隋军将士们惊呆了。前面的路是大坑套小坑，深坑套老坑，坑里还有水，水里还有钉。

随着时间的推移，战马瘸得越来越多，运粮车坏得越来越多，隋军无奈之下，粮草只好手提肩扛。但是，一个人怎么能扛得动三百斤？即便能扛得动，又怎么可能天天走几十里的山路？

于是，越来越多的隋军开始将草料丢弃在山路两边，也许以后会战死，但总比现在累死强。

宇文述见状只得下令，凡是随意丢弃粮草者立斩，但是，军令在此刻已经形同虚设。逮我是吧，那我就晚上扔，或者直接刨个坑给埋了。随着山路越来越艰难，最后，很多隋军甚至把粮食也扔掉了。

等快要穿过长白山，到达乌骨城（今辽宁省凤城市边门镇）的时候，隋军的粮食已经快吃完了，而此时距离平壤大概还有五百里。

这时候，高句丽历史上，既有头脑，还会武术的宰相乙支文德早就听说了隋军一路走一路扔粮草的消息。于是，他率军抵达乌骨城，准备在这里给隋军好好上一课。

乙支文德是韩国历史上最著名的抵抗外来侵略的民族英雄，但是他实际上并不是韩国人。

我们在上文中已经讲了，从商朝到隋朝，朝鲜半岛北部的政权全部都是中国人建立的，并且西汉、东汉在那里设郡的时间将近四百年。这块地起码在当时，绝对属于自古以来中国的领土。

唐太宗在征讨高句丽时就曾说过，"旧中国之有""九瀛大定，唯此一隅……"

并且乙支文德是扶余人，或者是鲜卑人，他的本名极有可能叫尉迟义德，因为尉迟和乙支在朝鲜语中基本一样。

所以，乙支文德肯定不是韩国人。

就在乙支文德想给隋军上一课的时候，宇文述和于仲文也收到了乙支文德率军前来的消息。善于用计的于仲文，决定给乙支文德反上一课。

乙支文德知道隋军乱扔了粮食，于仲文对此也心知肚明，所以决定用个将计就计。

他挑选了几千匹瘦马和瘦驴放在大军的后面，让乙支文德以为隋军真的疲弱不堪。然后又派了一些精兵，埋伏在前方的山路两侧。

乙支文德看见那些瘦驴，验证了之前的情报，所以，根本没有想到隋军会来阴的。于是，他领着大军对着瘦驴屁股就是一通猛打，追击瘦驴好几里，准备杀几头，回去好好吃一顿驴肉火烧。

但是，当高句丽军追得正欢的时候，突然密林丛中喊杀震天，一股又一股的隋军涌了出来。

乱军之中的乙支文德大呼上当，不管驴了，也不管手下的死活了，调转马头，向着鸭绿江就狂奔而去。隋军大胜，高句丽军死伤五千多人。

可见，打仗之前了解对手的历史、性格、用兵方法是多么重要。相信乙支文德如果了解过于仲文，肯定就不会来这么一出突袭。

乙支文德回去后很郁闷，把情报人员叫去一顿臭骂，准备拉下去砍头。但是，在生死关头，情报人员大呼冤枉，声称如果不信，还可派人再探，如不属实，可灭自己三族。于是，乙支文德又派了一些人去刺探隋军的消息，结果得到的答案和之前一模一样。

但是，乙支文德仍然不敢相信这是真的："隋军扔了那么多粮草，难道军中还有很多？"他产生了严重的怀疑。

耳听为虚，眼见为实，乙支文德在思虑再三之后，他决定做个冒险的举动——诈降，他要亲自到隋军的军营一探究竟。

于仲文简直不敢相信自己的眼睛，对方的主帅竟然一枪不放跑了过来。既然来送死，那就别怪我没有待客之道了。

于仲文和乙支文德唠完家常，互相问候完对方父母之后，便让人把乙支文德给软禁了起来。

乙支文德大吃一惊，悔不当初，隋军不是喜欢招降吗？辽东城诈降了几个月，都没有一点事。自己诈降了一次，怎么就这么倒霉？他忍不住想抽自己两个大嘴巴！

隋军上下看到对方宰相被俘，也是一片欢呼。如果不出意外，过不了几天，乙支文德的脑袋就将出现在杨广的大帐之中，胜利就在眼前了！

但是，就在这个重要时刻，刘士龙来了。

前面我们已经说过，受降的人和主帅，因为考核的业绩指标不同，所以有着天然的矛盾。

扣押乙支文德是于仲文的功劳，和他刘士龙没有丝毫关系。但是，如果乙支文德真的投降，那就是他刘士龙的功劳了。他不能眼睁睁地看着自己的"功劳"被主帅抢走了。

于是，刘士龙"奋勇"地站了出来，义正词严地要求于仲文必须放人。刚开始，于仲文根本没有把他的话放在心上。但是，刘士龙代表着皇帝，说的话又不能不听。结果就是，经过几个小时的劝说之后，这位六十七岁的老将被说蒙了。趁此机会，刘士龙赶紧让人把乙支文德给放了。

乙支文德很惊讶，竟然还能遇到这种事情，真是福大命大啊。于是，他骑着马赶紧就跑了。

乙支德文这边刚走，于仲文也反应了过来，不妙，刚刚蒙了，打了一辈子的仗，第一次让煮熟的鸭子给飞了，以后老脸往哪搁？

于是，他赶紧让人去追乙支文德，表示还有一些悄悄话没有说完。但是，乙支文德又不是傻子，他知道隋军肯定会后悔来追，早就从小道跑回了鸭绿江对岸。

宇文述得知这一消息后，看了看剩余不多的粮食，以及隋军将士由兴奋转为失落，深知大势已去，便召集诸将开会，商讨退军事宜。

会议上，大部分将领支持撤军，因为除了粮草之外，隋军经过高句丽军这么多次的诈降，早已像泄了气的皮球，没有了斗志。

他们搞不懂，明明知道对方是诈降，为什么还要一而再，再而三地相信高句丽会投降？

他们更搞不懂，为什么皇帝会专门在一支部队里，派一个文官担任什么狗屁的慰抚使，而且这人还不受主将管束？

他们还搞不懂，为什么要绕过诸城，远赴千里去攻打敌军首都平壤，万一打不下来，这支孤军深入的军队，怎么撤回来？

他们有太多的搞不懂了，所以，他们要撤军。

但是于仲文老将军，因为刚刚放走了乙支文德正在异常恼火，所以他坚决反对退兵。宇文述等人力劝老将军消火，但是他已经完全丧失了理智，并拿出皇帝的命令压宇文述：

"将军率数十万之众，不能破小贼，有何脸面见皇上？过去周亚夫为将时，能够功成名就，就是因为决定权在他一人手里，现在我们却人各一心，怎能成功？别忘了，出兵前皇帝可曾说过，诸军受老夫节制！"

宇文述被驳得哑口无言，官大一级压死人，只好听从于仲文的安排，下令全军渡过鸭绿江，向平壤进发。

哎，老年人，容易糊涂啊！

至此，历史的天平开始倒向高句丽，隋军也将一步步地走向可以埋葬三十万人的大坟墓。

三十一、首征高句丽（三）

宇文述和于仲文渡过鸭绿江之后，双方的战事基本呈现为下面的情况：

双方主将：

北方战线：宇文述和于仲文VS高句丽宰相乙支文德

南方战线：来护儿VS高句丽国王高元

双方兵力：

隋军大概四十万，宇文述和于仲文率军不足三十一万，来护儿约十万。高句丽军队的数量史书没有记载，但是我们可以做个估计，当时高句丽全国约三百多万人，军队占全国总人口的十分之一绝对是极限。

所以，高句丽全国总兵力最多三十万。再排除辽东城以及全国各地的守军，高句丽在平壤的军队最多十五到二十万。

四十万对二十万，看似是隋军占优，但其实不然。

因为隋军中的三十万已是孤军深入、粮草将尽，且没有任何后续供应，再加上平壤城池坚固，易守难攻。

所以，这时候战争双方的天平，已经倒向了高句丽的方向。

于仲文虽然有些气急败坏，非要建功立业，但他明显也知道隋军现在很被动。所以，他采用了速战速决的战术，想在粮草吃完之前，打败高句丽。

他一上来，就让压箱底的隋末著名猛将杨义臣为先锋，带领着精心挑选的几千名精锐骑兵，向乙支文德的部队一路猛冲。

杨义臣这个人，大家不必记，在之后平定国内的农民起义时，他将会大放异彩，到时候我们会详细地讲他。

杨义臣自然不会辜负众人的期望，渡过鸭绿江后，他将勇猛发挥得淋漓尽致。一天之内，七战七捷，一直追了乙支文德几百里，将他赶到了大宁江的对岸，才停住了脚步。

宇文述不愧为百战老将，就在这一片胜利的背后，他又一次隐隐约约地察觉到了前方的危险。虽然他也说不上来危险是什么，但是那种多年征战沙场的直觉告诉他，他不会有错。

于是，他再次劝说于仲文："一日七胜，贼军应该有诈。"

宇文述的直觉非常准确，这的确是乙支文德的阴谋。他诈降的时候，已经看见了隋军士兵个个面黄肌瘦，所以，他决定诱敌深入，把隋军活活拖死。

只是没想到，自己跑得有点太快了，竟然引起了隋军的怀疑。

连续的胜利，让于仲文也捞回了一些面子，所以，这位老爷子在这时候又恢复了清醒，也隐隐约约地意识到了危险，便没有再下令进攻，而是让隋军休整一下，再另做打算。

双方僵持了几天之后，乙支文德看到隋军迟迟不来进攻，便又心生了一计。

他写了一首诗，派人送给了于仲文："神策究天文，妙算穷地理。战胜功既高，知足愿云止。"

这首诗啥意思呢？

就是说，于大人啊，你很厉害，但是人得学会知足，你现在取得了这么大的胜利，赶紧退兵吧，不然恐怕要失败啊！

于仲文看完之后又喜又怒，喜的是前两句，怒的是后两句。蛮夷还会写诗？而且还敢写诗讽刺我？看我不把你的脑袋剁下来喂鱼！

于是，这位老爷子的暴脾气又上来了，下令全军渡江。

年纪大的人，通常会这样：越老越固执，越老越重视面子，越老越自以为是。乙支文德看见于仲文又上当了，怕戏演得不好，再引起怀疑，便又来了一把更狠的，直接把营寨给烧了，领兵连夜逃了上百里，回到了平壤城内。

随后，隋军连续渡过大宁江和萨水，一直追到了距离平壤城三十多公里的地方，才停止了追击。

连续深入敌境一千里的胜利，让于仲文非常亢奋，但在此刻，隋军已是强弩之末，连续多日的征战，加上每天都填不饱的肚子，隋军士兵们早已经筋疲力尽，他们再也攻不动城池了。

于仲文见状，只得让将士们好好休养一下，把希望全部寄托在了来护儿的十万大军身上。

来护儿，扬州人，自幼父母双亡，由伯母养大成人。长大后，刚开始在陈国当兵，之后又投奔了贺若弼。在平陈战役和平定高智慧叛乱中立过不小的功劳，是杨广在江南的心腹。

之前我们讲过，杨广当上皇帝之后，将他提拔为右骁卫大将军，以平衡关陇贵族们的势力。此次出征，杨广又给予他重任，让他统领水军，渡过大海直到平壤。

来护儿看见北边取得了"巨大胜利"，而自己还寸功未立之后，便也想当然地认为高句丽军不堪一击。

于是，他便急忙带着十万水军，顺着朝鲜大同江逆流而上，在距离平壤六十里处，领军上岸，准备夹击平壤。

高句丽国王高元显然不太认同来护儿的想法，他一早便率领了几万大军，隐蔽在岸边，准备请远道而来的来护儿好好吃一顿，当然，不是吃肉，而是吃闷棍。

当隋军上岸上到一半的时候，高元这位大厨终于出手了。他先上了一盘小菜，开开胃——只是派亲弟弟高建率领数百骑兵敢死队，用铁和血去欢迎隋军。

隋军刚刚经历了急行军，将士们正是最疲惫的时候，所以，见到高军如狼似虎地冲到眼前，全都惊慌失措，甚至有一些士兵立刻尿了，转过头就往船上狂奔。

眼看隋军就要大乱，但是来护儿明显没有当菜的打算，只见他大喝一声："我原以为贼军会坚壁清野以待王师，如今却来送死，所有军士听令，立刻冲锋，敢退一步者，斩！"说罢，他一马当先，带头就开始了反冲锋。

主帅如此英勇，其他士卒哪里还有理由逃跑？于是，隋军将士们气血上涌，奋力拼杀。

结果就是，想把隋军当小菜的高元成了隋军的菜，高元的弟弟高建成了开胃菜，第一个被斩，高句丽军其他部队又被打得落花流水，落荒而逃。

趁此大胜，来护儿令全军上岸，准备直攻平壤。这时候，副将周法尚也隐隐地感到了一丝不安，进言相劝："我军一路赶来，疲惫不堪，修整一下再战不迟。更何况我军刚刚上岸，还没有了解敌情，恐怕有诈！"

来护儿杀得正起劲，哪里顾得相劝，还以为是周法尚贪生怕死，便回他："你是怕死，还是怕我抢功？"

周法尚无言以对，只好退而求其次，表示可以兵分两路，一部分由来护儿率领去攻城，一部分留守大本营。

来护儿听罢，觉得挺有道理，火气才消了一些。接着，他亲自点了四万精锐向着平壤城狂奔而去。这个剧情，大家是不是似曾相识？

《三国演义》里就有好几次。火烧博望坡的时候，夏侯惇不听李典的建议，轻敌冒进，结果被烧了。马谡守街亭的时候，不听副将王平的劝告，结果街亭丢了。

所以，这一次来护儿不听副将的劝告，结局就可想而知了。

高元这边听说来护儿率大军前来，大为惊讶。急忙找到刚刚退入城中的乙支文德问计。乙支文德灵机一动，又献上了一条恶毒的计策。

来护儿到达平壤城下之后，只见高元亲率大军，立于护城河岸，大骂来护儿："匹夫之徒，竟然欺我上国。"

随即命令左右，向隋军冲了过去。来护儿继续发扬了不怕死的勇士精神，拍马扬鞭，再次带头进行了反冲锋。

一番激战之后，高句丽军大败，急忙退回城中，来护儿带着四万大军，趁势掩杀到平壤城中。平壤城就这样轻而易举地被攻破了，隋军将士个个群情激昂，他们没有想到胜利会来得如此突然。

当然，这里的"胜利"只是隋军的幻觉。

当他们进入城中之后，满大街的金银珠宝映入他们的眼帘。于是，喝了几十天海风的隋军将士们再也按捺不住心中的喜悦，开始到处抢劫，一时间军纪大乱。

来护儿作为一名身经百战的将军，此时也被胜利冲昏了头脑，竟然没有加以制止。

死神就此来临。

正当隋军抢得如火如荼的时候，四周进攻的号角响起了。高句丽军喊着口号，从四面八方涌来，隋军斩杀一波还有一波，高句丽军源源不断，无穷无尽。来护儿这才意识到中计，急忙调转马头，向城门冲去。但是，为时已晚，城门已经关闭。

眼看一出瓮中捉鳖的大戏即将圆满落幕，来护儿手下大将费青奴勇敢地站了出来，这是一位史书上只出现了一次的人物，但却是一位勇猛的战士。

只见他领着手下的几百人一马当先，向着城门处的重重高句丽军冲了过去，一番拼杀之后，这几百人全部战死，一个不留，但是，他们终于打开了希望之门。

来护儿在左右的保护下，一路狂逃。高句丽军随后掩杀出城，反过来又是对着隋军连追带打。高句丽军一直追击到了大同江边，才被周法尚带人给打了回去。

隋军清点了一下兵马，惨败，史无前例的惨败，四万精锐竟然只逃出来了区区四五千人，隋朝开国几十年来的第一次。

来护儿不禁仰天长叹，老泪纵横，实在是没脸见人了，于是，一怒之下，他竟然拔起了佩剑，往自己的脖子上划拉了过去。

好在周法尚眼疾手快，给拦了下来："胜败乃兵家常事，我们还有六万大军，还能一战，主帅怎能轻生？"来护儿这才慢慢地恢复了理智，但也只能按兵不动，派人去打探于仲文、宇文述等人的消息，再做下一步打算。

于仲文、宇文述把希望寄托在了来护儿身上，没想到来护儿却来了个大败亏输。他俩也很无奈，知道大势已去，也不敢再做停留，便开始缓缓退军。

高元见隋军开始撤退，大喜不已，准备马上派人追击，但是被乙支文德制止了。

乙支文德不愧是个老油条，他知道隋军虽然已经疲惫不堪，但是于仲文、宇文述都是久经沙场的老将，退军之时，肯定早就做好了防止追击的准备。

所以，乙支文德决定再设一计，以消除两位老将的戒心。他派人给隋军献上了请降书，语气十分客气，表示隋朝撤军之后，国王高元一定入朝参拜，再也不敢侵犯隋朝边境。

不得不说，乙支文德的计策可真多，一计又一计，放到哪个朝代都是一代名将。

但是，瞒天过海的计策仍然没有骗过两位老将的眼睛，所以，他们准备搞个将计就计：客客气气地回了一封信，但是，断后工作一点也没有放松。

乙支文德收到回信后大喜，以为隋军已经中计，赶紧率军出城追击隋军。

但是，高句丽军连续追了三次，都被隋军揍了回去。如果剧本按此进行，隋军一定能够安全地撤回国内。

就在此时，压死隋军的最一根稻草来了——粮食只够吃三天了。

一般情况下，大军出征，都是先派人到前方仔细打探消息，确定安全之后，大军再随后出动。但此时，两位老将军只好赌一把，他们下达了急行军的命令。

就这样，612年七月二十二日，隋军进入了乙支文德早已布置好的天罗地网。

原来几天前，乙支文德连吃三次败仗之后，又想到了一条更为狠毒的计策，让人在萨水上游筑坝拦水，只等隋军渡河一半，便放水来淹。

这一次，老天再也没有眷顾隋军，一切都在乙支文德的掌握之中。

一半隋军刚刚渡过萨水，上游的洪水就冲了过来。隋军将士落水者不计其数，幸运渡过河的隋军，也已不成建制，根本没有丝毫的战斗力，只是像一群落水狗一样，朝着鸭绿江狂奔而去。

这时候，隋军原先绕过的城池，就成了他们最后的夺命鬼。沿路到处都是高句丽军，对着溃不成军的隋军，肆意地挥舞着屠刀。

一夜之后，三十多万隋军，只有两千多人逃了回去。南望朝鲜，从平壤到鸭绿江，沿路全都是隋军将士的尸体。那可是三十多万人哪……

无话可说，无话可说。

当然，没逃回去的并不是都死了，也有一部分做了俘虏，但是他们的下半辈子却是生不如死——在高句丽终身为奴，只能娶游女为妻。

唐朝时，唐太宗派往高句丽的使者回来后说："辽东竟有数以万计的汉人，他们看见远道而来的唐朝使者，纷纷痛哭不止，高喊'隋末从军，没于高句丽，日夜南望，以盼王师。'。"

真的是"其命也哀，其言也哀"。正如诗中所言："遗民泪尽胡尘里，南望王师又一年。"

杨广败了，败得一塌糊涂。这是他人生中的第一次失败，也是末路的开始。

而这一切怪谁呢？除了他自己，想不到还能怪任何人。

隋军士兵们有错吗？

没有，他们在这一次战争中，哪一次不是勇猛向前，哪一次不是碾压高句丽军？从鸭绿江一直饿到了平壤，照样一点不怵高句丽军。

于仲文有错吗？

没有，他也许有点轻敌冒进，着急建功立业。但是，如果不是杨广制定的"蛙跳"战术，结果会是如此？如果没有杨广记吃不记打的"仁慈"，远征时还派了一个慰抚使刘士龙，结果会是如此？

在战场上，几十万人的大规模战斗，最难的不是冲上去厮杀，而是如何成建制地撤退。

卫青、霍去病死后，汉武帝派李广利打击匈奴，基本上每次都是前期取得大胜，但是撤退时却屡次大败，为什么会这样？

因为大军撤退时，每个人都人心惶惶，很容易演变成一场大溃逃。

想想学校组织的消防演习，再想想危机发生时的踩踏事件，或者看看电影《集结号》，如果没有一批素质极高，抱着必死决心，守在后方的战士，大军怎么可能安全撤退？

于仲文带着一群疲惫之师，从平壤城下撤退时，还连败了三次高军，其作战水平已可见一斑，如果不是没有了粮草，着急撤退，又怎么可能中计？

来护儿有错吗？

也许有错，他错在了轻敌冒进。但是，即便他的十万大军，没有损失一个，就能挽回战局了吗？

三十万疲惫之师已经形同虚设，只靠十万大军去攻打兵力远超自己，又墙高城厚的平壤，怎么可能？所以，这所有的错只能杨广一个人来背。

老天曾经给了他无数次胜利的机会，隋军将士们曾经用鲜血、用生命打出来了无数次希望，但是他却没有丝毫珍惜。

相反，他还亲自为敌人穿上了厚厚的铠甲，又为敌人送去了无数颗人头。这样的"雄才大略"，这样的"丰功伟绩"，这样的"功在千秋"，不要也罢。

如果是一位英明的皇帝，面对如此惨痛的失败，肯定会毫不犹豫地进行反思，然后休养生息，储备力量。就像当年刘邦经历白登之围后一样，就像以后的高梁河车神赵光义一样。

但是，杨广却没有反思自己，而是把所有的责任都推卸在了将领身上。

九月三日，杨广率领败军撤回洛阳，十一月，斩杀刘士龙，贬宇文述、于仲文为百姓，不久之后，于仲文忧愤而死。

随后，杨广又向天下宣布：大征兵，再征高句丽。

三十二、再征高句丽

首征高句丽失败之后，此时的中原大地，已经家家户户骨肉分离，乡里之中烟火断绝，人吃人的地方十有四五。

但是杨广并没有在乎百姓们的死活，而是发布了再次大征兵的诏令。

既然不反是死，反了还是死，那就只能反了。613年，越来越多本想安安稳稳苟活一生的百姓，不得不加入了"武装上访"的阵营：

1.一月七日，杜彦冰、王润等人造反，攻陷平原郡（今山东德州），大肆掳掠后离去。

2.一月二十日，山东李德逸聚集几万人造反，在崤山以东地区大肆抢掠。

3.一月二十一日，灵武人（今宁夏银川）白榆造反，侵扰陇西。

4.二月十五日，济北人（又是山东）韩进洛聚集数万人造反。

……

不再一一列举了，加上611年就已经造反的山东王薄、孟让，河北的窦建德、张金称；瓦岗的翟让、单雄信、徐世勣等人。

山东、河南、河北、宁夏等地，基本都乱成了一锅粥。《隋唐演义》中的

"十八路反王，六十四路烟尘"自此开始成了历史的主角。

宰相苏威等人劝说杨广攘外先安内。但是，此时的杨广已被失败的耻辱搅乱了心智，或者说他根本不在乎这些乱民的死活，更看不起这些乱民的力量。

最终他无视了这些叛乱，仅让地方官员带着一群保安各自"剿匪"。在他的眼里只有高句丽，那个让他的人生经历了唯一一次失败的高句丽，那个让他的皇威受到了屈辱的高句丽。

再攻辽东城

613年二月十八日，杨广赦免了宇文述，兵分三路，再征高句丽。

这一次杨广终于吸取了第一次的教训，终于脱下了仁慈的外衣，露出了一个帝王该有的威严。他不再拖拖拉拉，不再对敌人有一丁点仁慈。在他的心中只有两个字——报仇。

三月四日，杨广率百万陆军从洛阳出发。

四月二十七日，大军顺利渡过辽水。

四月二十九日，继续上一次的用兵策略，杨广率大军包围辽东城，主将宇文述、副将杨义臣再率几十万大军奔赴朝鲜半岛，和来护儿的水军围攻平壤。

事实证明，只要认真起来，隋军的战斗力依然不输当年。

辽东城守军见隋军前来，准备御敌于国门之外，派出了几万人出城迎战，结果却被杨广所派的一千多精锐骑兵打得落荒而逃，龟缩在辽东城内再也不敢出来。

杨广随即对辽东城发起了总攻，并允许诸将相机行事，不再有任何约束。但是这一次高句丽早有准备，双方激战二十多天，辽东城依旧岿然不动。

从下面攻不进去，那就从上面攻吧。六月初，杨广终于拿出了绝杀技：

他让人做了一百多万个布袋，每一个布袋里都装满了土，让士兵们扛着土往辽东城墙下扔。十几天后，硬生生地扔出了一条长几千米，宽三十多米的大道，把爬墙变成了爬坡。虽然还是仰攻，但是难度系数直线下降。

另外，为掩护扔土的士兵，他又让人做了很多八轮楼车，楼车比辽东城墙还要高，隋军可以站在楼车上向高句丽军射箭，拍砖，扔垃圾。

这两个方法虽然很土、很笨、很费时间，但是效果却非常好。六月中旬，隋军开始再次攻城，六月二十六日，辽东城里的高句丽军就快扛不住了。

胜利近在咫尺，杨广终于露出了久违的微笑，隋军将士也个个亢奋不已。

但是，就在这重要关头，后方却传来了一条足以改变隋帝国命运的消息：杨素的儿子，负责押运粮草的楚国公杨玄感反了！

原来杨玄感一直为父亲杨素的死耿耿于怀，一直在寻找机会报仇。当年，杨广西征吐谷浑，士兵被冻死八九万时，杨玄感便想起兵谋反，但是被叔叔以天下未乱的理由给制止住了。

如今，全国终于乱成了一锅粥，杨广又远征在外，此时不反，更待何时？于是，杨广一进入辽东，杨玄感便在背后做起了手脚。

无论干什么，人才都是第一生产力，造反也一样。

所以，杨玄感造反的第一步就是把好朋友李密也拉下了水，没错，就是那个牛角挂书，后来成为瓦岗寨首领的李密。

受教科书插画和各种故事会的影响，估计很多人都会以为，牛角挂书讲的是一个放牛娃，放牛时也不忘看书的励志故事。

也有人说他是没落的贵族，或者干脆直接说他是穷书生，总之关于他的说法千奇百怪。

但是事实根本不是如此。

李密的曾祖父为西魏八柱国之一，父亲李宽为隋朝的上柱国，所以，李密绝对是一个名副其实的大贵族。

人家不是家族没落了才去皇宫当侍卫，人家当的是隋炀帝的亲卫，只有皇帝信任的大臣们的子孙才能干这职位，类似于《还珠格格》里尔康、尔泰的那种，一般人根本当不了啊。

真实的牛角挂书的故事应该是这样的：

李密当隋炀帝亲卫，纯粹是为了历练，和其他大臣家的孩子混个关系，也和杨广混个脸熟。但那时候他只有十六七岁，年轻人眼睛不太老实，喜欢随便瞟。恰好被杨广看见了，于是杨广很不高兴。

宇文述当时正好负责杨广的保卫工作，看见领导不高兴，就拍着李密的肩膀说："老弟，你出身那么高贵，干侍卫屈才了，回家好好读书，以后继续做大官才对！"李密正不想干侍卫呢，于是，就屁颠屁颠地回家读书去了。

有一次，在长安城里，李密骑着牛，去国子监（隋朝最高学府）找副校长包恺侃大山，就把一套汉书顺手挂在了牛角上，自己则坐在牛背上看《项羽本纪》。

从李密的这个举动看，就能推断出他家肯定很有钱。因为当时一套汉书估计得有十来本，而寻常人家可能连一本书都买不起。

这样的一幅景象，虽然呈现出李密爱学习的一面，但也有非常拉风的一面。大家想一想是不是。

如此拉风，想不被人注意就太难了。正好，当朝宰相杨素去国子监送他儿子杨玄感上学，俩人就碰上了。

杨素很纳闷，这么拉风的人是谁家孩子，然后就把李密给叫住了。李密肯定认识杨素了，就下了车，不对，是下了牛，对着杨素行了个礼，自报了家门。

杨素一看，呦呵，这小伙家世不低啊，还这么有创造力和野心，竟然看《项羽本纪》，然后就让儿子杨玄感多向李密学习学习。

此后，李密和杨玄感就成了好朋友。

所以，牛角挂书这件事吧，真的一点也不励志，最多只能是：比你优秀的人还那么努力，你有啥资格不努力？

杨玄感把李密拉下水之后，紧接着就把跟随杨广出征辽东的亲兄弟也叫了回去。

几个人一合计，就开始阴杨广了。他们先是把杨广大军的粮草给断了，表示盗贼太多，粮食运不过去。

杨广虽然军事能力一般，但是政治嗅觉却异常敏感，一下子便感觉到了不太对劲，急忙派人到黎阳（今河南鹤壁浚县）督促杨玄感。

杨玄感害怕事情败露，便决定先下手为强。他思来想去，想到了一条妙计：贼喊捉贼。

他让人冒充来护儿的使者，在黎阳城内大喊，来护儿因为延误兵期，畏罪叛变了。

然后，他又以平叛的名义，夺了黎阳城内的兵权，接着又向周围各郡发布公告，让大家起兵协助自己平叛。

这种贼喊捉贼的把戏很拙劣，但是，在那个消息闭塞的年代里，却很管用。没过几天，杨玄感便召集了一万多军队。

按照既定程序，古人每次搞事情之前，身边的谋士都会给个上、中、下三策，杨玄感造反当然也不例外。李密就给他上了三条计策：

上策是，借刀杀人加关门打狗。你可以出兵东北临渝关（今山海关），把杨广率军回国的大门给堵死了。这样，杨广回不来，又没粮食，估计过不了多久，就会被高句丽捶扁。不得不说，这方法是真狠啊。

中策是，率军从河南跑到陕西，悄悄进村，偷偷拿下长安，控制关中，抚慰当地百姓，他们肯定支持你。这样，虽然杨广可以回国了，但他已经失掉了民心，咱可以慢慢和他打，耗死他。

下策是，去打东都洛阳，但是洛阳城防坚固，又离咱太近，估计已经知道咱造反了，恐怕有所准备，要是一时打不下来，各地援军到了，就不好说了。

按照失败的既定程序，杨玄感自然而然地选择了下策。因为他认为朝中大臣们的家属都在洛阳，如果攻下洛阳，跟着杨广出征的那些大臣们就得乖乖投降。

但是，杨玄感却忘了一件事，你去打洛阳，打人家的老婆孩子，那些手握重兵的隋将，不得马不停蹄地过来和你拼命？

就在杨玄感起兵，攻打洛阳的时候，杨广在前线收到了杨玄感造反的消息。

前有敌军，后有内乱，杨广遇到了一个棘手的难题。

前面我们说过，几十万大军打仗，最难的不是怎么扑上去，而是如何退下来。撤退时一不小心，就很容易演变成大溃逃。

就在这危急时刻，杨广的智商又飙升了一次，表现出了一个帝王应有的模样。

他立刻封锁了杨玄感造反的消息，任何人不得传播，否则立斩。

接着，他又命令隋军对辽东城发起了一次更加猛烈的进攻。

就在高句丽军以为隋军还将发动更加猛烈的进攻的时候，杨广却下令各军，趁着夜色悄悄撤退，攻城器械、各军营寨全部留下，让高句丽军误以为隋军只是在短暂地休息一下。

高句丽军果然上当了，直到两天之后，才发现隋军已全部撤退，悔恨不已，急忙派兵去追，但又被早已埋伏好的隋军打了回去。

杨广到达国内后，发现杨玄感叛军已由一万多人发展到了十多万，情势非常紧急。但令人欣慰的是，驻守长安的代王杨侑，已派了七十三岁的老将卫玄率领四万大军，驰援了洛阳，并和杨玄感鏖战多时。

另外，来护儿也已经力排众议，正从山东赶往洛阳参加平叛。

为何是力排众议，这种危急时刻，难道还有人反对回军平叛吗？

是的，有人反对，而且还不少。

来护儿的副将们都以没有得到杨广的命令为由，反对回军平叛。只有来护儿认为高句丽只是一块不疼不痒的牛皮癣，而杨玄感才是最要命的玩意儿，坚持回军。

说到这里，难免不让人对人心产生一丝失望。因为，表面上看，来护儿的副将们反对回军平叛，是因为没有收到杨广的命令。但细想一下就知道，他们只是事不关己，高高挂起而已。因为他们的家属不在洛阳，他们回军了不仅可能会战死，还可能会背上擅自行动的罪责。

来护儿为何一定要回军呢？的确有高瞻远瞩、责任心强的因素，但肯定也有他的家人、他的财产全都在洛阳城里的因素。洛阳城要被杨玄感攻下了，那就完了。

接着说平叛的事：

卫玄从长安出发之后，经过华阴，为了表示誓死报国的决心，就把杨玄感的祖坟给刨了，还把杨素的尸体给挖了出来，挫骨扬灰。杨素要是泉下有知，不知道会做何感想。

事后，卫玄又祭祀了杨坚，祭词慷慨激昂：

"臣二世受恩，一心事主，统率熊罴，志枭凶逆。若社稷灵长，宜令丑徒冰碎，如或大运去矣，幸使老臣先死。"

这一番演讲，把士兵们感动得稀里哗啦。但是，对战斗力的提升，却没什么帮助。卫玄到达洛阳附近后，与杨玄感在邙山干了好几架，结果一次也没有打赢。

但令人意想不到的是，就在卫玄所率的四万大军即将全面崩溃的时候，运气却救了他一命。一支流箭正好把杨玄感的弟弟给射死了，杨军这才稍微退了退。事实证明，运气还是比实力重要啊。

杨军刚退下来没几天，隋朝又一位名将屈突通（唐凌烟阁二十四功臣之一）也火急火燎地赶来了，不急不行，他老婆、孩子和家产也在洛阳城里呢。

杨玄感明显不是屈突通的对手，连吃了几次败仗。更让杨玄感绝望的是，来护儿和宇文述都火急火燎地赶来了。

打下洛阳，已经完全没戏了。李密见状，又向杨玄感推销了一次上边提到的中策，杨玄感无奈之下，只好同意了。

七月二十七日，杨玄感撤去了对洛阳的包围，率军向关中狂奔而去。但是，当大军到达弘农（今河南三门峡一带）的时候，却出现了意外。

弘农太守杨广的叔伯兄弟杨智积挺身而出，准备挡一挡杨玄感。但是，和敌人的十几万大军在野地里死磕，完全不现实。于是，他也想到了一条妙计：

他派了几个人装作是弘农百姓，拦住了杨玄感大军，一把鼻涕一把泪地说："将军，弘农城内空虚，必可一攻而下，城里的老百姓们日夜都期盼您去解放啊！"

因为杨玄感属于弘农杨氏，面对老乡们的请求，一种解救父老乡亲于水火之中，并想在老乡面前风光一把的精神被激发了出来。于是，他又下令不去关中了，先把弘农老乡们解放了再说。

李密急忙拉住杨玄感的马头，表示兵贵神速，偷袭关中才是第一要务。但是杨玄感仍然没听，一心要和父老乡亲来个大联欢。

哪知道，他被所谓的乡亲们骗了。弘农城异常坚固，杨军连攻三天也没有攻破。杨玄感又令人去烧了城门，城门好不容易烧着了，杨玄感大喜过望，准备等火一灭就率人攻进去，宰了杨智积。

但是，杨智积也不傻，眼看门就要没了，便让人在城门里放了一大堆木头，顺势也点了一把火。想火是吧，那就再火一把。

就这样，大火连续烧了几天，杨玄感怎么也攻不进去。结果没有等到火灭，却等来了宇文述、卫玄、来护儿的追兵。杨玄感急忙率军而逃，但是为时已晚，没有逃几步，就被追上了，最后自杀而亡。

不过，取得胜利的杨智积下场也不太好。后来，他跟随杨广跑到了扬州。但是，一片忠心却遭到了杨广的不断猜忌，抑郁之下，得了急病，死之前留下了一句非常可悲的遗言："现在我才明白，原来只有病死，才能保住头颅啊！"

忠臣末路，还能再说些什么呢？！

　　杨玄感叛乱平定之后，杨广盛怒之下，下达了一条残酷的命令："杨玄感振臂一呼，从者十万，这充分证明，天下的人太多了。"

　　于是，朝廷抱着宁可错杀一千，不可漏过一人的态度，又杀了三万多人，流放了六千多人。

　　不过，令人意外的是，李密被逮住之后，在押往杨广暂时驻扎地高阳（河北保定）的路上，竟然跑了。他逃跑的手段还很神奇：

　　李密天天给押送自己的士兵塞钱，钱塞得多了，他们竟然成了朋友。李密又趁机请这些士兵们喝酒，等他们喝醉后，把墙挖了个窟窿跑了。几经周转之后，投奔了瓦岗寨的翟让。

三十三、三征高句丽

虽然杨玄感叛乱仅仅持续了两个月，六月开始，八月就结束了，还没有过完一个夏天，但是它却透露出了一个十分危险的信号：

不光是"乱民"看你杨广不顺眼了，统治阶级也看你不顺眼了。

而且就在杨玄感叛乱之后，全国各地又掀起了一大拨武装大游行：

七月十一日，余杭人刘元进举兵造反，人数多达数万。

八月二日，南方管崇，聚众十万余人，自称将军，侵犯江东。

十月二十三日，河北渤海格谦聚众十万，自称燕王。

十月二十五日，山东孙宣雅聚众数十万人自称齐王。

十二月八日，扶风人向海明起兵作乱，自称皇帝，立年号白马。

……

这一幕是不是似曾相识？和613年年初一模一样，唯一不同的，可能是造反规模更大，涉及范围更广，称帝称王者更多。

当这些急报传入宫中的时候，杨广正在大发雷霆，因为大隋的兵部侍郎斛斯政，竟然叛国跑到了高句丽。

原来斛斯政和杨玄感也有勾结，朝廷在排查杨玄感余党的时候，斛斯政怕事情败露，便一溜烟跑了。

兵部侍郎跑到了敌国，而且是刚刚打败了自己的敌国，这把不可一世的杨广气得咬牙切齿，毛发尽竖。

宇文述、来护儿等一群武将们也气"炸"了，用史书上的话说，叫"咬齿嚼唇，满口流血"。

第一次征讨高句丽的失败，让一辈子都没有打过败仗的他们颜面扫地。

第二次征讨高句丽，被杨玄感背后插了一刀，让他们憋了一肚子窝囊气。

现在兵部侍郎竟然叛国投敌了，他们的老脸往哪放？丢人啊，实在是丢人！

得了，当皇帝、武将们全都觉得实在是太丢人、太窝火的时候，那么国内这些乱民的闹腾，自然就没人在乎了。

于是，杨广又下达了一份诏书：

黄帝进行了五十二次战争，商汤发动了二十七次征讨，这才使王德施加于诸侯，号令颁行于天下。所以，朕要三征高句丽！

614年一月二十三日，杨广下令从全国各地再抽调六路大军，向北京集结，进攻辽东。来护儿则率水军从山东出发，先打辽东，再打平壤。

三月十四日，杨广带着禁卫军到达了涿郡（今北京）。但是，意外却发生了——其他五路只到了一部分。

其他人去哪儿了呢？

跑了！士兵们再也不愿意跟随杨广去送死了。所以，在去北京的途中他们跑了一大半。

看到这种场景，杨广知道这次出征已经没戏了，他不由得一声叹息。但是，箭在弦上已不能不发。

于是，他只好带着为数不多的军队，继续向辽东挺进。不过，这一次他走得很慢，原来只要一个月的路程，竟然溜达了四个月，当年七月才到达怀远镇

（今辽宁辽中）。之后，他便趴窝里不动了，而是把宝押在了来护儿身上。

幸运的是，来护儿这一次没有辜负杨广的期望，隋军在今天大连市大黑山附近，把高句丽军打了一番，准备再跨海去平壤。

高句丽国王高元，没想到杨广这么不要命，隋朝一身的窟窿，血都快流完了，还敢和高句丽拼命。他更没想到，隋军的战斗力还是这么强，高句丽军仍然不能和其死磕。

于是，他终于又一次服软了，派人把斛斯政押到了杨广面前，表示愿意称臣，只要隋军一撤，他便入朝参拜。

杨广正在愁下一步怎么办呢，没想到惊喜来得这么快，于是，赶紧就坡下驴同意了。敲着锣，打着鼓，得意扬扬地回到了国内。

不过，来护儿那边还在嗷嗷叫，表示"将在外，君命有所不受"，非要去打平壤，捉住高元不可。好在他的手下头脑还算清醒，硬是给拉了回来。

由此可见，三打高句丽，绝对不只是杨广一个人的想法，和这些不要命的将领们也有很大的关系。

614年十二月二十五日，杨广一行回到了洛阳，为表达胜利的喜悦，杨广宣布大赦天下。当然，赦免的人里肯定不包括斛斯政。

相反，所有人的愤怒都发泄在了他身上，对他进行"艺术"加工的手段有点残酷，心理素质不强的人，别看下面这一段：

他们先是把斛斯政绑在了柱子上，然后文武百官开始轮流揍。把他揍得半死之后，一些有创意的官员开始从他身上割肉；割完之后，一些恶心的人张口就把肉给吃了。还有一些变态的官员，又把他的骨头给煮了；煮完之后，还有人觉得不过瘾，又把他的骨灰给撒得到处都是。

想一下，一群满嘴之乎者也、仁义道德的知识分子，围在一起干这种事，得有多恐怖。

总之，这事搞完之后，杨广很满意，满朝文武大臣也很满意。但是，杨广的脑子又抽搐了，竟然还没有忘记高元，紧接着就派人去叫高元入朝了。

这时候，但凡是个正常人，都不会来的。斛斯政的肉香还没散完呢，高元又不傻，所以他很直接的表示：我不去。

没想到，杨广又怒了，在朝堂上破口大骂高元，表示要四征高句丽，把大臣们吓得个个心惊胆战。好在宰相裴矩脑子还很正常，急忙拉住了这头狂奔的野兽。

没错，就是那个再次打通丝绸之路的裴矩，他给杨广提了个建议：要不皇上再去塞北散散心，和突厥商量一下，联合打高句丽？杨广觉得是个好主意，当即便同意了。

但这却是一个十足的馊主意。因为不久前，突厥和大隋已经结下了梁子，只是裴矩还不知道而已。

614年，杨广三征高句丽的同时，裴矩想再阴一下东突厥。于是，他劝说杨广与东突厥和亲，找个公主嫁给东突厥始毕可汗（启民可汗此时已死，这是他的儿子）的弟弟叱吉设，然后私下对叱吉设说，大隋支持他自称南可汗，与他哥分庭抗礼。

结果这叱吉设并不糊涂，他不但没有上钩，还把这事报告给了他哥始毕可汗。

裴矩见一计不成，又生一计。他对杨广说，突厥人本来纯洁得像朵白莲花，上次不中计，都是始毕可汗身边的西域谋士"史蜀胡悉"搞的鬼，把他给干掉，就等于卸了突厥的一条大腿。

杨广觉得是条妙计，也就同意了。于是，便派人把"史蜀胡悉"忽悠到了隋突边境，然后趁人家不注意给一刀宰了。

把人家宰了之后，裴矩还派人告诉始毕可汗，不是我要宰他，是他要造你的反，我替你给解决了，你还不赶紧谢谢我？

说实话，这两个计谋还都挺高明的——胆大，心细，手黑。但是，他有一点明显不如长孙晟，就是不会保密。

长孙晟忽悠了突厥无数次，但是没有一次泄密的，突厥被卖了，还帮着长孙晟数钱。可是裴矩忽悠这两次，全部都泄密了。

始毕可汗也是人，也要脸啊，被大隋阴了两次，很是生气。但是也仅限于生气，弱国无外交，除了打掉牙往肚子里吞，还能怎么样，最后只能默默地忍了下来。

没想到，杨广这么快就给他送礼来了。

615年八月五日，杨广带着文武大臣和十几万大军，又溜达到了塞北，想和突厥搞个大联欢。

但在始毕可汗看来，这却是一个绝佳的报仇机会。他立刻集结了十几万骑兵，准备给杨广一个教训——不能欺人太甚。

按道理讲，杨广估计要报销到塞北了，但是，始毕可汗的保密工作也不行。这事被他的老婆，也是他爹曾经的老婆，未来还会是他两个弟弟的老婆——隋朝的义成公主给知道了。

义成公主赶紧派使者快马加鞭告诉了杨广，杨广也没想着给突厥兵来个伏击，竟然带着十几万大军赶紧跑了。

八月十二日，十几万人跑到了雁门，八月十三日，突厥大军便围了上来。

这时候，杨广才想起来，自己手下好像有十几万人，对方也是十几万人，有什么可怕的啊。于是，他下令和突厥死磕。结果却十分出人意料——隋军竟然打不过突厥兵。

三十多年前，达溪长儒带着两千隋军都敢和十万突厥骑兵死磕；史万岁和史书上都没有留下名字的边陲小将，带着几百人都敢跑到突厥的地盘大肆抢劫。

十几年前，杨素带着隋军骑兵能把突厥骑兵打得落花流水。

此时，杨广手下有十几万隋军精锐，而且还有雁门城池的保护，竟然打不过城下的十几万突厥兵。经过几次战斗，隋军都是大败亏输。

这时候宇文述又给杨广出了馊主意："陛下，跑吧，老臣带着精锐骑兵护送您突围。"

宇文述刚说完，苏威一把就拽住了杨广的大腿："陛下不能跑，咱的骑兵打不过突厥骑兵，跑不出去啊。"

虞世基（五个宰相之一）也赶紧出来劝："陛下，不能跑。咱有十万人呢，咱的战斗力不弱，只是没被激发出来。您只要重赏士兵，亲自督战，并下诏以后不再打高句丽，只打突厥，他们肯定人人自奋，何忧打不过突厥？"

杨广不知道是不是吃了药，竟然又清醒了一次，他没有跑，而是听从了两位宰相的意见。事实果真如虞世基所言，隋军随即便打了几个胜仗，不过，仍然没有打退突厥。

危急时刻，杨广的智商又上线了一次，他又想了个好主意：

1. "浮木传诏"，就是写几百份诏书，绑在几百根木头上，顺着汾河扔下去，让下游的州县起兵勤王。

2. 再向义成公主求救，把始毕可汗骗回去。

事实证明，紧急时刻，杨广的脑子真的很管用，二征高句丽的时候管用，这次仍然管用。义成公主得到求助信后，冒着被杀的危险，派使者告诉始毕可汗，西突厥要来打咱了，赶紧回来吧。

下游郡县得到诏令后，也纷纷起兵前来护驾。其中一路大军里有位十六岁的少年，他给主帅云定兴献了一计：

"突厥胆敢围困我朝天子，是认定我们没有援军的缘故。现在我们率领这点军队，去了估计也无济于事。但是，我们可以先撤军几十里地，多拿一些旌旗，故意让突厥人看到，以为我们援军很多，就能把他们吓跑。"

云定兴被眼前这位十六岁少年的计谋震惊了，问他叫什么名字，他不紧不慢地答道：李世民。

云定兴佩服不已，依计而行，突厥人果然上当了。

前后两条假情报，把始毕可汗彻底搞蒙了。突厥人脑子到底还是有点简单，他也没派人核实一下就信了。九月十五日，突厥真的撤军了。

这里多说两句，始毕可汗回去后，并没有责怪这位可怜的义成公主。后来，杨广死后，萧皇后又被义成公主给接到了突厥庇护。

隋灭之后，义成公主一心想着为大隋报仇，鼓动老公去打唐朝，结果唐朝名将李靖把突厥打了一番，义成公主被捕后宁死不屈，被李靖所杀。萧皇后却跟着李靖回了唐朝，受到了李世民的优待。

前面杨坚打突厥时，我们还讲过一位和亲的北周公主，她被隋朝抓走后，是怎么做的呢？认贼（杨坚）作父。

什么是忠，什么是义，三个人一对比，尤其明显。

一位皇室公主，为了祖国边疆的安宁，远嫁到了荒凉的草原之上，本身就是命运的不公。

不公之后还有不公，丈夫又是比自己大几十岁的老头启民可汗。更捉弄人的是，启民可汗死后，她还顾不得伦理道德，又先后嫁给了他的三个儿子。

即便如此，她仍然没有责怪当初派她远嫁的杨广，仍然选择了忠诚。冒死为杨广送信，冒死为杨广解围。杨广死后，她一面照顾杨广的妻子，一面又要为大隋报仇，面对李靖的屠刀，她又是宁死不屈。

这样的女子也许愚忠，但是这样的女子又是何其忠烈，相比无数男人，她有着铮铮铁骨。相比萧皇后和那位北周公主的苟活，死去的义成公主更值得人们尊敬，万古流芳。

解围之后，杨广的智商立马又掉了下来，开始作了。他竟然又出尔反尔，表示之前下诏不再打高句丽，只是权宜之计，高句丽还是要继续打。

士兵们听完之后是彻底心凉了。这时候两朝宰相苏威也觉得杨广有点过分了，但是又不敢直说，便拐了个大弯：

"上次打高句丽，很多士兵就跑了，这次估计也一样。老臣建议，陛下可以下诏赦免天下的盗贼，就能得到数十万大军。派遣关内的盗贼和山东的历山飞、张金称等人为一军，从陆路出发；让河南贼王薄、孟让等十余万人，从水路出发。他们肯定会抢着去争功，一年之内，就能灭了高句丽！"

话都说到这个份儿上了，杨广竟然还没明白是什么意思，却来了句："我打了三次高句丽都没赢，凭他们这些乌合之众就能赢？"

苏威的脑壳被杨广的话震得嗡嗡直响，无奈地摇了摇头，只能退出了。结果苏威刚退出，杨广旁边的一个小人，另一个宰相裴蕴就提醒了杨广："陛下，苏威刚刚在坑您啊，天下哪有这么多盗贼！"

宇文述正恨苏威前段时间否定了他的突围计策呢，于是，也跟着附和："就是就是，哪有那么多盗贼。"

杨广这才恍然大悟，大骂："老革多奸，将贼胁我。"然后就把苏威免官了。

一代名相苏威，此后开始走上了一条丧家犬之路。杨广被杀后，他归降了李密，李密兵败后，又归顺了王世充，王世充兵败后，他又去投了李世民，结果被李世民拒绝了：

"公隋朝宰辅，政乱不能匡救，遂令品物涂炭，君弑国亡。见李密、王世充，皆拜伏舞蹈。今既老病，无劳相见也！"

听罢此话，苏威抑郁成疾，623年，病死于长安，享年八十二岁。

苏威，年轻有其名，年长有其志，辅佐二帝三十余年，年老却晚节不保，做了"三姓家奴"。虽有开皇之治之功，但又有隋亡之罪，真的是可叹、可悲哪！

615年十月三日，杨广率领文武百官狼狈不堪地回到了洛阳。但是，还没有休息几天，两封急报便传到了宫中：

贼寇吕明星率领上万人，攻打东都洛阳；

东海贼帅李子通率领几万人，攻打江都扬州，并自号"楚王"，建年号为"明政"。

　　两个首都同时被打，杨广震惊了。宇文述、裴蕴等人，不是一直说叛军很少吗？他们怎么打到首都来了？他突然间又想起了前几天苏威提醒过他的话。

　　不对，哪里不对。看来天下真的已经很乱了，也是时候重视一下了。

　　"镇压！"杨广大喝一声，这话像一道恐怖的闪电，穿透了巍峨的宫殿，激荡在大隋的上空。

　　天子之怒，伏尸千里。

　　随后，几名猛将开始带着精锐隋军，奔赴全国各地。

　　风雨飘摇的大隋即将迎来最后的曙光，"十八路反王，六十四路烟尘"中的一部分人，也即将迎来人生的终点。

捌

帝国余晖

三十四、张须陀三定山东

一方水土养育一方人，中国三十四个省级行政单位，每个地方的人民的气质都与众不同。比如福建人爱冒险，四川人较保守，东北人一喝酒，仝世界都是他们的……

但是，山东人的气质最为特殊，具体表现为：严重分裂。

和平时期，山东人最喜欢吆喝"孔孟之乡"与"忠、孝、节、义"。但是，翻看历史，你会发现，每一个朝代的末年，第一个拿起菜刀武装上访的，基本都是山东人。

这种前一秒还在吆喝"忠"，后一秒就拿起菜刀砍人的独特气质，其他省人真的少有。所以，有句老话叫"山东不反，中国不乱"。隋末这一次武装人造反，也是从山东开始的。

张须陀第一次安定山东

611年，黄河泛滥，河南、河北、山东等地一片沼泽，民不聊生。但是，杨广没有管这些百姓的死活，坚持赴约去灭高句丽全家了。

山东大汉王薄，率先对皇帝提出了反对意见。

王薄，生辰不详，山东邹平人，小半辈子都是一位普普通通的农民。不过，他应该读过几年书，很会搞营销，还会写歌词。

杨广征兵，他不想去，就和几个兄弟跑到长白山（今山东会仙山）当了土匪，为了把公司做大做强，他又写了一首歌：《无向辽东浪死歌》。

> 长白山前知世郎，穿着红罗锦背裆……上山吃獐鹿，下山吃牛羊……

在那个饥荒的年代，这歌词相当有吸引力，刚一发布，传诵量就突破了十万，没过几天，就吸引了百万余人。

但是，他的运气有点背，因为没过多久，便遇上了隋末镇压义军第一位猛将张须陀。这位爷出生于河南弘农，将门世家，是一名标准的猛将。史书记载其"性格刚烈，有勇有谋"。

他曾经跟着史万岁带两千人，转战大西南一千多里，见鬼杀鬼，见佛灭佛。后来又跟着杨素，平定了杨谅的叛乱。所以，砍人功夫十分了得。

不仅如此，他对老百姓还很好，山东饥荒，张须陀私自下令，开仓放粮，救济了百姓。

除此之外，他手下还有一员猛将——秦琼，就是唐朝凌烟阁二十四功臣里的那个秦叔宝。秦叔宝，山东历城人，出生日期不详，刚开始在来护儿手下当差，因为作战勇猛，几次先登，得到来护儿赏识，后来又被调到了张须陀军中工作。

611年，王薄在长白山下，刚积攒了几万人，就被张须陀给盯上了。

刚开始，张须陀并没有在意，只是让当地长官带了一群保安去打一下。哪知道，王薄还挺生猛，打退了保安的好几次进攻。最后，终于惹怒了张须陀，老虎不发威，还真被人当病猫了。

于是，张须陀带了一万人，就杀过去了。

听起来王薄手下是有几万人，但是，仔细一看便会发现，这几万人还包含老人、儿童、妇女。因为这是农民起义军的特点，无论到哪儿砍人都必须带着家属。

加上他们没有经过系统化训练，又没啥武器，所以，战斗力一般都比较差，和保安打打群架可以，和训练有素的正规军对砍，一般都处于劣势。更何况这次他们面对的是张须陀和秦叔宝这两位猛将，所以，王薄只有逃跑的份了。

这次平叛过程很无聊，只有一句话：王薄前面跑，张须陀在后面追。

王薄先是带人往南跑，跑到了兖州，结果被追上揍了一顿。接着他赶紧调头往东跑，一直快跑到海里喂鱼，在威海岱山附近，又被隋军追上揍了一顿。

无路可去之后，他又开始往回跑，到济南北的时候，又被追上了。隋军斩首五千余级，获六畜万计，等于是王薄带着张须陀来了个环游山东。

最后王薄被打得一点脾气也没有，只好躲了起来。

第一次山东人民武装上访，就这样没出家门，便被平定了。

不过别着急，杨广这位败家子，会源源不断地给山东人民送上造反的理由。

张须陀第二次安定山东

613年，杨广二征高句丽，又要大征兵，不用说，又一次引起山东大汉的不满。

龟缩了两年的王薄终于又一次等来了机会。这一次他没有再写歌，也没再往山里跑；而是趁机联合孟让等义军，共十几万人到章丘市造反去了。

张须陀二话不说，准备再次出兵，但是在出发之前，一个十四岁的小孩却将他拦了下来，表示要随军出征。

张须陀看见这小孩，心想"嘴上没毛、办事不牢"，便很不屑："小屁孩，穿上盔甲估计都能把你累趴下，怎么去打仗？"

没想到，这小孩十分不服气，当即披上了两副盔甲（注意是两副），飞身上马，将手中的"五钩神飞亮银枪"使得特溜，把张须陀都惊呆了，随即便把他带在了身边。

这小孩名叫罗士信，山东历城人，名字估计很多人不熟悉，但是看过《隋唐演义》的人肯定都知道罗成。历史上没有罗成这人，不过罗成的原型就是罗士信。

有这么多猛将在，所以张须陀压根就没把王薄、孟让的十几万人看在眼里，连计谋都懒得用。

他先让水军切断了王薄的运粮队，随后带了两万人便去砍人了。罗士信的表现极为勇猛，每次作战都跟着张须陀先登。

啥叫先登？古代攻城时，最先登上城头的功劳最大，所以叫"先登"。

那为啥第一个登上城头功劳就最大呢？

很简单嘛，登城这种活动危险系数极高，搞不好就会被城上扔下来的石头砸死，或者被泼下来的热水烫死，或者被甩下来的烧红的铁链烫死……总之，能有一百种死法。

能第一个冲上去，不仅需要极大的勇气，还需要极大的武力值，更需要极大的运气，冲上去之后还能极大地鼓舞士气，所以，这种人肯定功劳最大。

罗士信不仅经常先登，登上去之后还很有个性，每杀掉一个人，就把该人的鼻子割掉收好，战后拿给张须陀邀功。

有这种猛将在，战争结果是毫无悬念。王薄、孟让再次溃败，准备沿河而逃。但是他们的运气实在是太差了，半道上又遇见了大隋水军。在水陆夹击之下，俩人又跑一次。

这一次王薄逃得很彻底，山东是无论如何也待不下去了，和孟让一商量，俩人跑到了江淮流域。但是在那里，他们将遇到另一位猛将，也将被打得屁滚尿流，这事我们后面再讲。

王薄逃跑后，张须陀也没有闲着，他刚回到济南，就发现又有几万人去打历城了（现济南市历城区）。张须陀二话不说，抄起家伙就往历城跑，不过，这一次他差一点"报销"在那里。

主要原因不是义军太猛，而是他太大意。因为前几次的胜利来得太容易，让他飘了起来，误以为义军都很好砍，所以，这一次他仅仅带了五个亲信，骑着马就朝历城奔了过去。

张须陀明显玩得有点嗨了。义军看见隋军只有六个人，大骂一声，老鳖盖子（山东骂人的话），欺人太甚。然后拿砖的拿砖，拿棍子的拿棍子，一拥而上。

张须陀也不傻，打了两下，见对方人太多，撒丫子就跑，不过没跑掉，被义军给团团围住了。五个人PK几万人，不死才怪。没过十分钟，张须陀便身负重伤。眼看就要完了，但运气却救了他一命。

原来秦叔宝看见他带了五个人就跑，知道肯定有大事发生，便急忙召集了军队，随后而来。看见主帅被围，秦叔宝二话不说便冲了上去，义军这才撤去了对张须陀的包围。

秦叔宝赶紧让人把张须陀抬上了担架，随即准备撤军，但是身负重伤的张须陀却来个了反常的举动。

他对秦叔宝说："贼军见我重伤，肯定以为我会撤军，进而放松警惕。但是，此刻才是进攻的最佳时机。不必管我，揍死那帮'老鳖盖子'。"

猛啊，置生死于度外，不赢才怪。

事实正如张须陀所料，隋军刚一发动进攻，义军们便大败而逃。

张须陀这一次算是捡了一命，还要了威风，但是后果挺复杂。

他受伤的消息，很快就传遍了整个山东。义军各个首领们都看热闹不嫌事大，纷纷摩拳擦掌，准备趁机狠狠捞一把。

于是，山东益都、招远等地的义军开始了强烈的骚动，大肆抢劫、围攻城池，一时间山东境内狼烟四起。

躺在病床上的张须陀听闻战报，心里急得发毛，不顾病痛站起来就往外走。但是，刚一下床就痛得龇牙咧嘴，只好又躺了回去。

但是他仍然没有死心，于是，召集部下开会："贼人自恃兵力强盛，以为我不能救援，如今急速赶去，一定能击破他们，谁敢替我而去？"

一群大将，你望我，我望你，没人敢开口，只有两个人站了出来。不用说，肯定就是前文提到的秦琼和十四岁的罗士信。张须陀大喜，再三嘱咐两个人，一定要挑选精兵，加速前进，趁敌军没有防备，一击毙命。

两个人领命后，严格执行了老大的嘱咐。义军又一次如张须陀所料，没有丝毫准备，被秦琼和罗士信率军斩杀数万，缴获辎重三千辆。

杨广知道张须陀这么牛气哄哄的战绩后大喜过望，不但大加奖励，还让人画了他们的画像传示三军，作为表彰。

第二次山东人民"武装上访"，就这样又一次被张须陀平定了。

不过别着急，杨广这位败家子，还会源源不断地给山东人民送上造反的理由。

张须陀第三次安定山东

614年，也就是一年之后，杨广三征高句丽时，又要大征兵。按照既定程序，山东大汉再次表达了不满意见。其中卢明月聚集了十几万人在山东西北地区。

张须陀只好再次出兵给杨广擦屁股，但是，这一次他又大意了。

当然，这一次不是只带了五个人就去打十几万人，而是只带了十几天的粮草。没想到，卢明月和王薄不一样，属于比较能打型，双方僵持了十几天，隋军硬是没有一点办法，粮草殆尽，只好退军。

不过在退军前，张须陀又一次展现了与普通将领的区别之处——哪怕到了最后一刻，也绝不放弃。在自己最虚弱的时候，一定要坚持，因为那也是敌人最大意的时候。

他没有甘心，最后又拼了一把："贼军见我退兵，势必倾巢追击，如果能有精锐士卒偷袭敌营，必能大胜，谁能为我去偷袭？"

不用说，又是秦琼和罗士信站了出来。

事实又一次如张须陀所料，卢明月见隋军撤退，便率大军出营去追击。但是，没想到自己刚出来，营寨就被秦琼和罗士信给烧了。

卢明月见后方大火，紧急回撤救援，张须陀立即令后军改前军，转身追击。两路夹击之下，十几万义军几乎被斩杀殆尽，卢明月仅带着数百人跑了。

和王薄、孟让一样，他再也不敢在山东待了，一口气跑到了河南南阳。在那里，他也将遇到另一位猛将，然后命丧黄泉，我们后续再讲。

张须陀又乘胜追击，一口气灭了山东几乎所有义军，并在河南山东两省交界处，把瓦岗寨的翟让狠狠揍了一顿。

自此，山东境内，基本第三次实现了安宁。

616年，杨广见山东已经平定，便把张须陀调到了河南，做荥阳通守，继续去揍瓦岗寨。

张须陀再次爆发出了惊人的战斗力，仅仅率领了一万隋军，便横扫了整个河南，和翟让大大小小打了三十多场仗，结果翟让被打得屁滚尿流，一败再败。

如果不出意外，瓦岗寨被消灭只是时间问题了。

但是，就在这最紧要的时刻，却发生了两件事。一件改变了张须陀的命运，一件改变了隋帝国的命运。

现在，让我们先将镜头从张须陀的身上挪开，看一看其他几位猛将的战绩如何。

三十五、杨义臣平定河北（一）

当山东大汉将"之乎者也"与拿刀砍人的事业完美地结合起来的时候，燕赵慷慨之士也奏起了灭隋的悲歌。

从611年到616年，河北人民的造反事业也从来没有间断过，其中比较强大的有三股势力：

第一股，611年起义的高士达和窦建德，高士达自称冀州王，盘踞在高鸡泊一带（今河北衡水市故城县）。

第二股，611年起义的张金称，部下数万人，盘踞在河北清河县附近。

第三股，613年起义的格谦，拥众十余万，自称燕王，盘踞在豆子岗（今河北惠民县、阳信县一带）。

这些人的名字不太好记，不过大家也没有必要记住，因为除了窦建德之外，其他人都活不了多久。

窦建德，河北故城人，据说是东汉大司空窦融的后代，但是这个有点扯，俩人相差五百多年，中间隔了魏、晋、南北朝那么多动乱的年代，身份根本没法考证，所以，这个身份多半是窦建德自己编的。

但是窦建德应该是个小地主，手里有点钱，因为他从小就大手大脚，喜欢给人打赏。

年轻的时候，有一天他正在地里修整地球。一哥们儿跟他说，村里一个贫困户的父母死了，没钱安葬。他二话不说就赶了过去，给了这哥儿们一沓钱，帮人家办理了丧事，一时间成了十里八村的名人。

不过，这事吧，也有点玄乎。因为史书上接着就说，他当上了隋朝的基层干部——里长。

所以，窦建德给这哥们儿钱的动机，难免让人起疑。更可疑的是，当上里长之后，他就犯了事，而且还畏罪潜逃了。具体犯了啥事，书上也没有说。

但是，这三件事连起来看，怎么看怎么像是在无形之中黑窦建德：炒作声望—当上领导—贪污腐化—携款跑路。

当然，这只是随便开个脑洞，咱不能以小人之心度君子之腹。

随后窦建德过了几年苦日子，在外地隐姓埋名了好几年。一直到杨广大赦天下，他才又回到老家，和家人团聚，过上了美滋滋的小地主生活。

如果不出意外，他估计会和所有的小地主一样，晚上陪几个小媳妇聊聊人生的真谛；白天在村里瞎溜达听听八卦；农忙后到各家收收租金；谁家有红白喜事了，还能去主个局。

如果遇到小荒年，那就是他最开心的时刻，可以趁机放个高利贷，或者低价买点揭不开锅的农民家的田地，努力从小地主变成大地主。悠闲自在，其乐融融。

但是，杨广三征高句丽，却改变了他的命运。

611年，杨广不顾百姓吃了上顿没下顿，向全天下大征兵，准备第一次打高句丽，一时间全国民怨四起。

窦建德听说后，拍案而起，拖着四十多米长的大砍刀就出去了。没过一会儿他便走到了征兵处，对着征兵官老爷们举起了砍刀："各位爷，您看俺的力气如何，能当兵不？"

官老爷先是吓了一跳，一看原来是要当兵，这才稍微喘了口气问："你除了能举重，还有啥本事？"

窦建德的精神头更旺了，立马绘声绘色地给官老爷们讲了一个不久前的亲身经历：

那夜，有一伙没长眼的盗贼来到了窦家村，更没长眼的是，他们又准备翻墙进窦建德家。

很不巧的是，窦建德此刻还没有入睡。

这种危急时刻，一般人都是交钱保命，但是窦建德明显不是一般人。只见他穿上衣服，摸出大刀，悄悄地打开了房门，弯着腰溜到了院墙下面。

这时候，墙外传来了一个声音：

"老王，骑在墙上干啥，赶紧跳下去把大门从里面给打开喽。"

"喊啥喊，墙这么高，不得准备准备？"

老王准备了一下之后，扑通一声，终于跳了下去。随后"啊"的一声惨叫，老王卒。

"老王？老王？该死的，遇见王八蛋了！"

"都让开，让我去干死那王八蛋。"盗贼中武艺最高的老李卷起胳膊，脚一蹬迅速地翻过了墙。

又是"啊"的一声惨叫，老李也卒了。

于是，盗贼个个心惊胆战，不敢再进。但是他们没有跑，一来想报仇；二来丢下贼友尸体这件事太丢人，传出去以后没法在贼圈里混；三来这些盗贼一般都是沾亲带故，回去也没有办法和兄弟家人交代。

这时候，盗贼中一个聪明人想了一个计策。他代表贼友向窦建德隔着墙跪了下去，一边磕头一边表达歉意，希望窦建德能把大门打开，好让他们把贼友的尸体抬回去。

搞得窦建德哭笑不得，没学过兵法的人，也知道这叫"引狼入室"，谁干谁是傻子。

不过，窦建德没有当即揭穿盗贼的计谋，而是灵机一动，又来了个将计就计："哪远滚哪去，你傻还是我傻，门打开，你们不就进来了？想要尸体，弄根绳子下来，我把他们拴上，你们自己薅。"

盗贼见老窦没有上当，只好退而求其次表示了同意，但没想到的是，窦建德没有把那俩尸体给拴上，而是把自己给拴上了。

盗贼们使了九牛二虎之力，终于把"尸体"薅了出去，正准备抱着"尸体"号啕大哭，表达一下哀思。但是没想到，"尸体""啊"的一声大叫，竟然站了起来。那些盗贼吓得哇哇乱叫，还以为是诈尸了……

趁着一群人被吓破了胆，窦建德拿起大砍刀，连杀数人。其余的盗贼吓得连滚带爬，以百米冲刺的速度，逃得无影无踪。

故事讲罢，征兵老爷听的是哈哈大笑，眼泪都快笑了出来。当即给有勇有谋的窦建德封了一个官——连长（二百人长）。窦建德很激动，天天在家里想着打高句丽时怎么建功立业，怎么为祖国的统一大业做出一番贡献。

但是就在窦建德随军到北京的前夕，又发生了一件事，改变了他的命运。

611年，黄河又一次泛滥了，河南、河北、山东大部分被淹，逃荒者不计其数。但是杨广仍然只顾着打高句丽，根本就没有管这些。

当时故城县有个叫孙安祖的小伙子，家被大水冲跑了，老婆、孩子也都被饿死了，精神上受了很大的刺激。看到朝廷既没给粮食，也没给心理医生，还要将他拉去当壮丁时，孙安祖悲愤交加，一气之下，竟然把县令给宰了。

为了逃避官军追捕，孙安祖就跑到了窦建德家。由此可见，窦建德从一开始就绝对不是什么良民，不然，犯了死罪的人，也不会想都不想就往他家跑啊。

所以，他应该和《水浒传》里的晁盖似的，属于黑白两道通吃的小地主。但是窦建德比晁盖强的一点是眼光，这时候他已经看出了未来大隋王朝的发展局势：

百姓疲劳，连年征战，天下马上就要动乱了。

然后他又给孙安祖指明了出路：

大丈夫只要活着，就应当建功立业。高鸡泊广袤数百里，湖泊沼泽之上，蒲草密密麻麻，可以藏身。你可以先到那里当劫匪，慢慢聚拢豪杰，且观时变，以就大计。

孙安祖大为高兴，随后窦建德又召集了几百个乱民，让孙安祖带着，到高鸡泊落草为寇去了。

在孙安祖落草为寇的同时，附近又有两拨农民武装上访了，他们就是上文所提到的张金称和高士达。

这个高士达呢，应该叫"搞事大"，本事不大，搞的事情还挺大。他没有去落草为寇，而是带着一帮人，在故城县各地烧杀抢掠，无恶不作。

但是，他在路过窦家村时，却好心办了坏事。他知道窦建德也不是啥良民，便下令不允许抢窦家村，竟然秋毫无犯地过去了。

这下连傻子都能看出来了，窦建德肯定有问题，不过窦建德竟然给疏忽了。可是新任县令又不傻，很快就看出了背后的猫腻。然后县令派人悄悄地进村，将窦建德家一锅端了。

幸运的是窦建德刚好不在家，不幸的是窦建德妻子、儿女被杀得干干净净，一个不留。

窦建德是悲恸欲绝，叫天天不应，叫地地不灵，一瞬间，一个过着美滋滋生活的小地主，从天堂跌到了地狱。刚刚还活蹦乱跳的妻儿，眨眼之间就变成了一具具尸体。

但是，他也来不及过多地悲痛，因为此刻最重要的是逃命，官军正在四处搜捕他呢。

于是，他赶紧往高鸡泊跑，准备投奔孙安祖。

　　但是，在半路，他又得到了一个更加悲痛的消息：不知道孙安祖和另一个造反的张金称闹了什么矛盾，火拼时竟然被张金称给杀了。

　　后有追兵，前无去处，窦建德急急如丧家之犬，无奈之下，只好去投了高士达。毕竟他现在的处境，有一半是托了高士达的福——没有去抢他们村。历史就是这么的吊诡。

　　双方寒暄之后，高士达向窦建德表达了歉意，作为回报，他让窦建德坐上了二把手的交椅，随后又帮老窦娶了个新老婆。

　　接着窦建德又迎来了一个好消息：孙安祖被杀之后，孙安祖手下走投无路的人，听说了窦建德的下落后，也都过来投奔了他。

　　至此，三十八岁的窦建德在天堂、地狱、天堂之间，完成了迅速地转换，也终于完成了原始资本积累。虽然这个原始资本积累的过程非常血腥，是以牺牲全家人的生命为代价，但是这也开启了他波澜壮阔的后半生。

　　四年之后，616年年初，河北造反的人已经遍地。杨广认识到问题的严重性之后，便派了涿郡通守郭绚，率军万余前去镇压。

　　郭绚是个不错的将领，从611到616年，整个河北几乎被乱民们席卷了一遍，但是郭绚所在的城池，却始终岿然不动，俨然一座定海神针。守城的功绩让杨广十分欣赏，郭绚也十分得意。

　　于是，此次平叛，郭绚将第一个目标，就瞄准了实力最为雄厚的高士达和窦建德。

　　双方交战之后，郭绚没有辜负杨广的期望，爆发出了惊人的战斗力，将高士达、窦建德打得大败，一直打到了他们的老巢高鸡泊。

　　眼看高、窦就要全军覆没了，危难之际，窦建德终于意识到了，硬拼根本不是隋军的对手，要想取胜，只能智取。

　　很快，他就想到了一条计策。高士达也很有自知之明，听完计策后，便将军权交给了窦建德。

第二天，窦建德带了七千精锐，脱离了高士达的阵营，派使者举着白旗，向郭绚表示被打怕了，要求回炉改造，重新做人。

为了迷惑郭绚，高士达这边也上演一出好戏。他一大早便紧急鸣鼓升帐，召集诸将开会。会议上高士达假装大怒，表示窦建德狼心狗肺，竟然去投降敌军。要把窦建德的老婆、孩子，统统拉下去斩了。

诸将还以为高士达是来真的，便苦苦死劝，要求查明真相后再杀不迟。但是高士达无动于衷。于是，窦建德老婆、孩子，真的被全部斩了。

当然，这个"老婆、孩子"是调过包的"老婆、孩子"，只是几个俘虏而已。

这边郭绚接到窦建德的投降信后，正在半信半疑，紧接着就收到了密探传来的高士达斩杀窦建德老婆、孩子的消息。

于是，郭绚真的相信了，他放下了所有防备，还派使者约窦建德几天之后，在长河边歃血为盟。

看来郭绚是没有查过窦建德的户口啊，他如果知道当年朝廷曾把窦建德一家杀得一个不留，估计就不会这么轻易上当了。连对手的底细都不了解，不败才怪。

等到歃血为盟那天，郭绚意气风发，骑马立于军前，焦急地等待着窦建德前来投降，好教他以后怎么做人。不一会儿，远处马蹄阵阵，风尘四起。郭绚变焦虑为兴奋，对左右说："真是天助我也。"

但是他的副将却没有傻透，认真看了一会儿后，急忙对他说："恐怕有诈，我看烟尘滚滚，估计有万人之多，如果窦建德真心前来会晤，完全没有必要带这么多人。"

郭绚这才恍然大悟，急忙派人前去阻止窦军前来，但是为时已晚。一时间杀声四起，郭绚大惊失色，根本没有时间阻止军队抵抗，急忙调转马头，逃命狂奔。

老大都跑了，其他隋军就别说了，除了跑还是跑。一通杀戮之后，隋军死伤数千，郭绚仅带了十余人逃出了战场。听说郭绚逃跑之后，窦建德亲自率军拼命追赶，追了一百多里之后终于将郭绚斩于马下。

郭绚被斩的消息传出之后，窦建德一时威震河北，所到之处，官军震惊，纷纷归降。义军在此刻，达到了最高潮。

但是，他们并没有高兴太久。

因为窦建德率领的农民军的武力值是真的不如隋军，而这个诈降计策的成功，又有很大的运气在里面。

郭绚太粗心大意，没有调查窦建德的家庭背景；

郭绚又太自以为是，接受敌人投降时没有做两手准备。

一般情况下，经验丰富的将领在接受敌人的投降时，都会做两手准备。表面上是去接受投降，但私下里都是严阵以待。历史上有很多这样的例子：

例如338年十二月，后赵的天王石虎派征东将军麻秋率领三万士兵去迎接段辽投降时，就曾一语中的："受降如同迎敌，千万不能轻视。"当然，最后麻秋没有听，那是另外一个故事了。

所以，会做事的人，在办事之前，肯定都要做到有备无患。很多时候，你表面上看他是在随机应变，但其实人家只是早有准备而已。

再举个《史记》中的例子，公元前121年，匈奴浑邪王率十万之众向汉朝投降。十九岁的霍去病领军去接受投降，但是，受降仪式上却出了幺蛾子。部分匈奴兵见汉军太多转身就逃，霍去病见状，立马率军冲了过去，斩杀匈奴八千人，才压住了场子，最后受降十万余众。

相信很多人在《史记》中看到这一段时，都会对霍去病的勇敢和应变能力佩服得五体投地，但是如果仅限于佩服的话，那么你的《史记》就白看了。

你得细想一下，为什么有些匈奴兵看见汉军太多就被吓跑了？

匈奴十万人啊，汉军不过万余人，十万见一万人会吓跑？显然不现实嘛。

他们之所以跑，肯定是见汉军摆开了要打仗的阵势，误以为要被屠杀。但实际上，霍去病只是做了两手准备，怕对方诈降而已。

另外，霍去病看见匈奴兵逃跑，就敢立马上去砍人，有他的勇敢在，更有他的谋略在，他知道汉军早就做好了充足的打仗准备，根本不怕匈奴军。

所以，这个故事虽然表面上体现了霍去病勇敢的一面，但最重要的是它在教我们一个道理：无论何时何地，做什么事，都要有两手准备。

霍去病、石虎都是比郭绚早几百年的历史名人，他们的事迹都记录在史书中。所以，郭绚丢了脑袋，只能怪自己没文化。要么是没看过史书，要么就是看过史书，但是没有给整明白。这种人做大将，不死才怪。

而窦建德即将遇到的杨义臣，显然是个熟读历史的猛将。在得知郭绚被杀，河北大乱之后，杨广便立刻下令，让杨义臣带着数万精兵，前来给这些乱民表演一下，什么才叫猛将，什么才叫智商。

一场又一场对义军的大屠杀，马上就要上演了。

三十六、杨义臣平定河北（二）

杨义臣，原名尉迟义臣，父亲叫尉迟崇，是尉迟迥的同族兄弟。但是，兄弟再亲，那也是两个完全不同的人。

所以，尉迟迥叛乱的时候，尉迟崇很快和他划清了界限——把自己绑了起来，关在牢里，让人去京城向杨坚请罪。

杨坚大为感动，这种会办事的人必须树典型，当标兵，让全国人民向其学习。杨坚篡位后，立刻将尉迟崇封为秦兴县公，以表彰大义灭亲。

但是没过多久，尉迟崇便到地下和尉迟迥约会去了，小小的尉迟义臣便成了有爹生、没爹养的孤儿。杨坚觉得他可怜，便将他养在了宫中。

有一次，杨坚在宫中溜达，恰好又遇到了尉迟义臣，他一看小伙子都长那么高了，便想起了他爹的忠心，感动得差点流泪。随即杨坚就把尉迟义臣叫到了身边，问他愿不愿意当自己的孙子。

天上掉个爷，而且这位爷还是皇帝，谁能不愿意？于是，尉迟义臣当即就改姓了杨，还被编入了杨家的家谱。

杨义臣没有辜负杨坚的期望，长大后为人谨慎忠厚，武艺高强，骑马、射箭样样精通，曾和当时的大隋第五名将史万岁一起大破突厥。

杨广登基之后，他又和当时的大隋第二文武全才杨素一起平定了杨谅的反叛，并立下大功。此后的每一场大战，基本都有他的参与。

杨义臣奉命到达河北后，看见义军都跟吃了兴奋剂一样，就做出了第一个决定——必须打赢第一仗。只有如此，才能提高隋军士气，打压义军的嚣张气焰。也只有如此，后面的战争才会对隋军有利。

那么，怎么打赢第一仗呢？

很简单，捡软柿子捏。从古至今，都是如此。

所以，杨义臣没有去找士气最旺的窦建德对砍，而是把矛头对准了三股势力中最弱的张金称。

张金称在三股义军中虽然力量最弱，但是他的手下也有几万人，并且在611到616年之间，和隋军有过多次恶战，斩杀过多名隋将，又占据着平恩、武安、钜鹿、清河等县，至少有四座城池。

所以，杨义臣在选择最弱的张金称之后，仍然没有轻敌，和他硬杠；而是采用了《孙子兵法》上的两句话："卑而骄之，攻其无备。"

张金称驻扎在今天的河北邱县，杨义臣驻扎在今天的河北临清，双方相距四十多里。

两军对峙了好几天，杨义臣一直紧闭营寨，坚守不出。张金称派出几员大将前去营前挑衅、谩骂，杨义臣一概装作没有听到，该打牌打牌，该下棋下棋。

面对对方的叫骂，一位二十四岁的少年将军愤愤不平地站了出来，但是被杨义臣给硬怼了回去。

又是几天过去了，张金称看到这边一直没有动静，便以为杨义臣和他之前见到过的所有隋军将领一样，都是个窝囊废。平叛不过是摆个样子罢了。所以，他不但没再派人前去挑衅，还又放松了警惕。

杨义臣等的就是这个时候。看见张金称军松懈，杨义臣开始鸣鼓升帐，向窝着一肚子气的诸位将领，下达了进攻的命令：

"苏定方，率两千精锐骑兵，连夜绕道贼军背后。明日黎明，我亲率大军，引敌出营。那时，你再从背后偷袭。只可成功，不许失败，否则军法处置。"

这里说的苏定方，就是前文中那位二十四岁的少年，也是日后北击突厥、西平西域、东灭百济，连灭三国的唐初名将苏定方。他十五岁时便跟着父亲在隋朝各地平叛，至今已有九年之久。虽然年少，但已战功卓著。

苏定方这才意识到姜还是老的辣，不仅对杨义臣佩服得五体投地，这一招在他日后征战沙场时，也经常用到。

第二天，天刚微微亮，杨义臣趁着张金称军还没有起床，便对张金称发起了进攻。张金称军虽然迷瞪，但是战斗力还是有的，连续打退了隋军的多次进攻。

杨义臣急忙鸣金收兵，佯装败退。张金称见状，果然中计，亲率大军去追击隋军。

这时候，在敌军后方埋伏了一夜的苏定方终于出动了，趁着敌军营寨空虚，一把火把张金称军所有粮草、辎重给烧光了。

张金称见营寨着了火，又急忙率军回救。杨义臣抓住空隙，率军反扑过来。两面夹击之下，张金称仅带了数百随从，大败而逃。

这一仗完全就是张须陀大战卢明月的翻版，唯一不同的是，一个月后，张金称便被隋军俘虏了，下场极惨。他被绑在了十字架上，放在了闹市之中，他的仇人像一群秃鹫一样，将他一块一块地割开，竟然给吃了。

之后，杨义臣稍作休整，便将兵锋指向了最强盛的高士达和窦建德。

窦建德在观摩完张金称的下场之后，觉得杨义臣有两把刷子，不能硬拼，只能智取，便向高士达献上了一计：

"遍观隋朝将领，善战者只有杨义臣。他刚刚大败张金称，正锐不可当，我们可坚守不出，几个月后，待隋军疲敝，再行反攻，必定大胜。"

但是，此时高士达的心理已经发生了变化。他不能再听窦建德的了，否则窦建德再立新功，必然功高盖主，到时候自己的下场恐怕也好不到哪里去。所以，这次他必须拼一把，哪怕是付出生命的代价。

高士达令窦建德守护城池，自己则率领全部精锐去和隋军对砍。杨义臣正担心高士达会被吓跑呢，没想到他竟然送上门来了。但是，杨义臣仍然没有选择硬杠，而是继续使用之前的计谋——骄兵。

他命令先锋苏定方见到高士达后，只许败，不许胜。胜仗难，但败仗谁不会，很快，苏定方便超额完成了任务，三天连输三场。

高士达被轻而易举的连胜冲昏了本就不明智的头脑，暴发户心态立马爆棚了。当夜，他便在军中大摆宴席，大犒诸将，喝得是酩酊大醉。

杨义臣等的就是这一天，当夜三更时分，杨义臣亲率大军，人衔枚、马摘铃向高军杀了过去。结果毫无悬念，隋军大胜，高军死伤数万，高士达本人也死于乱军之中。

杨义臣乘胜追击，一直打到了高士达的老窝。窦建德见大势已去，仅率一百多人仓皇逃到衡水市饶阳县县城，聚拢残军败将，仅剩三千多人。窦建德仰天长叹，五年的心血竟然毁于一旦。

但是，杨义臣在此犯了一个不算错误的错误，他在取得巨大的胜利之后，并没有痛打落水狗，继续杀向饶阳县。因为窦建德那三千多人，对于他来说真的不值一提，也许派出几千名地方保安就能将窦建德捏为灰烬。

但正是这个不算"错误"的"错误"，给了窦建德喘息的机会。从此之后，窦建德终于摆脱了所有的束缚，再也没有谁能对他指手画脚。一出"捶碎玉笼飞彩凤，掣开铁锁走蛟龙"的好戏，一年之后便会在河北上演。

不过杨义臣顾不得这些，他还有更大的目标要去征服——格谦。

格谦，世代以煮盐为生，属于程知节（程咬金）的上游供应商。

虽然他是613年才加入造反这一行，比窦建德晚了两年。但是，这家伙很有商业头脑，将在现代商业上很流行的"全员参与式经营"运用到了部队中：将军和士兵身份一样，谁有战功谁就做将军，谁要失败谁就滚蛋。

所以，人家发展势头一点也不差。616年，格谦手里已有十几万人，自称燕王。地方保安团多次发兵征讨，都无功而返。杨义臣现在面对的就是这样一根硬骨头。

这一次再用什么计策呢？骄兵之计，显然已经不合适了，连续两次的运用，再傻的义军也知道了套路。

而且，还出现了一个很尴尬的问题——杨义臣找不到义军了。杨义臣连胜两场之后，大名随即传遍了整个河北，所有义军都绕着他跑。凡是他要去的地方，义军闻讯之后，撒丫子就跑，根本不给他打仗的机会。

面对这种困境，杨义臣溜达了一大圈之后，发现再溜达下去就要瘸了，终于想到了一个解决的方法——招安。

你们不是怕我嘛，有我在你们的造反事业不是没有希望嘛，所以，你们也别跑了，老老实实回来当农民吧，过去的事，一概不再追究。

格谦集团听到这个消息后，领导层迅速分裂为两派，但不是分为主战派与主和派，而是分为现在就投降派和谈谈条件再投降派。

前者认为，晚降早降都是降，还不如早降。后者认为，隋军势大，现在招降不太可靠，万一坑人怎么办。

两边一番争论之后，谈谈再投降派的人最后占了上风。

于是，格谦派人对杨义臣表示，投降可以，但我们不相信你，你得让李德饶来，我们就投降。

李德饶，邢台市隆尧县人，生辰不详。看这名字，就知道这人特别孝义。《隋书·孝义·李德饶传》中说他"性至孝，父母寝疾，辄终日不食，十旬不解衣。及丁忧，水浆不入口五日，哀恸呕血数升"。所以，他在河北的名声特别大，信义特别好。

杨义臣立刻就同意了，赶紧上报朝廷派李德饶过来招降，事情貌似成功了一半。可是，李德饶的运气实在太差，在去招降的路上，不知道被哪伙小毛贼给宰了。乱世之中，真是好人没好报啊。

杨义臣大为恼火，一为李德饶这个好人的死而痛惜；二为煮熟的鸭子竟然就这么给飞了而失落。不过痛完之后，杨义臣又心生一计，决定用这个好人的脑袋再做一篇文章。

他派使者提溜着李德饶的脑袋，去见了格谦，说李德饶是在格谦的地盘上被杀的，绝对是格谦派人干的，这叫背信弃义，不得人心，必遭天谴。

格谦看到李德饶的脑袋后，大吃一惊，怒火中烧，表示这不是人干的事，他一定会一查到底，把杀义士的兔崽子给揪出来。

格谦是个老实人，说到做到，迅速召集各个将领开会，传达了一查到底的决心。

哪承想，会议从白天开到了晚上，结果却把李德饶一个人的追悼会开成了格谦的大型追悼会。

原来，杨义臣料定派人问罪后，格谦会放松警惕，他便趁着夜色亲自领军，杀了过来。

格谦哪里会想到，杨义臣会来这么一出阴的，所以，这群义军的首领，还没来得及反抗，就被活捉了。十几万义军也被斩杀了好几万，活下来的一部分见河北待不下去了，也向南逃往了河南和江淮地区。

格谦被俘后，历史的记录开始出现了分歧，有说格谦随后又被放了，然后又被王世充给杀了的，有说直接被杨义臣给杀了的。总之，他肯定是死了。这里我们采用第二种说法，因为杨义臣实在没有理由会放了他。

三股大势力全部被灭了之后，杨义臣带着胜利之师，开始在河北到处溜达，遇到造反的就砍。一代枭雄窦建德，也不得不在夹缝中求生存。至此，闹腾了五六年的河北，也基本被平定了。

现在大隋王朝闹腾得比较厉害的地方，只剩下了河南与江南，而江南的乱民也将要受到暴击了，因为隋末镇压义军的第三员猛将王世充，终于要上场了。

三十七、王世充镇抚江南

王世充，祖先是西域胡人，后来搬到了山西生活。他爷爷死得早，奶奶年纪轻轻就守了寡，但不知道怎么着，他奶奶和隔壁老王勾搭上了，于是就被纳为了小妾。王世充他爹，便过继到了王家，改姓王。

所以，王世充长得很具有胡人特色，头发卷，声音大，皮肤糙。不过他的内里却一点也不像胡人，喜欢读书，尤其是兵法，还能言善辩。长大后，他竟然无师自通学会了眯着眼算卦。

靠着这一身本领，以及养爷（老王）的恩荫，在隋炀帝初年，他就做到了江都的郡丞。

613年，杨广二征高句丽时，杨玄感在北方阴了杨广，江南的刘元进、朱燮（xiè）、管崇也表达了反对意见。

大隋的军队只顾着在北方和杨玄感对砍，没有人力和时间去管南方，所以，他们的队伍很快就发展到了十几万人。

虽然十几万人看起来不少，但在隋末那个乱世，也不怎么显眼，最多也就是当地父母官带着一群保安镇压一下就完事了。

但是，这三个人却有点找死。还没有打下什么地皮，就组建了一个临时领导班子：刘元进为天子，朱燮和管崇为左右仆射。

这一下性质就不一样了，另立中央，放在哪个朝代也得使劲削。

于是，杨玄感叛乱刚刚平定，杨广便派出了两员猛将：吐万绪、鱼俱罗前去给这三个人上几节军事理论课。光看这名字就知道，这两位猛将不是汉人，武力值不一般。

事实的确如此，俩人都是胡人，都属于身高八尺、臂力过人、声气洪亮的那种类型，和王世充有点像。

但与王世充不同的是，他们都是老将，都在打突厥、灭南陈、平杨谅的战争中刷过一轮又一轮的经验值。

所以，这次平叛前期进行得异常顺利，吐万绪、鱼俱罗什么计策都没有使用，带着隋军就过去砍人了。

连续砍了两个多月，想怎么砍就怎么砍，砍累了歇一歇再砍，一直把刘元进这群人砍到了几乎灭种的地步——管崇被杀，刘元进和朱燮被从浙江砍到了建安（今福建建瓯）。一千多里的土地上，到处都是尸体。

但是，就在这最后的此刻，又出了幺蛾子。

鱼俱罗见天下大乱，害怕和长安、洛阳的儿子们以后不能相见，便派人偷偷地把儿子们接到了江南。结果这事被人告发，杨广怀疑鱼俱罗要造反。

杨广派人调查后，证实鱼俱罗单纯得像朵白莲花，压根就没有想造反的念头，就是单纯地想见见儿子，但是杨广抱着宁可信其有，不可信其无的态度，坚持把鱼俱罗给斩了。

不过这事其实有些蹊跷，因为大臣在外作战，家人作为人质留在京城，是所有朝代的所有统治者的普遍做法，并没有半点不妥。

相反，你鱼俱罗偷偷把儿子接到身边，是要干吗？参考杨玄感叛乱时，偷偷让弟弟从辽东撤回的案例，杨广不怀疑才怪。

其次，613年，天下虽然较乱，但是远远没有达到道路完全阻隔，父子不能相见的地步。你一个在外领兵的将领，现在把儿子叫过去，想法会那么单纯？

所以，这件事上，杨广大概率没有做错。鱼俱罗要么是真的老年昏聩，自找死路；要么就是他真想造反，但是事情败露，导致被杀。此刻无论谁是皇帝，都会杀了他。

总之，鱼俱罗就那么不明不白地被斩了。这一下，眼看就要平息的叛乱，又乱了起来。

于是，杨广立刻催促吐万绪进军，尽快让刘元进等人从地球上消失。

吐万绪同意了，但是他手下的人却不干了。连续打了两个多月，这些隋军手也砍酸了，腿也跑软了，实在是打不动了。上班还有个星期天呢，这连续加班两个月，还都是体力活，神仙也受不了啊。

吐万绪无奈之下，只好依照实情上奏了杨广，希望能休整一下。但是，吐万绪也不知道怎么想的，要求休整的时间有点忒长了，要求两三个月，等到第二年春暖花开的时候再战。

这一下，杨广不乐意了，而且还加深了对吐万绪的怀疑。

因为吐万绪和鱼俱罗是并肩作战的同志加兄弟，鱼俱罗"造反"的事，杨广本身就怀疑吐万绪知情不报，现在，这些义军快被灭了的时候，他却想要休整，他到底要干什么？

这个怀疑，也挺正常。所以，随着怀疑的不断加深，杨广只好临阵换帅，将吐万绪叫了回去，换上了江都郡丞王世充。

在此之前，王世充没有打过一次仗。但是，我们不得不承认，这个世界上真的有不少军事奇才。有些人就是很奇怪，一辈子都没有打过一次仗，甚至连兵器都没摸过一下，但是一上战场，砍人的本领便炉火纯青。

战国的赵奢、东汉的班超，还有隋初的高颎，都是拿起笔能写会画，拿起刀就挥刀自如的杰出代表。很明显，王世充也是这么一位爷。

但是刘元进却以为他只是个书生，所以，在得知王世充带了几万隋军杀向福建之后，刘元进异常兴奋，觉得报仇雪恨的时候终于到了。

不过隋军之前的生猛给他留下了深刻的印象，所以，他这一次没有盲目行事，而是准备请王世充吃顿大型烧烤。

建安城西有条河叫崇阳溪，王世充可能是第一次打仗，也没派人到河对岸好好侦查一下，便带着隋军过了河。结果刘元进趁王世充正在安营扎寨，便带着人去阴了一次，打得隋军措手不及，损失了一千多人。

王世充本以为对手是土包子，啥也不懂，没想到刘元进也是玩智商的主，第一仗就让自己吃了瘪。

首战不利，王世充只好带人后撤了五六里，准备再次安营扎寨，总结经验教训，好好和对方来个智商大对决。

但是，刘元进根本没有给王世充这个机会。当晚，刘元进便来了个大偷袭，他手下每人割了一捆河边的茅草，准备学习刘备来一次火烧博望。

事情很顺利，大火很快就烧了起来，一时间遮天蔽日、江面通红，隋军大乱，哭爹声、喊娘声一波接着一波，甚至还有人直接跳河逃命去了。

一向喜欢算卦的王世充这时候也慌了，骑着马就赶紧往回窜，一边跑一边恨不得扇自己几个巴掌，第一次打仗竟然出门没看皇历，也没算卦。

就在这时候，神奇的事情发生了，眼看隋军们就要化成一团团碳化物了，风向竟然突然变了。原本烧向隋军的大火，竟然在一瞬间转向了刘元进军。

这下轮到刚刚还在隔岸观火的刘元进军撒丫子跑了，事实证明，在运气面前，实力就是渣渣啊。

死里逃生的隋军们先是愣了一下，还以为脑子被烧晕，出现了幻觉。但是，刚刚还在狂逃的王世充率先反应了过来。只见他急忙勒紧马缰、调转马头，挥舞着手中的长枪，高喊天助我也，便向刘元进军冲了过去。

其他士兵们看见主帅在往回冲，这才反应过来，于是调头的调头，上岸的上岸，跟着掩杀了过去，结果自然是刘军大败亏输。

经过此战之后，王世充认真总结了经验和教训——原来打仗还是得靠智商。

之后他迅速成长为一名优秀的将领，在以后的几个月里，再也没有输过一次。每次取胜后，他还把全部功劳归于部下，所得的财物，也全部分给士兵，自己分文不取。

所以，隋军士气越打越旺。平叛，成了隋军对义军单方面的大屠杀。

几个月后，刘元进和管崇全部被杀，其部下三万多人全部投降，他们的结局很惨——全部被王世充给活埋了。我们之前一直强调杀降不祥，王世充以后的悲惨命运，也许早在此时就已经注定了吧。

不过，现在他还来不及想这些，因为此战过后，他名声大振，这种又狠又专的人才，引起了杨广的极度重视。

615年，杨广被突厥围困在了雁门，危急时刻，把诏书绑在木头上，放在河里，向各郡发出了勤王令。

王世充远在几千公里以外的江南，按理说这事和他八竿子、十六竿子也打不着。但是，他硬是在里面插了一杠。

听说皇帝被围后，他第一时间亲自带领江都的全部兵马，日夜兼程，一路北上要去勤王。

谁都知道等他赶过去了，估计杨广的骨头渣子都不剩了。但是，能不能救是能力问题，要不要救是态度问题，王世充很明白这一点。

所以，在行军途中，王世充便演了一出大戏。他脸也不洗了，牙也不刷了，衣服也不换了（昼夜不解甲胄），天天痛哭流涕，鼻涕一把泪一把地乱甩，比死了亲爹还难受。

表演的效果很明显，隋炀帝杨广解围之后，听说了这事大加感慨，立刻升任王世充做了江都的一把手，全权负责江南的事务。

前面我们讲到，张须陀在山东把义军打得落花流水，其中王薄、孟让、卢明月被痛扁之后，都逃到了江淮地区。杨义臣在河北灭了格谦之后，格谦的一部分余党也逃到了江淮地区。

这一下，又该轮到王世充表演了。

王薄和孟让一起往南跑，一路跑，一路抢，一直抢到了王世充的地盘，江苏淮安的盱眙（xū yí），队伍竟然又发展到了十几万人。

盱眙距离江都（扬州）不过一百公里。王世充急忙带了两万多人前去平叛，准备御敌于省门之外，这一次他又玩起了智商——骄兵之计。

隋末的将领们好像都喜欢用这一招，而且这些农民军也都记吃不记打，经常连续性地上这种当，这次也没有例外。这也充分说明了一个道理，真正的高手从来不是最张扬的那一个，高手对决往往是不动声色，以待时机，然后一击毙命。

王世充带着军队出了江都，遇到孟让、王薄之后只是象征性地打了两下，便令全军龟缩到了都梁山（不是山东那个梁山），坚守不出。为了诱骗义军上当，他还专门挑了些老弱病残，放在大军的前面让王薄、孟让观摩人体艺术。

在山东被张须陀摩擦了无数次的孟让，见到王世充这股尿样，终于长长地舒了一口大气，大笑着对周围人说："王世充是个文官，很明显不会打仗嘛！我要活捉了他，然后一鼓作气攻下江都！"

于是，他便开始派人猛攻都梁山，不过，连续打了几天都没有打下来。这时候，孟让的智商终于又上线了，他开始觉得这里面有猫腻，寻思着难道这又是骄兵之计？

如果孟让能够坚持这个判断，后面也就没有王世充什么事了。但是，就在孟让怀疑人生的时候，王世充又把他的智商给拉了下来。

原来，王世充也意识到了防守得有点狠，估计会引起孟让的怀疑。于是，他又加了两场戏。

当孟军撤退之后，王世充便亲自率了一群老弱病残到孟让帐前挑衅，要求决斗。孟让二话不说，拿起刀就和王世充对砍，结果可想而知，连续几次，王世充都是"大败而逃"。

这一下孟让、王薄彻底地相信王世充就是个尿包了。于是，有一天，孟军中的粮官向两人报告，周围百姓跑光了，再也抢不到粮食了。

俩人一合计，既然这里抢不到，那就换个地方抢吧。至于王世充？那个尿包？留下了小部分人就可以对付了。

于是，他俩招呼一声，便率领大军继续南下，抢粮、抢钱、抢女人去了。

王世充等的就是这个机会，他隐忍得已经太久了。看着孟让、王薄离去的背影，他终于撕下了面具，露出隐藏已久的獠牙。那分明是一只猛虎，而不是被人肆意欺负的小猫。

王世充对着全体将士发表了一通激情澎湃的演讲，中心思想只有一个字：杀！

于是，隋军如一只只饿虎，对着没走多远的孟让军就是一顿猛踹。

结果毫无悬念，隋军斩杀孟让军几万，俘虏十几万，孟让仅仅带了十几个亲信，仓皇而逃，再也不敢待在江淮，又一路北上，逃到了河南，投奔瓦岗寨去了。后来他又在洛阳碰见了王世充，真是冤家路窄啊，瓦岗寨被灭之后，其人不知所踪。

王薄则不知道跑到哪个旮旯躲了起来。等到宇文化及杀了隋炀帝杨广之后，他突然又冒了出来，投降了宇文化及，后来又投降了窦建德，后来又投降了唐朝，不过，刚投降不久，就被仇人给杀了。

他俩虽然后面都死了，但是和另一位从山东逃过来的卢明月比起来，命还算好的。

卢明月在山东被张须陀暴揍之后，往南跑到了南阳，很快也拉起了一支四十万人的队伍，自称"无上王"。

但是，这个"无上王"应该改为"无头王"，因为称王没几天，王世充竟然从江苏跑河南来揍他了。具体经过，史书没怎么记载，总之，最后卢明月连尸体都找不到了。

在灭了卢明月之后，王世充又顺带消灭了格谦逃过来的残部，这个过程，史书上也是一笔带过。

自此，江淮一带从北方来的义军，基本被消灭干净了。

不过，还有两股本土势力活跃在江淮地区，一股是杜伏威，一股是李子通，但是他俩在另一位猛将陈棱（就是那个灭了琉球国的陈棱）的压制下，此时也难有作为。所以，他俩的事，我们后面再详细讲。

大隋帝国的西北方向，杨广也派了两位猛将前去镇压。去往陕西的，是未来唐朝的凌烟阁二十四功臣之一的屈突通，这人大家应该比较眼熟，杨广刚登基，杨谅叛乱时，他就出现过一次。山西则派的是杨广的老表李渊。

屈突通这边，虽然没有平定陕西，但是和乱民打得是难舍难分，基本不分胜负。李渊那边则很快把乱民消灭得干干净净。

所以，615年年底到616年年初这一段时间里，风雨飘摇的大隋王朝在经历了几年的战火之后，竟然奇迹般地燃起了浴火重生的希望。

河北、山东、山西、四川比较稳定，江淮基本稳定，只有陕西有点乱，河南比较乱而已。

当年，刘邦以汉中为根据地，北上平定关中，然后再往东打，统一了天下。

刘秀从河北发家，一路向西，打下洛阳和西安，再挥兵南下，统一了天下。

曹操以河南为根据地，打下山东与河北，又平定关中，统一了中国北方。

后赵的石勒以河北为根据地，再一路向西打下洛阳、西安，基本统一了中国北方。

前秦的苻坚以关中为根据地，一路向东，最后统一了中国北方。

与这些人相比，此时杨广的基本盘简直好到了爆棚。

全国不仅实现了大部分地区稳定，手下还有名将如云：杨义臣、苏定方、张须陀、秦叔宝、李靖、罗士信、王世充、陈棱、屈突通、李渊、来护儿、宇文述等等。

而且，从后面的情况看，这些人还都听从杨广的命令，甚至大部分人还都忠心耿耿。李渊虽有反心，但在此时还没有造反的资本，后来的事实也证明了，杨广此时也能轻易地灭了李渊。

所以，如果此刻杨广能够放下他的折腾劲儿幡然悔悟，学习他的榜样汉武帝，下个罪己诏，安定人心。再把死去的那一两千万人的土地拿出来，重新丈量一下，分给愿意被招安的百姓。他自己则老老实实待在长安，不再折腾。先把关中地区的乱民按下去，再率大军围剿瓦岗军，把北方捋顺了，再收拾南方的乱民。大隋王朝还真的很有可能再兴旺个一二百年，杨广未尝不会像汉武帝那样，被千古传诵。

但是，就在这个关键的时刻，杨广爱折腾的本性又露了出来，接下来他又使劲地折腾了一把，不仅让这一年的所有努力全部前功尽弃，还为自己挖了一个坟墓，钉了一口棺材，并紧紧地钉上了盖子。

三十八、杨广被杀，大隋帝国落下帷幕

616年七月，风雨飘摇中的大隋王朝，在迎来几缕曙光的同时，也迎来了压死骆驼的最后一根稻草——江都（今江苏扬州）制造的龙舟按时送到了洛阳。

看着那些硕大无比且装饰豪华的龙舟，杨广又一次燃起了巡幸江都的念头。在一念天堂、一念地狱的重要关头，他又一次选择了地狱。

当然，此时杨广的周围也不全是糊涂蛋，一个又一个的忠臣站了出来，他们想用一己之力，为大隋王朝挽回一点点生的希望：

右候卫大将军赵才接到命令后，赶紧跑进宫劝说杨广："天下百姓疲惫，国库空虚，盗贼蜂起，陛下应该赶紧返回京师。"

但是，杨广不但没有听，还把赵才定了个欺君之罪，关进了监狱。

一天之后，建节尉（正六品）任宗见状，上书为赵才求情，并极力劝谏杨广不要南下，结果却被活活打死在朝堂之上。

两天之后，奉信郎（从九品）崔民象，跪在建国门，继续上表杨广不要南下，结果却被杨广下令砍掉了下巴，然后处死。

四天后，奉信郎（从九品）王爱仁，再次上书劝谏，结果又被杨广处死。

另一位宰相虞世基实在看不下去了，不过，他没有直接为赵才求情，而是旁敲侧击：洛口仓（后来被李密攻陷）周围盗贼越来越多，得赶紧多派点兵过去守着。

但是，杨广仍然没有听，反而嘲笑虞世基是个书生，胆小如鼠，那点盗贼成不了气候。

当杨广一行抵达梁郡（今河南商丘）时，一个甚至都没有留下名字的小人物，又挺身而出，挡在了杨广的车前，磕头磕得满脸鲜血，大呼："陛下再巡江都，将要失去天下啊！"

但是，杨广依然没有听，将这个人拉下去斩了，继续向江都前行。

良言不劝该死鬼，慈悲不度自绝人。从此之后，朝中所有大臣都噤若寒蝉，再也没有一个人劝说过杨广，任他在作死的道路上越走越远。

大隋王朝的灭亡，就在这一刻彻底地定格了。

后面杨广在江都的一系列表演，都成了无关紧要的细节，奢靡而乏味；隋军将士们的奋力厮杀，都成了注定失败的悲剧，只留下了一声声的叹息。

所以，我们只简单地说一下。

1.陈棱打杜伏威时，连战连胜，战事呈胶着状态，如果不出意外，杜伏威将危在旦夕。但是，当地百姓听说杨广又要巡幸扬州，从当地经过之后，便大力支持杜伏威。攻守之势迅速转变，陈棱大败而逃。

2.杨广带着禁军南下之后，导致北方兵力虚弱并出现大量权力真空，张须陀仅带了一万余人，去和瓦岗寨十几万人死磕。

终于被李密设计包围，张须陀成功突围，但是为救被围将士，他又前后四次冲进包围圈，部下劝其逃离，他却仰天长叹："兵败如此，还有何面目再见天子？"

最终，张须陀筋疲力尽，被李密、翟让等人斩杀，时年五十二岁。他的手下官兵"尽夜号哭，数日不止"。他的手下大将，秦叔宝、罗士信，走投无路之下，最后投降了瓦岗寨。

3.张须陀战死之后，李密带领瓦岗军把洛阳包了饺子，杨广只好派王世充北上平叛，江淮地区无人镇守，再次陷入大乱。

4.杨广到达江都后，河北的杨义臣仍然捷报频传。但是宰相虞世基由善变恶，劝说杨广："杨义臣如今拥兵自重，恐怕有变。"

杨广听信谗言，将杨义臣调入江都，授礼部尚书，杨义臣不久病死。窦建德趁势再次崛起，河北各地纷纷归顺，苏定方也无奈归降，从此窦建德一发不可收拾。

5.617年，杨广巡幸江都之后，原本还都效忠隋朝的贵族、官员，见杨广已无药可救，纷纷加入了造反的阵营。

驻守涿郡（北京附近）的虎贲郎将罗艺起兵反隋。

马邑的刘武周，依附突厥，自称天子。

甘肃兰州金城府校尉薛举，杀掉县令，自称西秦霸王，举兵反隋。

岳州校尉董景珍等人，拥护梁武帝之后萧铣为梁公，举兵反隋。

自此，杨广不仅彻底失去了民心，也失去了大部分官僚集团的支持，彻底地成了孤家寡人。

617年七月，李渊在太原起兵，十一月，攻进长安，立十三岁的杨侑为帝，遥尊杨广为太上皇。

杨广知道大势已去，彻底地当起了鸵鸟，把头埋在了王世充给他搜刮的美女怀里，天天躲在后宫里继续醉生梦死。

但是，其他人却不想当鸵鸟。骁果军（御林军）首先提出了反对意见，这些关中的汉子已经出来一年多了，春节不回家、端午不回家、年年不回家，这谁能受得了？

于是，这些士兵开始接二连三地跑路。看着骁果军越来越少，宰相裴矩给杨广出了个主意：男人啊，都是需要女人管的。给这些关中的汉子，在当地都找个老婆，就可以安定军心了。

杨广也觉得是个好办法，不用出一分钱，还能收买人心，命令赶紧执行。

但是，这个办法真的好吗？细想一下就知道不是好，而是很傻、很傻。十几万汉子全都娶老婆，怎么可能明媒正娶？不得到处掳掠良家妇女？激起更大的民愤怎么办？没有江南人民的支持，怎么割据一方？况且，娶个老婆真的就能安定住军心吗？

关中还有他们的父母、老婆、子女、兄弟姐妹，关中还有他们喜欢吃的肉夹馍、遍遍（Biáng Biáng）面。而这些东西，江南能给得了吗？

再说了，有多少男人能为一个女人，抛妻弃子的？

所以，这个办法从一开始就注定了失败。

事实也的确如此，刚开始骁果军将士个个欢欣鼓舞，军心也逐渐安定了。但是，这些汉子在温柔乡里待了几个月之后，就对这些抢来的女人们失去了兴趣，他们又开始思乡了。

第一个带着一群士兵逃跑的，是禁军郎将窦贤，但是这位老哥的保密工作没有做好。杨广立刻派骑兵将这群人追了回去，斩杀示众、杀一儆百。

只是很可惜事与愿违，此举带来的不是士兵们的畏怯，而是愤怒。杨广最信任的虎贲郎将司马德戡、元礼和直阁将军裴虔通等一大批将领串通起来，准备一起跑路。

结果这事越闹越大，阴谋变成了阳谋，连宫里的宫女都知道了。一个宫女把这事报告给了杨广想立个大功，但是杨广二话没说，把这宫女给斩了。

史书上说这是因为杨广不相信他们会跑路，但其实应该还有另一方面原因：人心散了，队伍不好带了，杨广知道他已经管不住这帮士兵了，所以，只好任由他们跑路。

因为在这之后的一天，杨广在照镜子的时候，竟然对镜自问："这么好的脑袋，会被谁砍去呢？"接着，他又给妃子们每个人都准备了一杯毒酒。说明此时杨广已有自知之明，早就准备好去见阎王了。

但是，虎贲郎将司马德戡却不知道，此时杨广已经生死由命了。他得知有人告密之后，吓得脊背发凉，赶紧和少监（掌管皇帝的要紧事）宇文智及商量，抓紧时间跑路，生怕万一杨广哪天清醒了，把他们都给斩了。

宇文智及是宇文述的儿子，这哥们从小凶狠好斗，气得他爹宇文述几次三番想把他给剁了。有一次，宇文智及和哥哥宇文化及犯了死罪，结果宇文述把这事全部推到了宇文智及身上，只给宇文化及求了情，但是杨广最后把他俩都给赦免了。

宇文述劝说杨广三幸扬州后，不久便死了。杨广念其功劳，便把宇文智及和宇文化及都给提拔了上来。

宇文智及被提拔之后，非常坚持原则，以前是什么样，现在就还是什么样。所以，当司马德戡跑来跟他商量的时候，他的心里瞬间就燃起了一个邪恶的计划——这么多人要跑路，为什么不杀了杨广，以图天下？

一语惊醒梦中人，俩人说干就干。他们编造了一个拙劣的谎言：陛下听说大家要跑路，准备了大量的毒酒，这两天要搞个大型派对，把大家都给毒死。

谎言很拙劣，但是，效果却很管用。因为塔西佗陷阱已经出现了：**一旦政府失去公信力，最愚蠢的谎言，也会引起民众们的最大恐慌。**

士兵们抱着"宁可信其有，不可信其无"的态度全信了。

618年三月十一日晚上，他们终于发动了兵变。几乎没有费吹灰之力，便把杨广给软禁了起来，并将杨广的儿子杨杲，虞世基、裴蕴、来护儿等一群土公大臣，全部斩杀。裴矩因为给杨广出的那个馊主意——给骁果军娶老婆，骁果军觉得裴老头这"红娘"很可爱，所以就没有杀他。

几天之后，杨广被杀。在临死之前，他还想保持皇帝最后的尊严："天子自有天子的死法，岂能用刀砍？拿鸩酒来！"

但是，司马德戡根本没理会他那不值一提的自尊，让人把他活活勒死于宫中，享年四十九岁。

杨广终于走了，三十年前，二十岁的他率五十万虎狼之师横扫南陈，其后坐镇江南十年，欣欣向荣，国泰民安。

二十年前，三十岁的他从扬州出发，带着夺嫡胜利的喜悦，带着帝国的希望奔向京师，年富力强，众望所归。

如今，四十九岁的他从至高无上的帝王沦落为了客死他乡的游魂，众叛亲离，孤家寡人。

扬州成就了他，也葬送了他。也许这就是对天道好轮回最好的诠释吧。

怎么评价他的一生呢？

他继承大统之时，全国大概有八百九十万户，四千六百多万人。但是到了唐初，全国只有二百多万户，一千多万人。在他的折腾下，全国死了两千到三千万人。

千古悠悠，有多少冤魂嗟叹。所以，用他当年给陈叔宝的谥号"炀"字，最为贴切不过。"好内远礼曰炀，去礼远众曰炀，逆天虐民曰炀，好大殆政曰炀，薄情寡义曰炀，离德荒国曰炀。"

正如《隋书·炀帝纪》所说："宇宙崩离，生灵涂炭，丧身灭国，未有若斯之甚也。"《尚书·商书·太甲中》曰："天作孽，犹可违；自作孽，不可逭（huàn）。"

杨广死后，萧皇后命宫人拆掉床板，给他做了口棺材，匆匆埋葬。大唐平定江南之后，又把他的坟墓迁到了雷塘。

一千多年后，一位开发商在挖地皮时，无意间挖开了他的坟墓，让人意想不到的是，该开发商的名字也叫杨勇。